ソフトバンクで占う
2025年の世界
全産業に大再編を巻き起こす
「孫正義の大戦略」

PHP
Business Shinsho

Michiaki Tanaka
田中　道昭

PHPビジネス新書

序章

全産業に大再編を巻き起こす「孫正義の大戦略」

◆連続増益から一転して過去最大7000億円の赤字計上

ソフトバンクグループが11月6日に発表した2019年7－9月期の連結決算は、約7000億円の営業損失と、同社の四半期決算では過去最大の赤字となりました。

5ページの図表1でもわかる通り、この1年は順調に大幅な増益を続け、トヨタ自動車を上回るような営業利益を上げてきたなかで、一転して過去最大の赤字。

同日16時から開催された決算説明会の冒頭において、同社の孫正義社長は「今回の決算はぼろぼろ」と語り、日経新聞等各紙の厳しい見出しの切り抜きをまとめたスライドを大嵐の写真とともに提示しました。

「救済型投資は今後は一切しない」と語り、市場での最大の懸念を払拭《ふっしょく》しようと試みる――
「反省したが萎縮《いしゅく》はしない」と戦略やビジョンは不変であるというスタンスを明快に提示する――

ネガティブニュースが起きた際に、上場企業の経営者が株式市場にどのようなエクイティ・ストーリー（投資家に対し、会社の魅力をわかりやすく伝える対外説明のこと）を提示すべきか、その教科書的な内容が満載だった孫社長の決算説明会での説明と質疑応答。

質疑応答では、厳しい質問をすることで有名な各種メディアの凄腕記者たちからも積極的に質問を受け付け、一貫して真摯《しんし》で謙虚な態度で臨んだ孫社長の対応は、起きているネガティブなニュースのインパクトを和らげるのに十分な効果があったように見えました。

説明がシンプルで明快なことも孫社長の真骨頂ですが、今回もイントロ部分の直後に、「問題は『大幅減益』と『WeWork問題（141ページ以降で詳解）』」であると自ら定義し、決算説明を展開しました。

もっとも、今回の問題の所在や本質は、本当に孫社長がシンプルで明快に定義したよう

図表1　ソフトバンクグループの営業利益の推移（四半期毎）

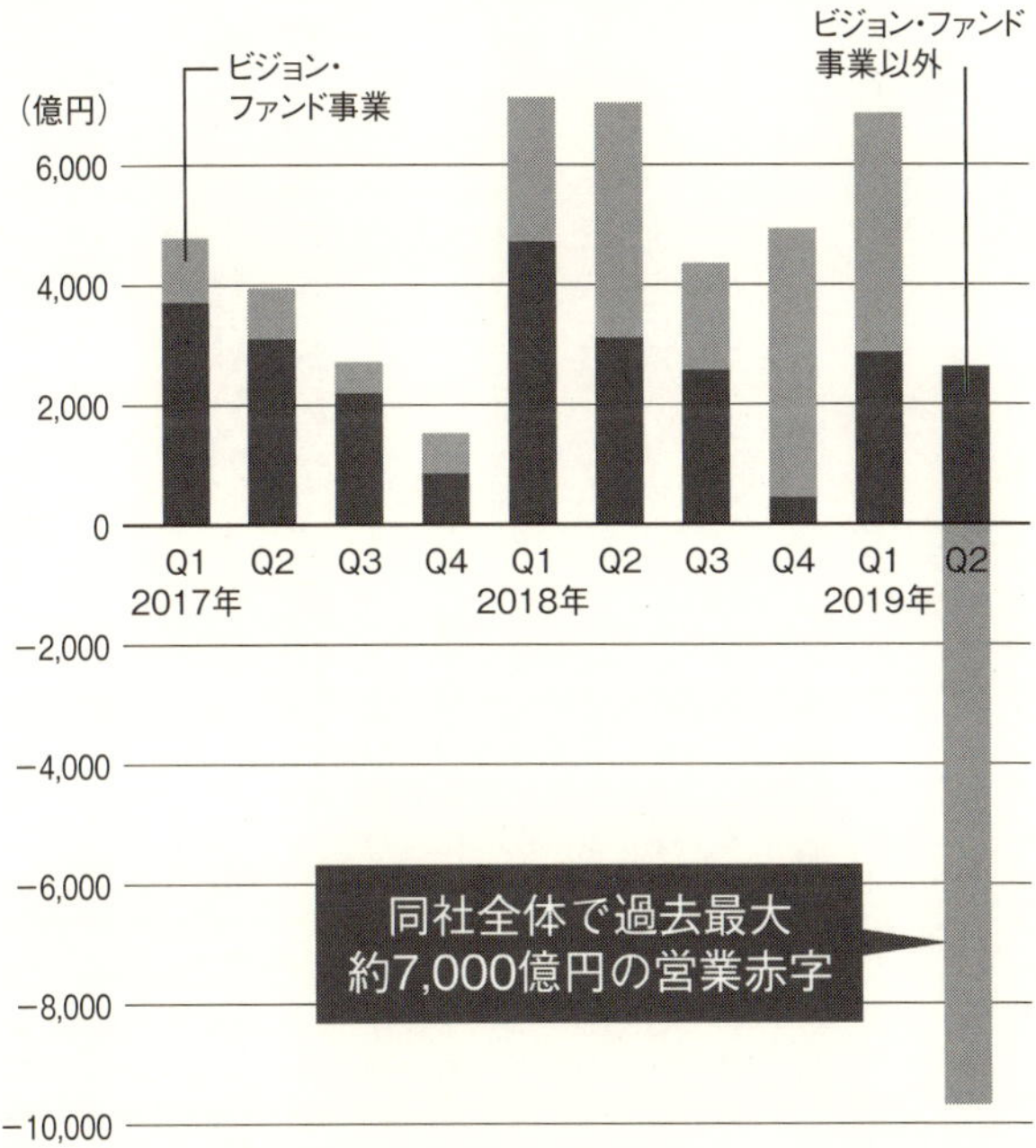

出典：ソフトバンクグループの決算数値をもとに作成

なものなのでしょうか？　ソフトバンクグループでは何が起きており、それをどのように評価すべきなのでしょうか？

孫社長は「WeWork問題が問題」であると定義しましたが、実際には「同じような問題が他の不動産関連企業の投資案件（例：オヨ等）でも起きていないか、他の業種の投資案件でも起きていないか……」といったことが懸念されているのです。さらには、最終章で指摘するような逆レバレッジや過剰な債務等のリスク要因が、プロの投資家の間では引き続き懸念されていることをお伝えしておきたいと思います。

◆株価が100分の1となった危機も乗り越え、有言実行を続けてきた孫社長

連続増益から一転して過去最大7000億円の赤字計上を行ったソフトバンクグループですが、同社がこうした苦境に陥るのは、初めてのことではありません。

次ページの図表2は、ソフトバンクグループの株価の推移を表したグラフです。当然のことながら、何度となく、上がり下がりを繰り返していますが、なかでも驚異的とも言えるような極めて大きな変動を経験したのが2000年前後のITバブルのときです。

2000年2月、株価は最高値1万1000円をつけ、時価総額は20兆円に達しました。しかし、ITバブルが崩壊すると、株価は約100分の1にまで下がります。

「普通の会社はね、株価が一〇〇分の一になったらだいたいつぶれますよ。それでもなんとか生き延びたわけですが、持っている資産をかたっぱしから売却しなければいけなかっ

図表2　ソフトバンクグループの株価推移

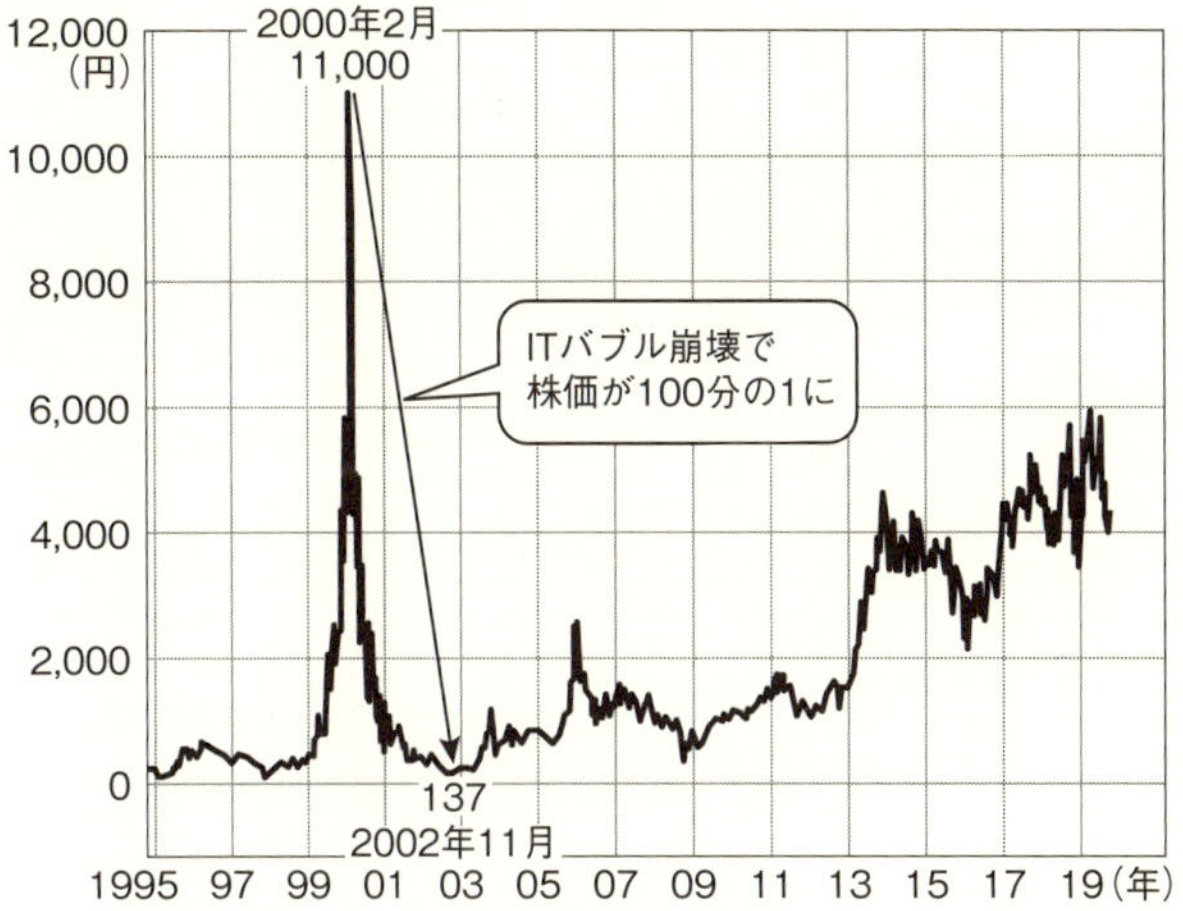

た」（『孫正義　危機克服の極意』ソフトバンクアカデミア特別講義／光文社新書）

ソフトバンクグループには、こうした危機的状況を何度も潜《くぐ》り抜けてきた経験があるのです。

ここで、やはり指摘しておきたいのは、孫社長はこれまで大きな局面において、有言実行してきたということ。もちろんすべてではありませんが、根源的分岐点となるような大きな勝負どころでは、自称「大ボラ吹き」であることを武器にするかのように、重要な戦略を見事に有言実行してきています。

そして今回の「WeWork問題」の表面化、その後の決算説明会という一連の流れを受けての展開も、企図してのものか否かはともかくとして、本当に見事でした。

その会見から1週間後、2019年11月13日の夜遅くに「ヤフーとLINEが経営統合か」というビッグニュースが飛び込んできたのです。両社では、その翌日の14日に交渉している事実を認めるプレスリリースを出し、同日の株式市場ではこの大ニュースをポジティブに評価しました。

両社が経営統合した場合の影響等については第2章で詳しく述べていきますが、結果的に「ネガティブニュースの後でポジティブニュースを出す」という孫社長の定石の一手が、今回も打たれたのです。

◆「日本の活路」も「日本発の経済危機顕在化」も、孫社長が鍵を握っている

孫社長は、2019年度の株主総会において、「日本に欠けているのはビッグ・ビジョンだ」と熱く語りました。私自身も、日本のビッグ・ビジョンを背負い日本の活路を切り拓いている最有力経営者が孫社長であると確信しています。

その一方で、孫社長は最近、「誤差」という言葉を非常によく使うようになってきています。10兆円ファンドをつくって投資を行い、さらに10兆円ファンド第2弾の組成も始めたからなのか、1兆円未満はみんな誤差だと言わんばかりです。

2019年2月に開かれたソフトバンクグループの決算説明会で、「純有利子負債は4兆円」としたうえで、厳密には純有利子負債額が3・6兆円であるのに対して、「4000、5000億円は誤差だ」と言っています。

同じように、日本でライドシェアが認められていないのも「誤差である」と発言しています。グローバルでライドシェア事業の覇権を握っているなかで、参入障壁も高くマーケットも縮小している日本で同事業ができないことは「誤差」にすぎない、ということを意味していたのではないかと思います。

これまで、ブロードバンド「ヤフーBB」のサービス開始時には自らNTTに乗り込んで交渉を行い、ボーダフォン日本法人を1兆7500億円で買収したあとは、自ら現場に入って陣頭指揮をとりました。米スプリント買収後も、チーフネットワークオフィサーとして四六時中、電話会議を行いました。

孫社長は現場を大事にし、現場の細かいことまで理解し、細かいところまで心配して行動する能力をもっています。ただ、ソフトバンクグループのトップとしての役割だけでなく、10兆円ファンドの司令塔役ともなると、さすがに時間やエネルギーには限りがありますから、細かいことは誤差だと言って切り捨てていくしかないのかもしれません。

しかし、あまりに何もかも誤差だと言ってしまうと、本当に大切なことが見落とされてしまう可能性があるのではないでしょうか。本来、手でやるべきことを足でやってしまっているようなことがあるとすれば、それは非常に大きなリスク要因となります。

1兆円未満のものが「誤差」だとすると、産業界のみならず金融界にも多大な影響力をもつソフトバンクグループの失敗は日本全体にとっても大きな出来事となり、さらには日本発の経済危機のきっかけになってもおかしくないところまで、その影響力の大きさが増大してきていると思うのです。

◆ソフトバンクグループの「近未来を知る」ことの重要性

このように、国内外において大きな影響力をもつようになってきたソフトバンクグループ。

特にヤフーとＬＩＮＥの経営統合が本当に実現すると、非常に強力な２社の連合ができることで、競合他社からすれば１社では勝ち残れないと危機感を強め、スマホ決済やネット通販などで業種を超えたかたちでの連携や再編が起こる可能性もあるのではないかと考えられます。

ここで重要なのは、次世代自動車産業がクルマ・ＩＴ・電機・エネルギー・電力・通信などの業界が融合する産業となり、金融産業にもスマホ決済サービスに多業種からの参入が相次いでいることなどから考えると、今回の２社の経営統合が再編を巻き起こす業界は多岐に及ぶ可能性が高いということなのです。

つまりは、「孫正義の大戦略」は、全産業に大再編を巻き起こす可能性を有していると予想されるのです。

特にソフトバンクグループは、すでにトヨタ自動車と次世代自動車産業の領域で提携関係にあることから、「サービスがソフトを定義し、ソフトがハードを定義する」時代において、ここにヤフーとＬＩＮＥのＩＴ連合が実働部隊として加わってくることは、同産業に属する企業に対して大きな脅威になると思います。

トヨタ自動車が推進していく次世代モビリティプラットフォームのレイヤー構造の下層

部分に、ペイペイやLINEといったスーパーアプリが置かれることになれば、次世代自動車産業におけるEV（電気自動車）化、自動化、サービス化と並ぶ四大潮流の1つであるコネクテッド化（スマート化）という重要ファクターにおいても、競合との大きな差別化になることは確実です。

私は、今回の2社の経営統合をきっかけに起きる業界再編は、EC小売りや金融にとどまるものではなく、すべての産業の秩序と領域を定義し直す戦いにまで発展すると予想しているのです。

また、これまで米中メガテック企業や次世代自動車産業・次世代金融産業などへのリサーチや分析結果を著作として出版してきましたが、このようなことから、現時点においては、ソフトバンクグループの「近未来を知る」ことが、不確実な未来を洞察し、自らの業界や企業の戦略を練り直していくことに最も貢献するのではないかと考えています。

◆本書の全体構造と内容

このような問題意識のもと、本書では、まず**第1章**で**「孫正義とソフトバンクの研究」**

を行います。簡潔に両者のこれまでの歴史や特徴を知ることができるのではないかと思います。なお、読者の方には、第1章から読み進めることをお勧めしますが、最終章を除いて、各章ともどこから読んでもいいように構成してありますので、すぐに知りたい内容がある場合には、その章から読み始めていただいてもいいと思います。

第2章は、「米中に次ぐ第三極」を目指す戦いの始まり、です。ヤフーとＬＩＮＥとの経営統合を受けて、両者の狙い、2社統合のインパクト、2社統合を受けて予測される様々な業界における再編可能性、さらには経営統合正式発表の際に2社社長から提示された「米中に次ぐ第三極を目指す」という大胆なビジョンについて、その実現可能性を検討していきます。

第3章では、**「10兆円ファンドとＡＩ群戦略」**を分析していきます。同ファンドのビジネスモデルを読み解き、その投資手法についても解説していきます。これまでの投資ファンドとどこがどのように違うのか、何が優れており、どこがリスク要因となるのかが明快に理解できるのではないかと思います。

第4章では、ソフトバンクグループの最大の強みとも言える「**金融財務戦略**」を詳細にわたって分析し、強みとともにその課題も浮き彫りにしていきます。同社が多用してきた金融財務戦略におけるファイナンス手法を具体的な事例とともに考察していきます。

孫社長はAI群戦略という最重要戦略のもとで、様々な産業の多種多様な企業に投資を行っていますが、最もこだわりをもっているのは、モビリティ、通信、エネルギーの3つの産業であり、この3つがソフトバンクグループの産業戦略における中核産業だと私は考えています。**第5章**では、これらの「**産業戦略**」について詳しく考察していきます。

本書はソフトバンクグループの競争戦略を分析することを本分とするものですが、分析の本質とは比較することであり、特に競合他社と比較分析を行うことが要諦となります。**第6章**では、米中メガテック企業であるGAFA×BATH（グーグル、アップル、フェイスブック、アマゾン、バイドゥ、アリババ、テンセント、ファーウェイ）や、世界的に著名な投資家であるウォーレン・バフェット氏率いるバークシャー・ハサウェイとの「**比**

較分析」を行っていきます。

最終章は、本書の中核部分である**「シナリオ分析で探るソフトバンクグループの近未来」**です。シナリオ分析やシナリオプランニングとは、１９７０年代に石油メジャーであるロイヤルダッチシェルが活用し始めたことで有名になった経営手法であり、私自身もＭＵＦＧ（三菱ＵＦＪフィナンシャル・グループ。当時の三菱銀行）時代、ＬＮＧ基地や製油所等の海外大型エネルギープロジェクトのファイナンスを担当していた際に実際に活用していました。現在でも、大企業向け戦略コンサルティングにおいて、中期経営計画策定の前提として、あるいは重要プロジェクトの中長期計画策定の際などで活用しています。

最終章では、実際にソフトバンクグループを題材とした近未来シナリオ分析を行い、３つの近未来シナリオを提示していきます。また、そのうえでソフトバンクグループのリスク要因を考察し、さらには同社の近未来を予測していきます。

◆本書の性格や位置付け

本書は、私自身のPHPビジネス新書における3部作の3冊目となるものです。

2017年11月に刊行した『**アマゾンが描く2022年の世界**』においては、国家や社会に大きな影響を与えているアマゾンという企業の「大戦略」を、筆者の専門である「ストラテジー&マーケティング」と「リーダーシップ&ミッションマネジメント」という視点から分析、さらには同社を通じて近未来の予測を行いました。

2018年5月に刊行した『**2022年の次世代自動車産業**』においては、1作目と同じように「ストラテジー&マーケティング」と「リーダーシップ&ミッションマネジメント」という視点から、次世代自動車産業における戦いの構図を分析し、主要各社の戦略を読み解き、関連するテクノロジーを解説し、読者が見るべきポイントを提示し、最後に日本の活路について考察しました。

また本書に関係する著作としては、『**GAFA×BATH 米中メガテックの競争戦略**』（日本経済新聞出版社）、『**アマゾン銀行が誕生する日 2025年の次世代金融シナリオ**』（日経ＢＰ社）をどちらも２０１９年４月に刊行しています。

ＰＨＰビジネス新書３部作の過去2作は、アマゾンや次世代自動車産業に興味をおもちの方々はもとより、これらとはまったく異業種の企業の経営者や経営企画等の方々にも、「ストラテジー＆マーケティング」と「リーダーシップ＆ミッションマネジメント」の教材として広く読まれました。

本書も、ソフトバンクグループに興味をおもちの方々だけでなく、幅広い業種・職種の方々にも、同社を題材とする「ストラテジー＆マーケティング」と「リーダーシップ＆ミッションマネジメント」の教材としてお読みいただける作品になるように腐心しています。

そして、本書は、すでに日本で最も影響力の大きい企業と言っても過言ではない会社であり、その動向がグローバルにも注目されるようになってきたソフトバンクグループの大戦略を分析し、さらには同社の動向から２０２５年の世界を占っていくことを企図しています。

それでは、ソフトバンクグループにおけるＡＩ群戦略、金融財務戦略、産業戦略、米中メガテック企業との比較分析、さらには近未来シナリオ分析などを通じて、全産業に大再編を巻き起こす「孫正義の大戦略」を一緒に見ていくことにしましょう。

ソフトバンクで占う2025年の世界◆目次

第2章

「米中に次ぐ第三極」を目指す戦いの始まり

第3章

10兆円ファンドと「ＡＩ群戦略」

第4章
最大の強み「金融財務戦略」を詳解する

第5章　ソフトバンクグループの「産業戦略」

第6章　GAFA×BATHと比較分析する

最終章　シナリオ分析で探るソフトバンクグループの近未来

おわりに――「ＡＩの民主化」がソフトバンクグループ最大の機会と脅威になる

第1章

孫正義とソフトバンクの研究

◆「世界で最も注目される経営者」へと進化

最初に言っておきたいのは、ソフトバンクグループの孫正義会長兼社長（以後、孫社長）は、今や世界で5本の指に入るほど注目を集める経営者であるということです。これまでは、「日本の経営者のなかで、世界中から最も注目される経営者」だったのが、「世界の経営者のなかで、世界中から最も注目される経営者の一人」に進化したのです。

アメリカのビジネス誌『ファスト・カンパニー』は、2019年2月号で、孫社長に関する巻頭特集を組み、そこで「シリコンバレー最強の男」と評しました。その記事の全訳が『クーリエ・ジャポン』2019年6月号に掲載されたので一部を引用しましょう。

「いまこの地球で、テクノロジーの世界に起きる『次の波』に最も影響力を持っている人物は、孫正義以外にいないだろう。ジェフ・ベゾスも、マーク・ザッカーバーグも、イーロン・マスクも、孫にはかなわないのだ。

資金力ではこの3人のほうが上かもしれない。だが、孫正義のように『野心』と『想像カ』と『胆力』の三つを持ち合わせている人はほかにいない」

日本では、孫社長がこれほどまでに世界から注目されているとは感じないかもしれませんが、世界的な注目度は確実に高まっています。そして、孫社長の注目度が高まるということは、ソフトバンクグループの世界的な注目度も高まっているということです。

実際、欧米メディアの日本企業担当記者たちのなかで「ソフトバンク・シフト」が始まっていて、他の企業を担当していたエース級の記者たちがソフトバンクグループの専属担当になるなどの動きがあります。彼らに共通しているのは、ソフトバンクグループの戦略、投資先、リスク要因を取材するように本国から指示されている点です。

さらには、ウィーワークがＩＰＯ（新規株式公開）を延期し、経営危機も表面化。ソフトバンクグループが支援を行うと、ネガティブな側面からも報道されるようになっています。現時点においてソフトバンクグループは、最終章で述べるようなリスク要因もあって、欧米メディアから厳しい論調で批判を受けており、特に米国においてはブランド価値が毀損《きそん》していると言ってもいいような状況にあります。

それでは、なぜ孫社長とソフトバンクグループに対する世界的な注目度がこれほどまでに高まっているのでしょうか。

理由はいくつか考えられますが、やはり、10兆円規模の「ソフトバンク・ビジョン・ファンド」の設立、ファンドを通しての世界中のユニコーン企業への投資、さらにはその投資の成否が最大の注目点です。

ソフトバンクグループと言えば、これまでに日本テレコムやボーダフォン日本法人、米スプリント、英アームなどを次々と買収してきました。買収を通して企業規模を拡大してきたわけですが、その次なるステップが、ソフトバンク・ビジョン・ファンドなのです。

孫社長は、米ヤフーや中国アリババなどにいち早く投資を行った実績があります。その孫社長が率いるソフトバンクグループが、通信の事業会社から、「戦略的持株会社」という投資会社へと進化を遂げた。そこに世界の注目が集まっているのでしょう。

さらに世界から注目される理由として指摘しておきたいのは、孫社長は英語でのプレゼンテーションも常に明確でわかりやすく、インパクトがある点です。これも、世界から注目を集める要因です。

また、これまで大事な局面において孫社長は有言実行してきました。もちろんすべてではありませんが、根源的分岐点となるような大きな勝負どころでは、「大ボラ吹き」であることを武器にするかのように言ったことを着実に実現してきました。

これまで、大事な局面、局面で、「今度こそ、ソフトバンクは倒産か」と関係者やそれに近い人たちから言われてきましたが、それらすべての窮地を見事に脱してきたのです。

今回のソフトバンク・ビジョン・ファンドに対しても、10兆円という史上最大規模の投資が孫社長の言う通りに大成功を収めるのか、はたまた大失敗に終わってしまうのか、ウィーワーク問題のように投資先は本当に大丈夫なのか、2号ファンド、3号ファンドと続いていくのか――こうした点に世界の注目が集まっているのは間違いないでしょう。

◆病床で編み出した「孫の二乗の兵法」

そんな「世界の孫正義」の最初の大ピンチは、創業の翌年に訪れました。1982年、孫社長は、慢性のB型肝炎と診断されます。当時、慢性肝炎の治療法はまだ確立されておらず、肝硬変から肝臓がんへと進行する可能性が高かった。つまり、数年後に死ぬかもしれないと医者から宣告されたのです。

パソコン用ソフトの流通会社を創業した翌年、まだ何も成し得ていないときに死の宣告を受けたわけですから、さすがの孫社長も落ち込み、病院のベッドでめそめそと泣いたそうです。それでも数カ月後には、「一生の間にこんなにたっぷり時間をもらえるのは最初で最後だろう」と考えを前向きに改め、約３０００冊もの本を読みます。

このときの読書から編み出したのが、孫子の兵法ならぬ「孫の二乗の兵法（法則）」です。孫の二乗の兵法のベースになっているのは、紀元前５００年頃に中国で書かれた兵法書『孫子』と、20世紀前半にイギリスのエンジニア、フレデリック・ランチェスターによって考案された戦略論「ランチェスターの法則」です。

孫の二乗の兵法は、図表3のように25文字からなりますが、『孫子』にあるのは、1段目の「道天地将法」、4段目の「智信仁勇厳」、5段目の「風林火山」の14文字だけです。残りの11文字は孫社長オリジナルです。

それぞれの文字の意味は図の通りですが、1段目が「理念」、2段目が「ビジョン」、3段目が「戦略」、4段目が「将の心構え」、5段目が「戦術」において重要な5文字となっています。

図表3　「孫の二乗の法則」25文字とそれぞれの意味

孫正義のオリジナル

『孫子』始計篇より

『孫子』軍争篇より

道 志を立てる	天 天の時を得る	地 地の利を得る	将 優れた部下を集める	法 継続して勝つ仕組みをつくる
頂 ビジョンを鮮明に思い描く	情 情報を可能な限り集める	略 戦略を死ぬほど考え抜く	七 ７割の勝算を見極める	闘 勝率７割とみたら果敢に闘う
一 一番に徹底的にこだわる	流 時代の流れを見極め素早く仕掛ける	攻 あらゆる攻撃力を鍛える	守 守備力を鍛えあらゆるリスクに備える	群 単独ではなく集団で闘う
智 あらゆる知的能力を磨く	信 信頼に値する人物になる	仁 人々の幸せのために働く	勇 闘う勇気と退く勇気を持つ	厳 時として部下に対し鬼になる
風 動くときは風のように素早く	林 重要な交渉は水面下で極秘に	火 攻撃は火のように激しく	山 ピンチでも決して動じない	海 勝った相手を包み込む

各段横に読む

出典：板垣英憲著『孫の二乗の法則』（PHP文庫）

孫社長は、これら25文字を片時も忘れることなく、「新しい事業に取り組むとき」「中長期のビジョンや戦略を考えるとき」「試練にぶつかったとき」など、自らの考えがこれら25文字の要素と合致しているかどうかを何度も何度も自問自答すると言います。

◆「5ファクターメソッド」による企業分析

実は、筆者が企業分析を行う際の1つの方法が、「5ファクターメソッド」と呼んでいるもので、やはり「孫子の兵法」に基づいています。孫子は、「一に曰く道、二に曰く天、三に曰く地、四に曰く将、五に曰く法なり」と述べ、戦いをデザインするにあたってこの5項目が戦力の優劣を判定する鍵であるとしていますが、この孫子の考え方は、現代の企業経営戦略にそのまま応用できます。

そこで5ファクターメソッドでは、この「五事」――「道」「天」「地」「将」「法」を現代経営学の視点でアレンジしています。孫子の言う「道」「天」「地」「将」「法」を企業経営に置き換えるかたちで、1つずつ見ていきましょう。

「道」とは、「企業としてどのようにあるべきか」というグランドデザインのことです。それを具体的に言語化した「ミッション」「ビジョン」「バリュー」「戦略」といったものを包括しています。このうち特に重要なのは企業の「ミッション（使命）」です。企業が何を使命としているのか、企業として自社の存在意義がどこにあると考えているのかを知ることは、企業のこれまでの歩みを分析したり今後の方向性を予測したりするうえで欠かせないポイントと言えます。

また、ミッションが明確であるか、ミッションが製品やサービスに練り込まれているか、企業トップから従業員まで全員がミッションを果たすことを常に念頭に置いているかといった点をチェックすると、その企業の強みや弱みも見えてきます。

そして優れた企業は、戦略を支える「天」と「地」を備えています。

「天」とは、外部環境を踏まえた「タイミング戦略」のことです。中長期的な世の中の変化を競合に先んじて予測し、計画的に大きな目標を実現していくことが求められます。企業分析においては、「どれだけ時流に即してスピードをもって変化できるか」に注目したいところです。

「地」とは、「地の利」を指しています。孫子は、戦地が自陣から遠いのか近いのか、広いのか狭いのか、山地なのか平地なのか、自軍の強みを活かせるのか活かせないのか、そういった環境に応じて戦い方を変えるべきだと述べています。つまり、有利な環境を活かし、不利な環境をカバーする戦略です。企業分析においては、業界構造や競争優位性、立地戦略などの「地の利」を見極め、それに応じてどう戦っているのか、どのような事業領域でビジネスを展開しているのかに注目します。

「将」と「法」は、戦略を実行に移す際の両輪です。経営学で言えば、それぞれが「リーダーシップ」と「マネジメント」の関係にあたります。リーダーシップが「人対人」のコミュニケーションでモチベーションを上げて人や組織を動かしていくのに対して、マネジメントはそれらを仕組みで動かしていくという違いがあります。

リーダーシップについては、企業トップがどのようなリーダーシップを発揮しているか、組織として期待されるリーダーシップがどのようなものかという観点で見ていきます。マネジメントについては、事業構造、収益構造、ビジネスモデルのほか、企業が構築

図表4　5ファクターメソッドによる「ソフトバンクグループの大戦略」分析

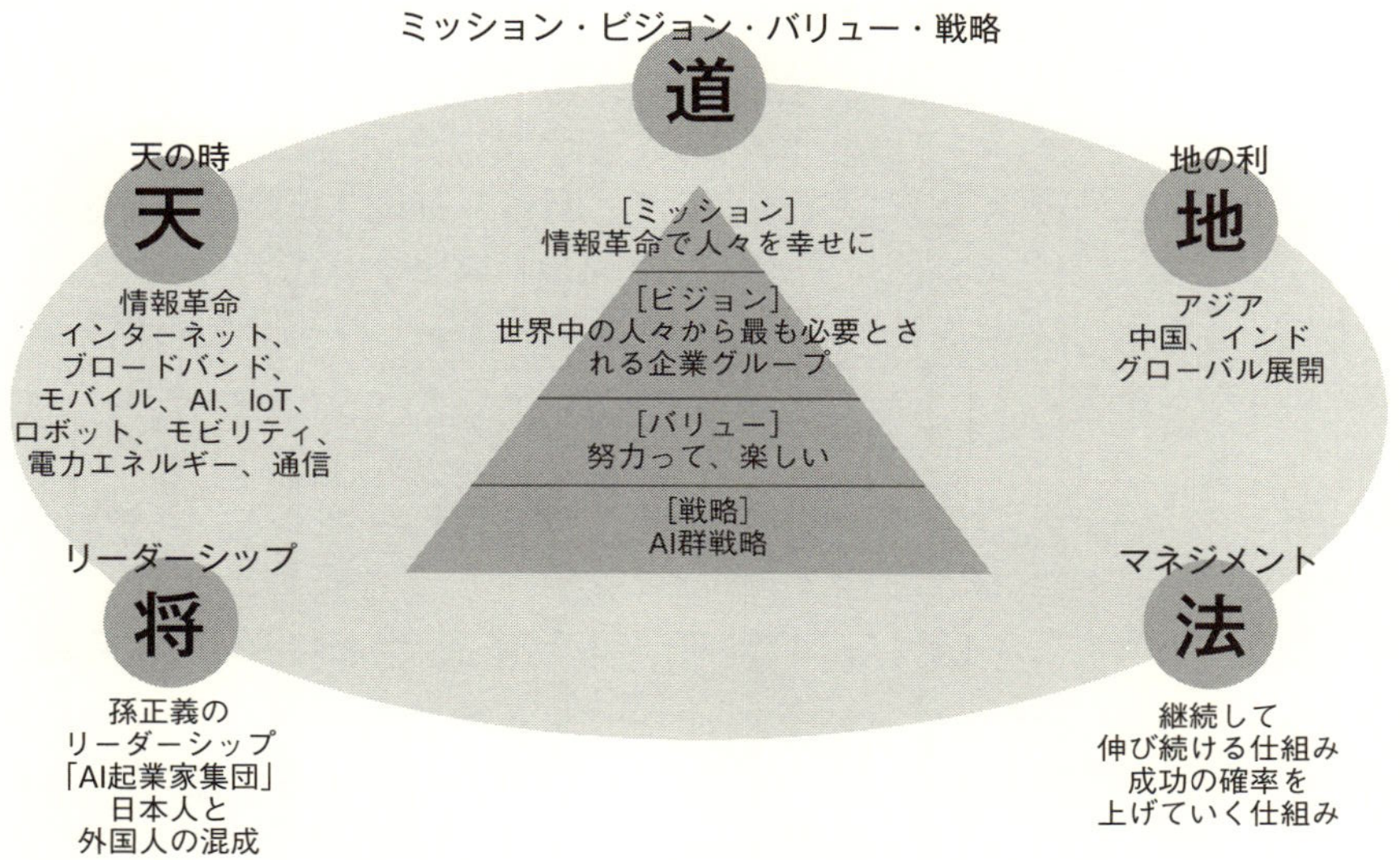

しているプラットフォームやエコシステムなどを確認します。

このように「道」「天」「地」「将」「法」という5つの要素で分析していくと、企業を様々な角度からマクロ・ミクロの両面でチェックすることができ、規模が大きく事業領域が広い企業であっても全体像と各部分を把握しやすくなります。

◆ソフトバンクグループ分析の要諦

それでは、ソフトバンクグループを5ファクターメソッドで分析していきましょう（39ページの図表4参照）。ミッションは「情報革命で人々を幸せに」、ビジョンは「世界中の人々から最も必要とされる企業グループ」、バリューは「努力って、楽しい」、戦略は「AI群戦略」です。それぞれについては、おいおい説明していきます。

天の時が情報革命であり、インターネットやAI、IoT、モビリティ、エネルギーなどの技術革新です。地の利は中国やインドをはじめとしたアジア、リーダーシップは孫社長のリーダーシップや「AI起業家集団」など、マネジメントは継続して伸び続けるための仕組みや成功の確率を上げる仕組みなどです。

ソフトバンクグループ全体の総帥《そうすい》である孫社長の真の狙いが何かを読み解くには、大局的な視点、局地的な視点、双方の視点で広く深く分析することが重要です。そのためには、「マクロとミクロを同時に見る」「短期と長期を同時に見る」「足元とグローバルを同時に見る」「人や企業、産業、テクノロジーを同時に見る」ことが必要でしょう。

たとえば、マクロと言っても、日本全体からアジア全体、地球全体、さらには宇宙から地球を見るぐらいのマクロ観が必要になります。逆に、ミクロも、どんどんズームインしていくと、国から産業、企業、人へと詳しく見ていくことができます。企業分析を行う際に重要なのは、こうした幅広い視野でそれぞれの視点から同時に分析を行うことです。

短期と長期も同様で、短期で言えば、今日何があったのか、今何が行われているのかということも当然見逃せません。その一方で、今日、今だけを見ていてもわからないことばかりです。1年単位、3年単位、5年単位、10年単位、30年単位で見るからこそ、わかることが多々あります。

特に孫社長の場合、30年ビジョンをつくるにあたって、今後300年の予測を行いました。そのぐらいの超長期の視野をもって経営を行っているわけですから、分析する側も、それを意識する必要があります。

もちろん、そのときどきの行動は、局地的であったり、短期的であったりします。短期の利益目的という取引も当然あるでしょう。しかし、同時に、長い目で何を考えているのか、超長期で何を考えて何が見えているのかも、同時に考えあわせないと、孫社長の真意を読み解くことはできないのです。

つまり、ソフトバンク誕生から今まで、どのような変遷をたどってきたかを知ると同時に、これからの数年間で何をやろうとしているのか、30年後に何を成し遂げたいのかを知ることも大切だということです。

さらに言えば、ソフトバンクグループを分析するにあたっては、「孫社長自身になりきって考える」ことも、分析する筆者にとっては大事になります。当然のことながら、筆者が天才になりきることはできませんが、それでも孫社長になったつもりで、過去の発言や行動の意味を考え、「孫社長にはこう見えているからこそ、こういう行動をとるのだろう」と考えることによって、単に事象を見ているだけではわからない気づきや、深い分析が可能になると考えるからです。

特に、「大ボラ」だと言われるようなことを有言実行してきたことについては、「運が良かったから」で終わらせることなく、何を根拠に大胆な発言を行い、実際にどんな行動をとることで実現してきたのかをつぶさに観察して分析することが、これからの孫社長とソフトバンクグループを考えるうえで、非常に重要になります。

リサーチの方法について先に述べておくと、筆者の情報源の8割は、対象企業のアニュアル・レポートや財務諸表、新聞や雑誌、ネット上の公開情報です。一般にも収集する情報の「8割は公開情報、2割が非公開情報」と言われますが、筆者もそれと同様です。

ただ、見てもらうとわかりますが、ソフトバンクグループのホームページだけでも、プレスリリースや事業内容の詳細、決算などのＩＲ情報、過去に開催されたイベントのアーカイブなど、膨大な資料があります。これらの公開情報をきちんと長年にわたってキャッチアップして読んでいる人は意外に少ないのではないでしょうか。

残りの2割は、孫社長に近い人たち、一緒に働いている人たち、あるいは働いていた人たちなどから聞いたインサイダー情報です。これらインサイダー情報は分析を行ううえで非常に重要になります。こうした非公開情報は、一般の人には入手が難しいと思われがちですが、公開情報をきちんとインプットし続けて何らかの発信をしていれば、自ずと関係者との接点が生まれてくると思います。つまり、公開情報をていねいに収集していれば、非公開情報も自ずと入手できるようになるのです。

ただし、書籍、新聞、雑誌、オンラインメディアなどで発信する際には、情報源を明かさないこと、さらには情報源が誰かわかるような表現を避けることを重要視しています。インサイダー情報を継続的に入手していくためには極めて重要なことだからです。今回の対象企業のメンバーとは、一般公開されているカンファレンス等の場で一緒に登壇することも多いことから特に注意が必要です。

最後に強調しておきたいのは、ビジネスパーソンとして自分をアップデートするうえで重要なのが情報収集であるということ。インプットの基本は「当たり前情報8割・インサイダー情報2割」なのです。まずは8割の公開情報をしっかりおさえることが大事です。多くの人は、ここをおろそかにして細かく捉えきることができていませんし、そもそも、世の中のどこに情報が転がっているのかを知らないことが多いのではないかと思います。まずはどこに何が出ているのかを把握すること。そして重ねて言うくらい重要なのは、「8割の当たり前な公開情報をおさえると、2割のインサイダー情報に必ずつながってくる」ということです。

図表5　「天」の分析における7つの重要ポイント

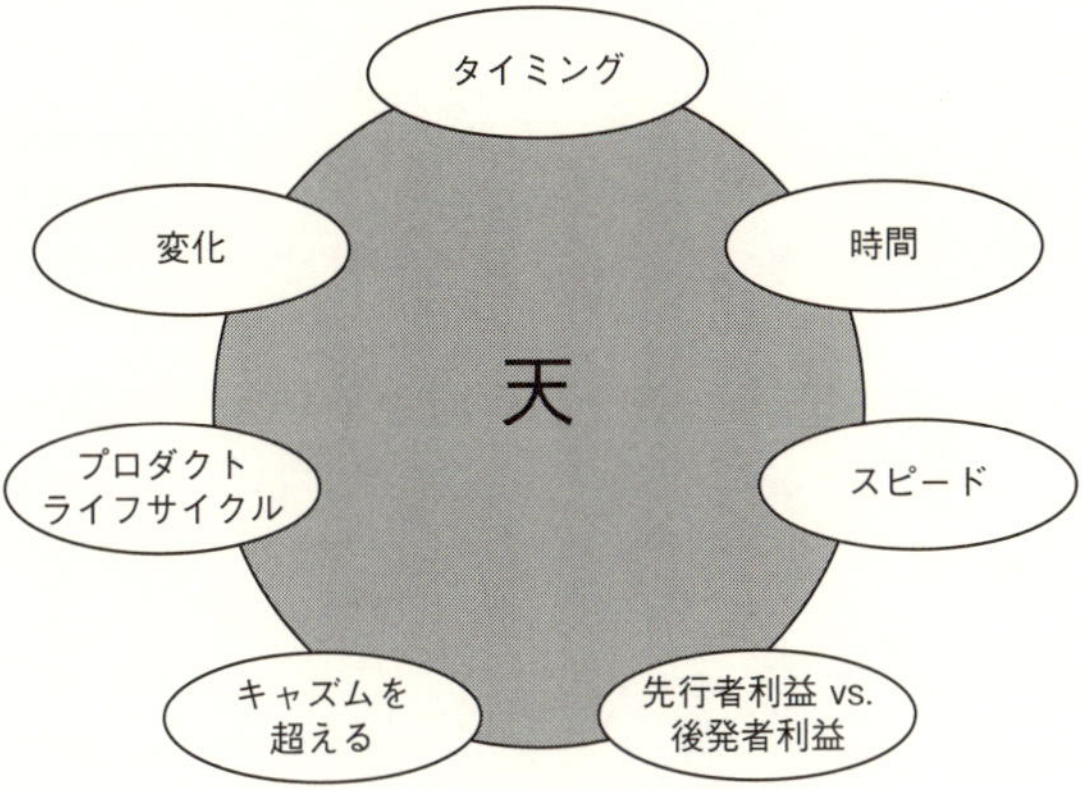

◆「天の時」を見極める天才

筆者が、5ファクターメソッドによるソフトバンクグループ分析を行った結果、特に「天」に大きな特徴がありました。それは、孫社長が「天の時」を見極める天才だからです。

天の分析では、「変化」「タイミング」「時間」「スピード」「先行者利益vs.後発者利益」「キャズムを超える」「プロダクトライフサイクル」という7つの重要ポイントを分析します。

まず、変化。「変化を読み解く」「変化を予測する」「変化に戦略的組織を対応させる」ことが大事になりますが、孫社長の場合は、大きな変化が起きる前にそれを予測し、そこから逆算して行動を開始する点が特筆に値します。

次に、タイミング。「いつ検討するか」「いつ決断するか」「いつ実行するか」といったタイミングが経営においては重要ですが、孫社長は「七」だと言います。孫の二乗の兵法にも「七」があり、7割の勝算で決断していくとあります。

要するに、8割、9割、ましてや10割の勝算が見込めるまで待つのではなく、七で決断して実行していくということです。勝算が8割、9割で判断したのでは「遅い」のです。ただ、孫社長の周囲の人たちのなかには、「いや、七なんてとんでもない。二とか三ぐらいだ」と言う人もいれば、逆に、十分な情報が集まっているように見えるのに、「なぜまだやらないのか」と不思議に思う人もいます。

おそらく、孫社長のところに集まる情報は、他者と比べものにならないほど量的に多く、質的にも高いはずです。それらの情報をどう読み解き、どう判断するのか。孫社長の七は、あくまで孫社長にとっての七であり、凡人には見極められない天才的な七なのです。

3つ目は、時間。情報量が急速に増大するなかで時間価値はこれまでになく高まっています。孫社長を象徴する言葉の1つが「タイムマシン経営」（主にアメリカや中国、インドなどで成功したビジネスモデルをいち早く日本で展開し、大きな利益を得る経営手法）

ですが、これも時間の重要性をよく理解しているからこそ、そのギャップに目をつけた経営手法だと言えるでしょう。また、「M＆Aは時間を買うことだ」とも言っています。時の判断の仕方が人とは違うのです。

４つ目は、スピード。たとえば、アリババのジャック・マー氏への投資を決断するのに要した時間は、たった6分だったと言われています。また、サウジアラビアの皇太子ムハンマド・ビン・サルマーン・アール＝サウード氏にソフトバンク・ビジョン・ファンドに４５０億ドル（約５兆円）の投資を決めてもらうのにかかった時間は、わずか45分。これら２つの事例を見ても、孫社長がスピードをいかに重要視しているかがわかると思います。

孫の二乗の兵法で言えば、「風」がスピードと合致しており、「風林火山」として言われるように、「疾《はや》きこと風の如く」動くことが成功要因だと孫社長は考えています。また、スピードを上げるために、常に次のパラダイムシフトを予測して投資を行っている点も見逃せません。

５つ目は、先行者利益 vs. 後発者利益。先行者として利益を確保するか、後発者として利益を確保するか。孫社長は、これを明確に分けています。変化を読み解いて、成長する前の企業や事業に先行して投資するのは先行者利益です。ヤフーやアリババへの初期投資は、まさにこの先行者利益を得るためでした。

一方、ソフトバンク・ビジョン・ファンドによる投資は、実は後発者利益を狙ったものです。なぜなら、上場していた米エヌビディア以外の投資先企業は、未上場でありながら企業価値が10億ドル（約1000億円）を超える「ユニコーン企業」だからです。

ソフトバンク・ビジョン・ファンドもベンチャーファンドだと思われがちですが、一般的なベンチャーファンドが「成功するかどうかわからないスタートアップ企業」に投資するのに対して、ソフトバンク・ビジョン・ファンドの主要な投資先企業は、「ある程度すでに成長して成功が見えてきているユニコーン企業」――米ウーバー・テクノロジーズや中国ディディ（滴滴出行）などであるため、後発者利益を狙っていると言えるのです（ウーバーは2019年5月にニューヨーク証券取引所に上場）。

6つ目は、キャズムを超える。キャズム（chasm）とは、裂け目や亀裂、深い溝といった意味の言葉です。革新的商品やサービスを広く普及させていく過程で、新しい流行に敏感な「アーリーアダプター」と新しいものの採用に比較的慎重な「アーリーマジョリティ」の間には大きな「溝＝キャズム」があり、このキャズムを超えられるかどうかがメジャー市場まで普及させる鍵と言われています。

ソフトバンクはこれまで、日本テレコムやボーダフォン日本法人、スプリントなどを買収してきましたが、それぞれキャズムを超えるために、特にボーダフォン日本法人の際には、孫社長自らが買収先に乗り込み、現場に入り込んで改革に取り組みました。キャズムを超えるまで、孫社長は事業家として徹底的に改革をやりきったのです。

最後の７つ目は、プロダクトライフサイクル。商品にはライフサイクルがあり、それが経営戦略や財務戦略に大きな影響を与えます。ソフトバンクの「群戦略」については、後ほど詳しく述べますが、新しいスターに投資をして、群戦略で成長させ、成熟して低成長になったら売却するという考え方が基本にあります。これなど、まさにプロダクトライフサイクルに則《のっと》った考え方です。

以上のように、孫社長は天の時を見極めて、７つの重要ポイントそれぞれにおいて、非常に有効な考え方をし、実際に行動をとってきたことがわかると思います。

◆ヤフーを日本で設立。インターネット革命に参画

ここからは、分析のための視野を広げるために、ソフトバンク誕生から現在までの変遷

を簡単に見ていきたいと思います（図表6）。

1981年3月、カリフォルニア大学バークレー校を卒業した若き孫正義氏は日本に戻り、福岡市博多区の雑居ビルの一室でユニソン・ワールドという企画会社を立ち上げます。有名な大ボラ「売上高を豆腐のように『1丁（兆）、2丁（兆）』と数えるような会社にしたい」とミカン箱の上でアルバイト2人に対して語ったのはこのときでした。

パソコン用パッケージソフトの流通事業を行うために、ソフトバンクの前身となる日本ソフトバンクを東京・麹町に設立したのは同年9月のことです。

前述したように、翌年、慢性のB型肝炎を発症し入院。いきなり窮地に陥りますが、「ステロイド離脱療法」という治療法に出合い、九死に一生を得ます。

そして、全国から多種多様なソフトウエアを仕入れて全国7000店に卸すソフトウエア流通網を確立したことで、1994年、ソフトバンクは株式を店頭公開するに至ります。

米ヤフーに投資したのは翌1995年。後の追加分まで含めて約100億円を投資するのですが、これがソフトバンクの屋台骨となりました。なぜなら、翌1996年に合弁でヤフーを日本で設立し、日本のインターネット革命に参画し、牽引することとなったからです。ソフトバンクは、米ヤフーの協力を得て、日本のヤフーを立ち上げたことで、イン

図表6　ソフトバンク誕生から2018年度までの連結売上高の推移と主な出来事

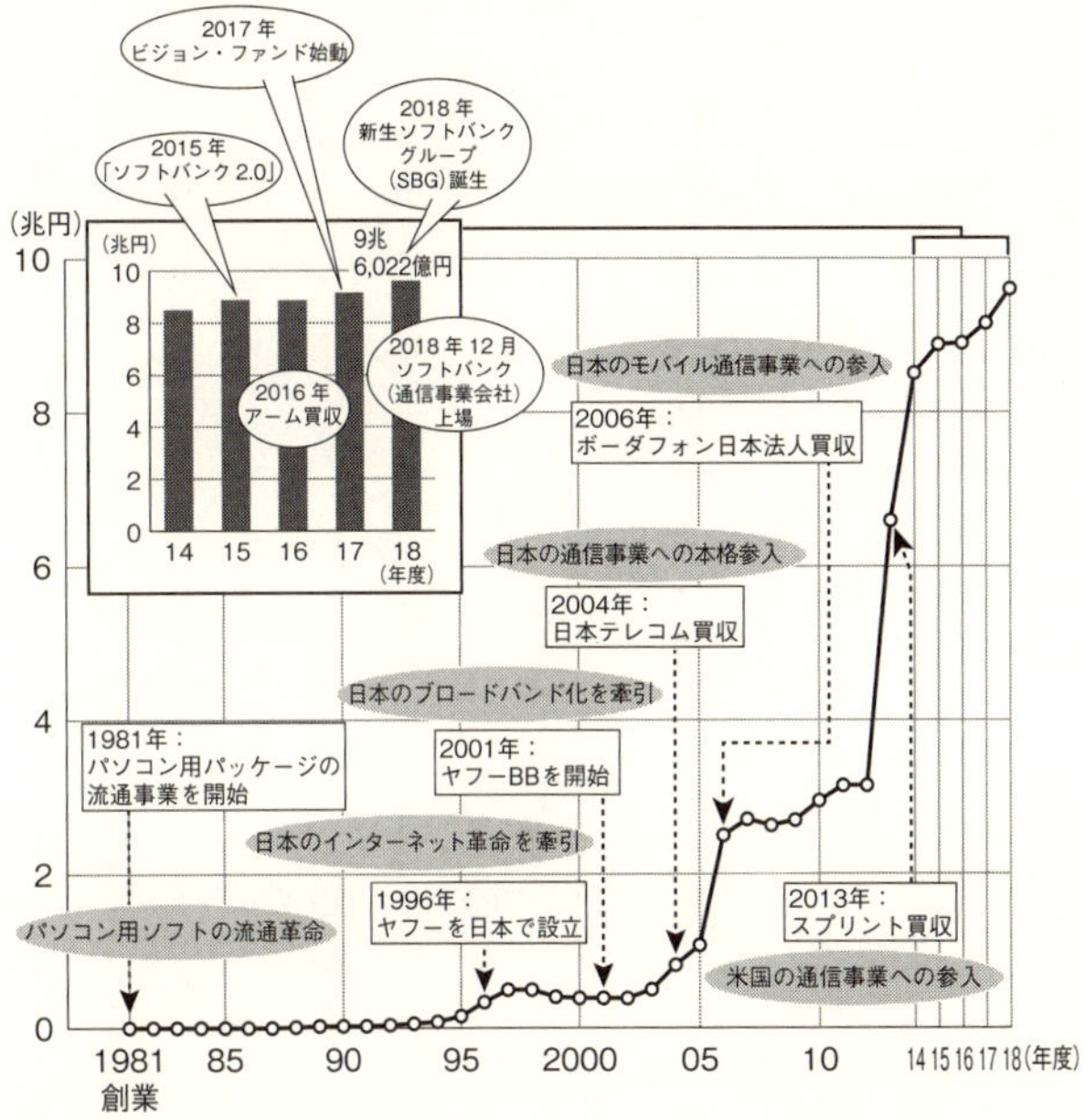

出典：ソフトバンクグループのアニュアル・レポートなどをもとに作成

ターネット企業としての本格展開を開始しました。

　ソフトバンクの次なる大きな挑戦は、２００１年、「ヤフーＢＢ」によるブロードバンド・サービスを開始したことでしょう。敵は、巨大企業ＮＴＴ。ＮＴＴはダイヤルアップ方式のＩＳＤＮの普及を目指していましたが、通信速度が遅く、とてもブロードバンドと呼べるものではありませんでした。

「これでは日本のインターネットの進化が止まってしまう」と考えた孫社長は、高速通信が可能なADSLを普及させるためにヤフーBBを始めたのです。

2004年、ソフトバンクは日本テレコムを買収し、固定通信事業に参入。2006年にはボーダフォン日本法人を買収してモバイル通信事業にも参入します。こうしてソフトバンクは、日本第3位の通信事業会社になりました。

ソフトバンクは、企業買収によって急成長を遂げたわけですが、買収の手法など金融財務戦略については第4章で詳しく解説します。

◆スプリント買収でアメリカへ逆上陸

ソフトバンクの業績を大きく押し上げた米アップルの「アイフォン（iPhone）」の独占販売が始まったのは2008年ですが、なぜソフトバンクはアイフォンを独占販売することができたのでしょうか。

『孫正義 300年王国への野望』（杉本貴司著／日本経済新聞出版社 ※以下2つのステ

イーブ・ジョブズの発言箇所はともに同書からの引用）によれば、アイフォン誕生以前のあるとき、孫社長はアップル本社にジョブズを訪ね、携帯音楽プレイヤー「アイポッド（iPod）」と日本の携帯電話を組み合わせたスケッチを見せ、こんなものをアップルでつくってほしいと言ったといいます。それに対しジョブズは、「マサ、そんな醜いスケッチを俺に見せるなよ」と言いつつ、こうも付け加えました。

「お前が言うことは正しい。最強のモバイルマシンを作るべき時期が来たという考えには、俺も全く賛成だ。そのことを俺に言いに来たのはマサ、お前が初めてだよ」

そして、２００７年１月、「アップルは電話を再発明する」と言ってジョブズが紹介したのが初代アイフォンでした。この初代アイフォンは、通信規格の関係で日本では使用できませんでしたが、翌年発売された「アイフォン３Ｇ」を日本で独占販売したのがソフトバンクでした。

創業から30年が経ち、「新30年ビジョン」を発表したのが２０１０年。新30年ビジョンについては、本章の最後に詳しく触れます。

２０１２年のアニュアル・レポートで孫社長は次のように述べています。

「2011年度は、売上高、営業利益、当期純利益のいずれも過去最高を更新することができました。モバイルインターネット時代の到来をいち早く予見し、スマートフォンを軸とする戦略を他社に先駆けて推し進めてきたことが、今日の躍進につながっています。

このように我々の成長力・競争力の源泉は、時代の変化を先読みし、高い目標を定め、そこから逆算して何をすべきかを考え、必要な戦略を打っていく『逆算の経営』にあります。インターネットを出自とする唯一無二の〝モバイルインターネットカンパニー〟だからこそ、インターネット世界の大きな潮流を高い精度で見通し、こうした経営を行うことができるのです」

そして、高い目標として、「2016年度、連結営業利益1兆円」を掲げたのです。

翌2013年には、スプリントを買収して、本格的なグローバル展開を開始。まずはGDP世界一のアメリカに挑戦します。孫社長は、自分の時間の9割をスプリントの再生に費やしますが、なかなか業績が好転せず、非常に苦戦します。

アメリカの携帯電話事業は、「二強二弱」と言われており、ベライゾン・コミュニケーションズとAT&Tが二強であり、シェア3位のTモバイルUSと同4位のスプリントは二弱です。そこで、二弱の両社を合併することで戦える3位の会社をつくり、二強に挑むというのが孫社長の戦略でした。日本で3位のソフトバンクの経験が十二分に活かせると考えたのでしょう。

しかし、合併までの道のりは険しく、ようやく合意して経営統合を発表したのは、2018年。しかも、これが独占禁止法などに抵触するということでアメリカの規制当局が合併をすぐに認めず、司法省が条件付きで承認したのが2019年7月、連邦通信委員会が同じく条件付きで承認したのは同年11月でした。

スプリントはこれまで赤字続きで、契約者数も減少しています。ソフトバンクグループにとっては大きな「お荷物」だったわけですが、合併されれば連結子会社から外れます。いくつかの州政府が合併差し止め訴訟を起こしており、合併実現にはまだハードルが残っているものの、その見通しがたってきたことで少し肩の荷がおりたのではないでしょうか。

◆「ソフトバンク2・0」とニケシュ・アローラ

話をソフトバンクの変遷に戻しましょう。

「ソフトバンク2・0」を掲げ、大きな変革を行うと孫社長が宣言したのは、2015年のことでした。そして、米グーグルからニケシュ・アローラ氏を招き入れ、代表取締役副社長に任命します。

ソフトバンク2・0というのは、日本企業からグローバル企業へとパラダイムシフトすることを意味し、そのためにアローラ氏を招き入れたのです。

「我々が革新的な起業家集団となる上で、素晴らしいパートナーであるニケシュと出会うことができました。彼とは7年前に知り合い、2014年9月から当社に参画してもらい共に仕事をしています。ニケシュは私より10歳若いですが、Google Inc. で最高事業責任者（Chief Business Officer）として経営を取り仕切ってきた経験があります。

そこで培った世界中のインターネット企業のビジネスモデルやテクノロジーへの造詣、それらの企業の経営陣との幅広い人脈が、当社を真のグローバル企業へと導く力になると確信しています」（2015年 ソフトバンクグループ アニュアル・レポート「社長メッセージ」より）

そして、持株会社であったソフトバンクを、ソフトバンクグループに社名変更し、純粋持株会社としての位置づけを明確にしました。

孫社長はアローラ氏を「私の後継者だ」と言っていたのですが、孫社長の「まだ経営者を続けたい」という心変わりがあったのか、アローラ氏はわずか1年で副社長を退任することになりました。1年という短い期間ではありましたが、孫社長とソフトバンクグループはアローラ氏から多くのことを吸収しました。それについては、第3章で述べたいと思います。

◆「ソフトバンク・ビジョン・ファンド」始動

２０１７年の最大のトピックは、世界中の有望なテクノロジー企業へ投資を行う「ソフトバンク・ビジョン・ファンド」が始動し、10兆円を超える出資コミットメントを取得したことでしょう。

同年のアニュアル・レポートでは、パソコン用ソフトの流通革命がソフトバンクグループにとっての第一の革命であり、産業構造を一変させたインターネット革命が第二の革命、ブロードバンド・通信事業を通じたコンテンツ・コミュニケーション革命が第三の革命であったとし、次なるパラダイムシフト「シンギュラリティー」が第四の革命になるとしています。

シンギュラリティーとは、人工知能（ＡＩ）が人間の知能を超える技術的特異点のことですが、このシンギュラリティーに向かう進化スピードを加速すべく、孫社長はソフトバンク・ビジョン・ファンドを立ち上げたのです。

「私が尊敬してやまない幕末の志士・坂本龍馬（１８３６年〜１８６７年）は、日本が激しく揺れ動いた時代に、姉に宛てた手紙の中で『日本を今一度洗濯いたし申し候』と日本を改革する強い意志を示しました。その後、龍馬は、当時の最新の操船術を身に付け、多くの同志と共に新しい時代を切り開き、日本がその後飛躍するための道筋を付けたのです。

私の志というのは、その龍馬の気概を受け継ぎ、大きな壁に直面してしまった世界の現状を打開するために、情報革命を通じて『世界を今一度洗濯いたし申し候』というものです。我々はテクノロジーとファイナンスに関する幅広い知見を身に付けています。昨年にはアームというすばらしい同志を新たに得ました。今後は『ソフトバンク・ビジョン・ファンド』を活用して、情報革命を共に牽引する同志的結合の企業集団を拡大し、多くの人々が幸せになれるよう世界を変革するとともに、株主価値のさらなる向上に努めていきます」（２０１７年ソフトバンクグループ アニュアル・レポート「社長メッセージ」より）

いかがでしょうか。この年、孫社長が経営者としての決意を新たにしたことがよくわかるのではないでしょうか。

◆事業会社から「戦略的持株会社」へ

２０１８年11月5日に行われたソフトバンクグループの２０１８年度第２四半期決算説明会で孫社長が強調したのは、再び「ソフトバンク２・０」であり、今回は「戦略的持株会社」になると宣言しました。

アローラ氏を招聘《しょうへい》したときは、純粋持株会社でしたが、それをさらに一歩進めて戦略的持株会社になるということは、一般的に言えばソフトバンクグループは投資会社になると宣言したに等しいでしょう。これにより、同年12月19日に、通信事業会社であるソフトバンクを上場します。筆者は、この通信事業会社であるソフトバンクの上場が大きな分岐点であったと見ています。

この上場までは、当たり前ですが、四半期ごとに行われる決算説明会でも、孫社長が通信事業を含めた事業全般について説明を行ってきましたが、上場以後は、戦略的持株会社であるソフトバンクグループの決算や方針などについて説明するのみで、ソフトバンクの決算内容の詳細などについては、代表取締役社長執行役員兼ＣＥＯの宮内謙氏がソフトバンクの決算説明会で説明するように変わりました。

それでは、孫社長はソフトバンクグループの決算説明会でどのような話をするようになったのでしょうか。

２０１９年2月6日に行われた戦略的持株会社として初めてとなるソフトバンクグループの２０１８年度第３四半期決算説明会では、図表7のような「25－４＝９？」というスライドを最初に示しました。普通に計算すれば、引き算の答えは21ですが、９となっており、だからか、赤色の「？」がついています。

実は、これは株主価値を表す数式で、「25」はソフトバンクグループの保有株式価値で、上場、未上場問わず投資先の企業価値の合計が25兆円なのです。

「4」は、ソフトバンクグループが直接的に責任をもつべき純有利子負債4兆円を表しており、「9」はソフトバンクグループの時価総額です（いずれも決算発表時の金額）。

つまり、保有株式価値25兆円から純有利子負債4兆円を引いた21兆円が、本来、株主価値となるはずなのに、実際の時価総額は9兆円しかなく、ソフトバンクグループの株価は

図表7

25 − 4 = 9？

出典：ソフトバンクグループ2019年３月期第３四半期決算発表プレゼンテーション資料をもとに作成

まだまだ割安だと言いたかったのでしょう（長年、金融業界で仕事をしてきた筆者からすると、この計算には多少なりとも問題があるように思われますが、それについては後ほどあらためて触れます）。

　これ以外にも、売上高や営業利益、当期純利益についてはもちろん、ソフトバンク・ビジョン・ファンドについて、エヌビディアの株価が２８１ドルから１３４ドルに半減したが、それでもデリバティブによるヘッジを行っていたため、株式の売却完了に際しては当初投資額である普通出資分7億ドルの約４・５倍、33億ドル（３６２４億円）を現金回収済みであることなどを説明しました。

◆なぜヤフーをソフトバンクの子会社にしたのか？

他方、2019年5月8日に行われた事業会社ソフトバンクの2018年度の決算説明会で何が説明されたかと言えば、通信事業の連結実績であり、新たな通信料金プランなどの成長戦略の進捗《しんちょく》、ヤフーの連結子会社化、来期の連結業績予想でした。

なんと言ってもサプライズは、ヤフーの子会社化で、ヤフーの代表取締役社長を務める川邊健太郎氏（現・Zホールディングス代表取締役社長）も宮内氏と共に登壇しました。子会社化の目的としては、「新領域（非通信）の強化」「戦略・サービス・リソースの統合」「ヤフーの成長を加速、シナジーを最大化」の3つが挙げられました。

ソフトバンクとヤフーのシナジー追求が目的なら、両社の合併でもよかったのではないかという見方もありますが、それではお金がソフトバンクグループに入ってきません。すでに専門家からも指摘されている通り、節税というメリットも見逃せないのです。

ソフトバンクグループがヤフーの株を売却すると、配当を受け取ったとみなされ課税対象になりますが、このやり方では、ヤフー株の3分の1以上をもつソフトバンクグループは非課税で済みます。こうした節税対策は現時点では形式的には違法性はありませんが、同社が批判されている部分となっています。

孫社長が戦術的な目的でこの取引を仕組んだであろうことも重要な点で、おそらくソフトバンク・ビジョン・ファンド第２弾のための資金づくりが、ヤフーの子会社化の目的の１つであったと筆者は見ています。

このソフトバンクの決算説明会の直前、４月25日に行われたヤフーの２０１８年度の決算説明会では、川邊社長は、成長戦略としてオンライン上の生活をさらに便利にし、オフライン上の生活に新たに進出すると述べ、スマホ決済の「ペイペイ（PayPay）」がその中核を担っていくことや、持株会社「Ｚホールディングス」を設立し、その下にヤフーをぶら下げることを説明しました。Ｚホールディングをもとにして LＩＮＥと経営統合を行っていくという計画はすでにこの時点で練られていたのかもしれません。さらには様々な業界の様々な企業をグループに招き入れるためのホールディング化だったとすれば、本当に見事なコーポレートリストラクチャリングであると言えるでしょう。

話をソフトバンクの決算説明会に戻すと、過去最高益更新というグッドニュースもありましたが、今後は各社の携帯料金の価格競争が始まるため、本業である通信事業が相当厳しい状況になることは明らかで、宮内社長も「(本業では)もう成長戦略はない」と淡々と説明していました。

筆者が注目したのは、ソフトバンクとヤフーの合弁だったPayPayに対して、ソフトバンクグループが50%を出資し、ソフトバンクとヤフーがそれぞれ25%ずつ出資すると発表した点です。

それは、孫社長が決済サービスであるペイペイを、ソフトバンクグループ全体のなかでも最重要視していることの証左でもあるからです。この点については、その後2019年11月中旬に発表された「ヤフーとLINEの経営統合」の話も含め、第2章であらためて詳述します。

◆AIの明確な定義に初めて言及

ソフトバンクがヤフーの連結子会社化を発表した決算説明会の翌日、2019年5月9日がソフトバンクグループの2018年度(2019年3月期)の決算説明会でした。

図表8　ビジネスにおけるAIの意義

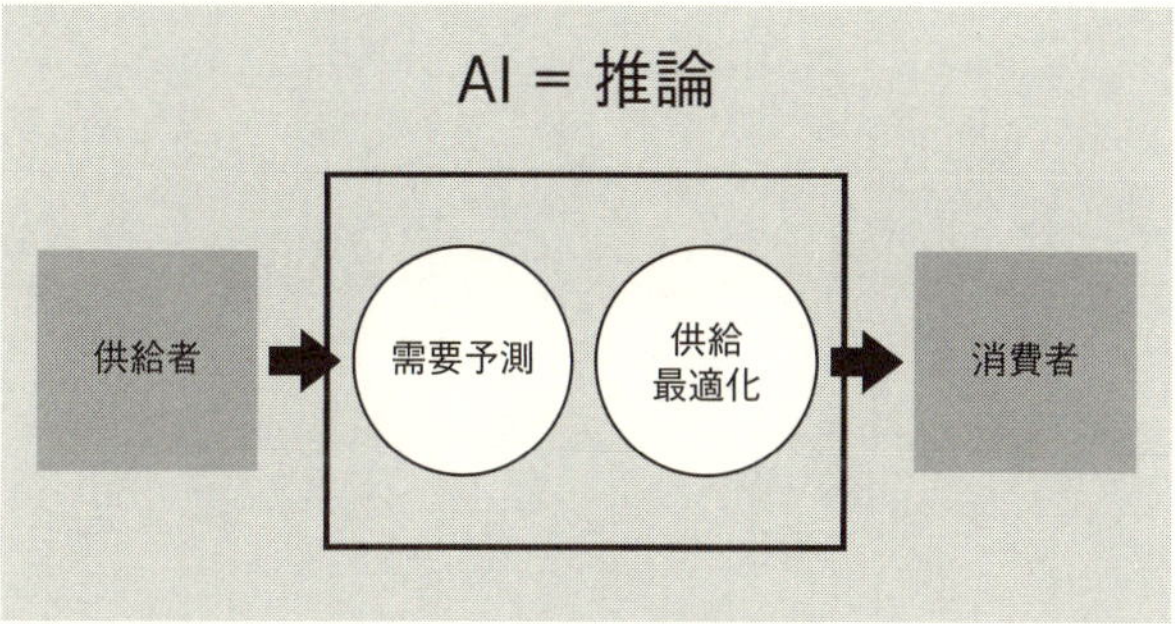

出典：ソフトバンクグループ2019年3月期決算発表プレゼンテーション資料をもとに作成

画期的だったのは、孫社長がＡＩの意義とマネタイズの仕組みを初めて具体的に解説したことです。「ＡＩ＝推論」だとして、ＡＩが需要を予測し、供給を最適化する、つまりＡＩは需要と供給をマッチングしてマネタイズするものだと明確に定義しました（図表８）。

これまで日本のほとんどの経営者はビッグデータの活用法を抽象的にしか説明できず、せいぜいマーケティングデータとしての活用程度にしか表現できておらず、どのように収益化するのかを具体的に説明できていませんでした。孫社長は、ＡＩが実際のビジネスで事業化、キャッシュ化できるということをここで言語化したのです。

アメリカでは、従来、タクシーを呼んでから到着まで15分程度かかっていたのが、ウーバーなどの配車アプリサービスによって3分ほどでクルマが来るようになりました。ビッグデータをAIで最適化すれば、何分後に人がどこに集積するかを推論できます。だからウーバーは、人の集まりそうな場所にあらかじめクルマを用意しておいて、オーダーが来たらすぐに配車し、マネタイズに成功しているのです。

決算説明会では、孫社長は中国で2016年に創業したオンラインの中古車販売会社グアヅゥの事例を挙げて、「AI＝推論→収益化」について話しました。

グアヅゥは、AIを活用することでクルマを自動査定し、客をオンライン・オフラインで行動分析することで、そのクルマがいくらで、いつまでに売れるかを予測します。クルマの売り手と買い手を直接つなげるため仲介業者がいらず、非常に効率的かつ安価なため、2018年度の取引台数は約70万台、売上は倍速で伸びています。AIの活用によって、収益率も成長率も急激に伸びたいい例です。

孫社長がAIについて、「AI＝推論」という文脈でここまで具体的なビジネスと結びつけて説明したのは、おそらくこのときが初めてだと思います。「AI＝推論」で数多くの投資先の収益化が実現されることを感じさせるものであり、非常に明快で腹落ちする説明でした。

◆時価総額世界トップへの野心

ソフトバンクグループの決算説明会では、さらに、次のような数字も示されました。

インターネットの台頭は確かに革新的なものでしたが、実は大きな影響を受けた業界は広告と小売りだけで、アメリカのGDPに占める割合は広告が約1％、小売りは約6％に過ぎません。ほかの業界ではキャッシュ化する術《すべ》がなかなか見つからなかったのです。

次ページの図表9は、インターネット・トラフィックとインターネット企業の時価総額の相関を表したグラフです。1995年、インターネット・トラフィックは180TB（テラバイト）でしたが、2018年には156EB（エクサバイト＝100万テラバイト）になり、時価総額は1994年の約1000倍にまで急伸しており、見事に相関していることがわかります。

今までは、このインターネット・トラフィックが大事でしたが、孫社長は、これからはAIが生み出すネットトラフィック「AIトラフィック」が大事になり、このAIトラフィックとAI企業の時価総額が相関して急激に伸びていくであろうという予測を披露しま

図表9　インターネット・トラフィックとネット企業の時価総額

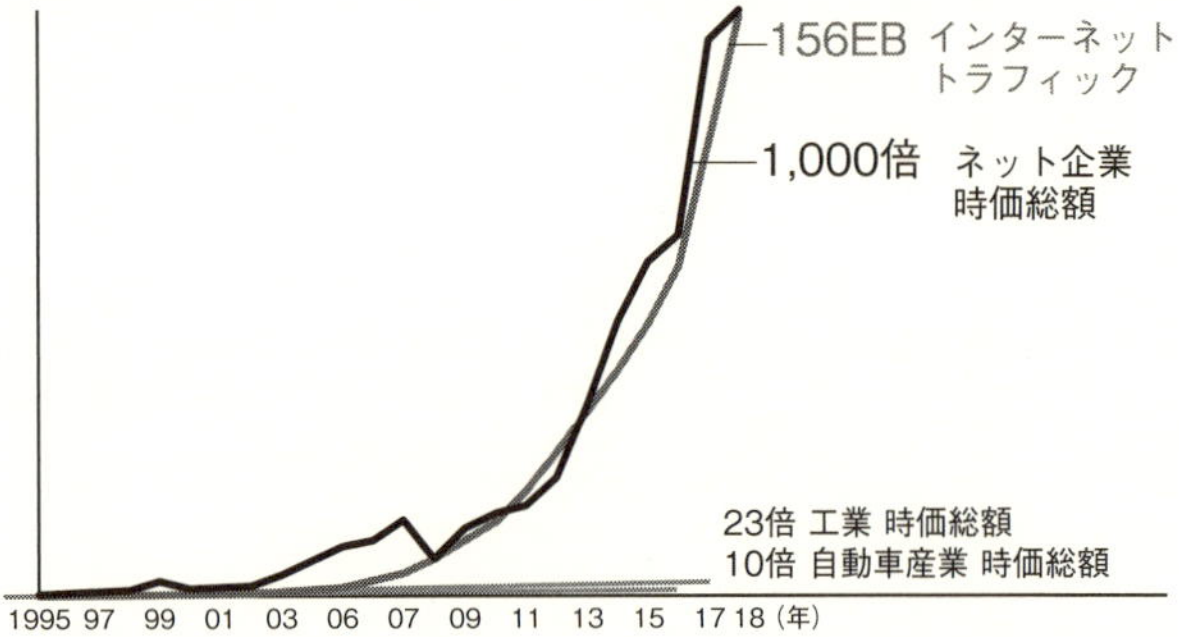

注：EB＝エクサバイト（＝10億ギガバイト）。ネット企業の時価総額は1994年を1とした指数（ソフトバンクグループが推計）。
出典：ソフトバンクグループ2019年3月期決算発表プレゼンテーション資料をもとに作成

図表10　AIトラフィックとAI企業の時価総額

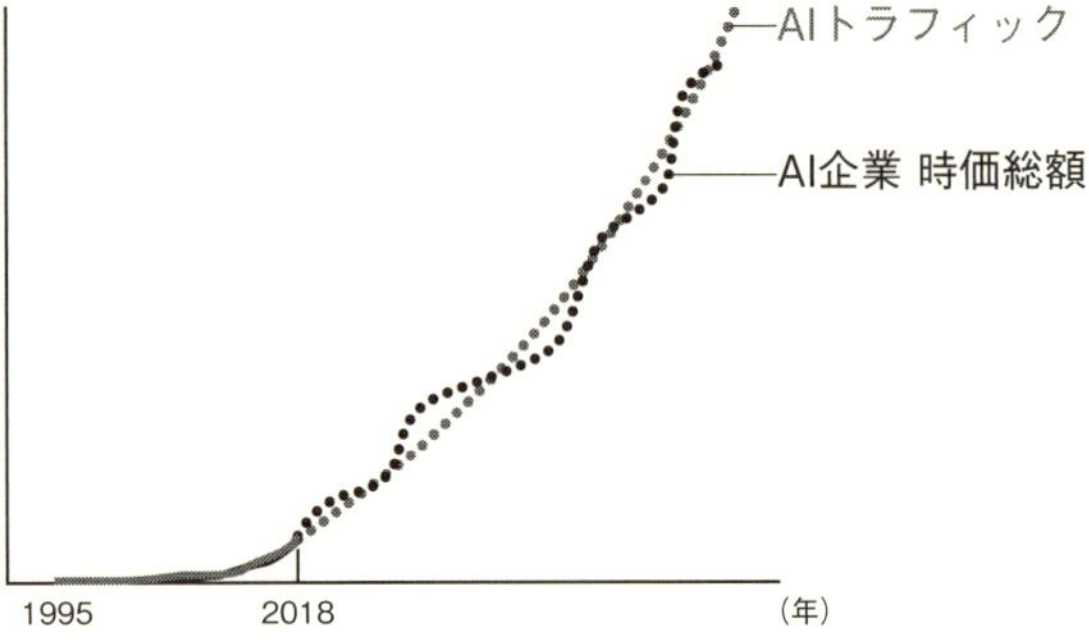

注： AIトラフィック＝AIが生み出すネットトラフィック
出典：ソフトバンクグループ2019年3月期決算発表プレゼンテーション資料をもとに作成

した（図表10）。

つまり、ＡＩは単なるデジタルトランスフォーメーションではなく、ＡＩの発達によってあらゆる業界を革新でき、本質的な構造転換を引き起こすことができると孫社長は考えているのです。

また、「ソフトバンクグループが時価総額でグローバルトップ10に入っていないのは恥ずかしい」「ナンバー2は嫌い。やる以上は必ずナンバー1にならないと気が済まない」と強調しました。ＡＩトラフィックが新たなゲームのルールになるなかで、時価総額で世界トップになるという決意表明をしたというのが、筆者の見立てです。

◆有利子負債4兆円は過大ではない？

ここまで、ソフトバンクグループのポジティブな側面について見てきましたが、ネガティブな側面――リスクについても考えてみたいと思います。

同社のリスク要因については最終章で詳しく述べていますので、ここでは同社の有利子負債について考察したいと思います。

孫社長は2019年2月6日の決算説明会で、ソフトバンクグループが実際に直接負担する有利子負債は4兆円だと主張しました。

2019年5月9日の決算説明会では、「23（株主価値）＝27（保有株式）－4（純負債）」という数式を示しました。孫社長は、23兆円が、ソフトバンクグループの正当な時価総額であるべきだと言いたかったのでしょう。

保有株式の時価評価27兆円から純負債の4兆円を引いた23兆円がソフトバンクグループの企業価値であり、企業価値が23兆円もあるのだから、純負債が4兆円「もある」と見るのではなく、「しかない」と見てほしいということです。

ただ、金融の世界に長年従事してきた筆者からすると、この捉え方には解説が必要だと思っています。

それは、孫社長が決算説明ではシンプルかつ明快に、同社独特の計算に基づく「純負債」という概念を用いて、同数値が4兆円しかないと主張している一方で、実際にはソフトバンクグループの連結有利子負債は合計16兆円以上あるという事実です。

孫社長は、「ノンリコースローン」（203ページで詳述）のような親会社には訴求されない契約条件の負債はソフトバンクグループの負債からは控除されるべきという計算をしています。

つまり、ソフトバンク、スプリント、ヤフーなどの子会社が抱える負債は、それぞれの会社が責任をもって返済する負債なので、親会社であるソフトバンクグループに返済義務はなく、だからソフトバンクグループの負債ではないと捉えているのです。

しかし、何らかの理由で市況が崩れたとき、契約上は直接の返済義務がなくとも親会社に対して「ローンを返済しろ」と銀行が言うケースを、筆者自身がバブル崩壊の局面で何度も目《ま》の当たりにしてきました。

それに対して親会社が「返さない」と言えば、「それならコーポレートローンを返せ」と親会社の負債の返済を迫りました。結局、契約条件よりも取引関係がバブル崩壊時にはより重要になったという事実があるのです。

そんなこともあって、国内の格付会社はソフトバンクグループを「投資適格」としていますが、世界的な格付機関であるS＆Pやムーディーズは、「投資不適格」と判断しています。債務の見方に違いがあるのです。

なお、実際に「WeWork問題」が顕在化した際に、ソフトバンクグループは追加の資金投入を行いました。また孫社長は2019年11月の2020年3月期第2四半期決算説明会において、「救済型投資は今後は一切しない」と語り、市場での最大の懸念を払拭しようと試みました。これは上記で指摘しているポイントを意識しての発言であると思います。

孫社長は同じ決算説明会で、これまでの主張と同じく、同四半期決算時点の保有株式27・9兆円からソフトバンクグループに返済義務がある純負債5・5兆円を除した22・4兆円がソフトバンクグループの株主価値であると述べました。そして、その株主価値は前四半期よりも1・4兆円増加しているとし、それを成果としました。

一方で、決算短信での貸借対照表によれば、ソフトバンクグループの連結の有利子負債は、ソフトバンクグループに加えてソフトバンク、ヤフー、スプリント、ソフトバンク・ビジョン・ファンドなどで16兆円以上にも及んでいます。

5・5兆円はあくまでソフトバンクグループの契約条件によるものであって、取引関係の実態が反映されていない。そして、ソフトバンク、スプリント、アーム、アリババ、ソフトバンク・ビジョン・ファンドなどの保有株式「総額」から、ソフトバンクグループ「単体」の有利子負債のみを引き算することによって株主価値を導き出すという、ある意味自らに都合のよすぎる考え方ではないか――。ソフトバンクグループの財務諸表の説明の仕方については、そういった批判も多く出されています。

最後に、共同通信では、２０１９年11月21日付けで、「ソフトバンクグループが、主力行のみずほ銀行などに対し63億ドル（約６８００億円）の融資を要請したことが20日分かった。ソフトバンクが運営するファンドの投資先で、巨額損失を計上した共有オフィス『ウィーワーク』運営の米ウィーカンパニーの再建資金に充てると説明。銀行団とは３千億円程度の融資で協議しているという。複数の金融関係者が明らかにした」と報じました。

私は、実質的には子会社である救済先企業を連結としていないことで、ソフトバンクグループは信頼性を大きく毀損していると考えています。11月６日の決算結果は、救済先の巨額の負債を連結するとまったく違う様相となります。会計の質も問われていることは見逃せません。法務、会計、税務上、連結対象ではないとしても、プロの投資家は、連結対象とみなした分析をしています。明快でシンプルなストーリーの裏側を読み解くのが大変な取引が増えてきていることも気になるところです。

また金融機関には「実質同一体」という考え方があり、今回の救済先も、まさに実質同一体という判断があればこそ貸出可能先、本当にソフトバンクグループからノンリコース条件なら貸出困難先ということになるでしょう。本件貸出取引は、形式的なことはともかく、実態的には前者の条件が整えられる「コーポレートファイナンス」として組成されることになるのではないかと思います。まさに「ノンリコースとは何か」が問われているのです。

◆日本に必要なのは、大ボラ＝「ビッグ・ビジョン」

2019年6月19日の株主総会で孫社長は、「これまで大ボラを吹いてきた」と言い、2004年の株主総会で、当期純損失が1070億円だったにもかかわらず、「売上高ではなく利益で1兆、2兆と数える規模になりたい」と述べたことを、その例として出しました。実際、現在は利益を1兆、2兆と数える規模になっています。

そして、豆腐が並んだスライドを見せながら、10丁（兆）、20丁（兆）、さらには100丁（兆）、200丁（兆）をこれから実現していくという「大ボラ」を披露しました。「大ボラ」を吹くのには勇気がいります。大胆な目標を立て、それを公言するためには勇気を

図表11　2040年の時価総額目標

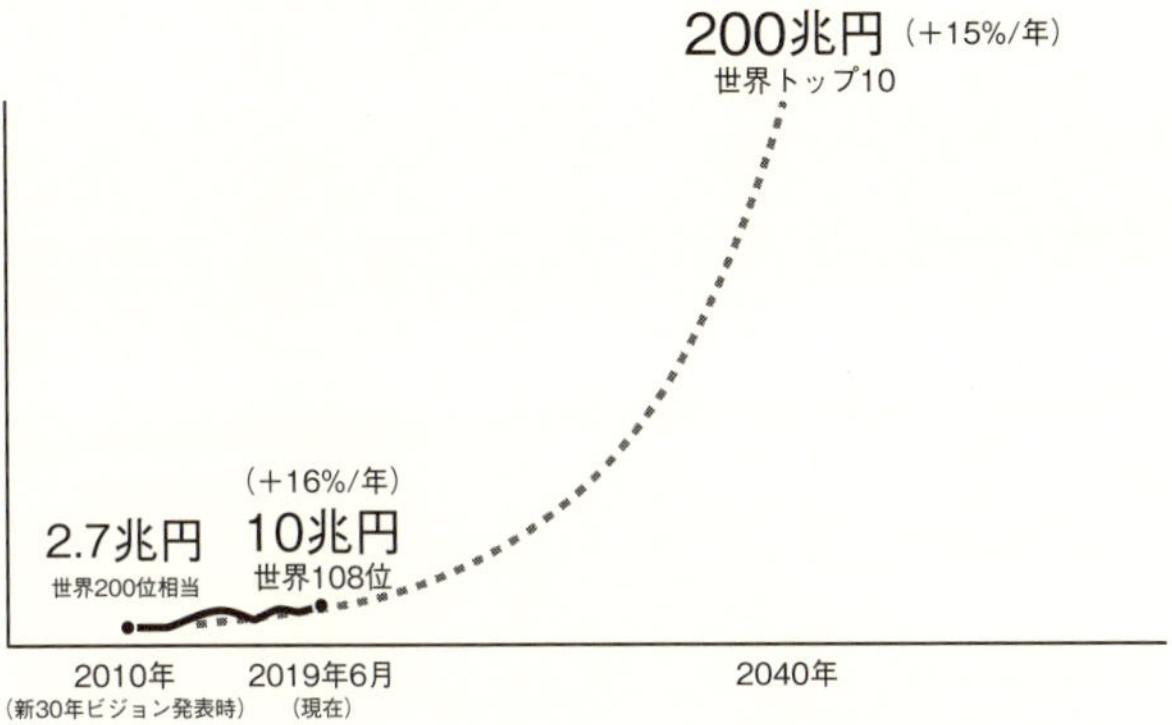

出典：ソフトバンクグループ第39回定時株主総会の事業戦略説明資料をもとに作成

振り絞る必要があります。

だからこそ、経営者にとっては「大ボラ」を吹くことも大切で、「大ボラ」は英語にすると「ビッグ・ビジョン（Big Vision）」であると説明。今、日本に一番必要なのは、「大ボラ」であり、ビッグ・ビジョンだと孫社長は言います。

その後、2010年6月25日に発表した「新30年ビジョン」の表紙まで映し出して、改めてその内容について語りました。

新30年ビジョンでは、2040年に時価総額200兆円となり、世界のトップ10入りすると宣言しています。2010年当時の時価総額は2・7兆円で世界200位相当だったのが、2019年6月時点では、時価総額は約10兆円、世界108位になっており、「順調に推移」していると自信たっぷりに述べました（図表11）。

◆「新30年ビジョン」は300年企業への一里塚

「新30年ビジョン」策定に携わった人から聞いた話では、孫社長は『スター・ウォーズ』が9つのエピソードに分かれているように、300年成長する企業となるためのこれからの270年を30年ごとに9つに区切って、次の30年ビジョンをエピソード1としてつくろうと考えたと言います。

創業時の30年ビジョンは、当然ながら孫社長が一人で考え、一人でつくりました。掲げられた2つのビジョンは、「マイクロプロセッサが人間の未来を一変させる」「売上を豆腐のように1兆（丁）、2兆（丁）と数える企業になる」でした。

これは本編が始まるプロローグにすぎず、2010年に発表した新30年ビジョンこそがエピソード1であり、ここから300年成長する企業のストーリーが始まるのです。

新30年ビジョンは、「理念」「ビジョン」「戦略」の3つのパートに分かれています。

理念とは、「何のために事業を行っていくのか」。ソフトバンクグループの理念は、「情報革命で人々を幸せにしたい」であり、それは、創業からの30年も、これからの30年もまったく変わらないことを確認しています。

ビジョンとは、「30年先の人々のライフスタイルがどのようなものになるか」「30年先の社会の中で、ソフトバンクグループが何に取り組んでいきたいのか」。

30年後、コンピュータがどこまで進化するかと言えば、人間の脳の10万倍になり、しかも、２０１０年現在の１００万倍のＣＰＵトランジスタ数とメモリ容量があり、かつ３００万倍の通信速度で通信できるようになると予測しています。

３万円程度の携帯端末に保存できる曲数は、６４００曲から５０００億曲になり、新聞の情報なら４年分から３億５０００万年分に、動画なら４時間分から３万年分になると予測しています。

そうした30年後の世界で、ソフトバンクグループは何か１つのものをつくり出すわけでも、１つの特定のサービスを提供するわけでも、１つのビジネスモデルの会社でもなく、「世界中に生まれてくる最も優れたテクノロジー、最も優れたビジネスモデルをもつ仲間と一緒に同志としてやっていきたい」と書かれています。

戦略とは、「ソフトバンクグループがどのようにビジョンを実現してくのか」。このなかで、先ほどの30年後の2040年に時価総額で200兆円規模になることが宣言されています。

そして、「孫正義は何を発明したのか」と聞かれたら、「300年間成長し続けるかもしれない組織構造をつくった、発明した」と言われたいと述べています。そのために重要になるのが、「戦略的シナジーグループ」という構想です。

戦略的シナジーグループは、ピラミッド型で中央集権であった20世紀型の企業・組織とは違い、Web型で集権と分権のバランスがとれた企業・組織のグループです。自律していて、分散型で、協調し合うことで、自己進化、自己増殖することができる企業、組織、グループを目指しているのです。

この戦略的シナジーグループがさらに進化したのが、第3章で詳しく述べる「AI群戦略」です。

また、後継者の育成についても触れられています。孫社長は19歳のときに、次のような「人生50カ年計画」を立てました。

「20代で名乗りを上げる。
30代で軍資金を貯める。
40代でひと勝負する。
50代で事業を完成させる。
60代で次の世代に事業を継承する」

孫社長のこの計画はほぼ当初の目論見《もくろみ》通りに進んでおり、60代で後継者に継承するために、「孫正義２・０」をつくる必要があり、そのためにソフトバンクアカデミアを開校しました。

こうしたことが詳細に書かれているのが新30年ビジョンであり、発表から10年が経とうとする今も大事に受け継がれています。

孫社長は、新30年ビジョンを発表する際、「私の人生で一番大事なスピーチなるでしょう」と述べるとともに、「私の現役時代最後の、30年に1回の大ボラです」とも言っています。

ソフトバンク帝国のエピソード2以後は、後継者たちに託すつもりであり、自分はこの新30年ビジョンの実現にすべてを捧げる覚悟なのではないでしょうか。だから、株主総会などで折に触れて、新30年ビジョンの進捗状況を報告しているのでしょう。

孫社長は、日本では数少なくなった「大ボラ」が吹ける、ビッグ・ビジョンを語れる経営者であるだけに、これからもその能力をいかんなく発揮して、日本を、世界を引っ張っていってほしいと思います。

第2章

「米中に次ぐ第三極」を目指す戦いの始まり

◆「ヤフーとＬＩＮＥが経営統合」の衝撃

２０１９年11月13日の夜、「ヤフーを運営するＺホールディングスと、日本を代表するＳＮＳを運営するＬＩＮＥが、経営統合に向けて交渉に入っている」というビッグニュースが飛び込んできました。

翌14日朝、Ｚホールディングスは「協議を行っていることは事実ですが、現時点で決定した事実はありません」、ＬＩＮＥは「企業価値向上のための施策の１つとして検討を進めていることは事実ですが、当該報道内容に関して当社として決定している事実はございません」とプレスリリースを出しました。

Ｚホールディングスの親会社ソフトバンクも「本件を含め様々な可能性について協議を行っていますが、現時点で決定した事実はありません」とコメントしました。これを受けて３社の株価は上昇、市場はこの経営統合への動きに好感を示したのです。

そして、それから４日後の11月18日、正式に両社の経営統合が発表されました。同日午後５時から開催された共同記者会見では、Ｚホールディングスの川邊健太郎社長とＬＩＮ

Ｅの出澤剛社長が一緒に登壇、経営統合に関する概要や目的などの説明を行いました。

経営統合の形態は、ヤフーとＬＩＮＥが新生Ｚホールディングスの傘下に入るというものです。統合後は、東証一部上場会社であるＺホールディングスの株式は、「ＬＩＮＥの親会社である韓国のＮＡＶＥＲとソフトバンクが50％ずつ出資・設立するジョイントベンチャー」と一般株主によって保有される、というストラクチャーになります。これによってＬＩＮＥは非上場会社となります。法令上必要な許認可などを経て、２０２０年10月を目途に経営統合を完了させるとしています。


統合の背景にはあるのは、まず「米中を中心とした高い知名度、資本力及び技術力を有するグローバルインターネット企業や、新たな価値の創造に積極的に挑戦しようとするスタートアップ企業との競争が激しさを増す」という強い危機感。また、労働人口の減少、生産性の改善、自然災害への対応といった「テクノロジーで解決できる日本の社会課題がまだまだある」として、大きな志をもって「日本に住む人々に最高のユーザー体験を提供し社会課題を解決していく」とも述べています。

ＬＩＮＥは国内だけで８２００万人を超える月間利用者を抱え、スマホ決済をはじめ、アプリを通じた総合的な金融サービスにも力を入れています。一方のヤフーは検索やニュース配信などのサービスを手がけ、月間利用者はおよそ６７００万人。両者が統合すれば、検索やＳＮＳ、ネット通販、金融など、様々なインターネットサービスを一手に担う巨大グループが生まれることになります。

もともとヤフーという会社は、ヤフーＩＤに紐づけるかたちで、「出会う（メディア、広告）」「調べる（検索、コンバージョンメディア、コマース）」「買う（カート）」「支払う（ウォレット）」「利用する（サービス、コンテンツ）」といった一連のユーザーアクションに対し、１００を超えるサービスを一気通貫で提供するところに特徴があります。それにＬＩＮＥでの各種サービスが加わり、同一のＩＤに紐づけられることになれば、日本では最大級のビッグデータのプラットフォームが形成されることになるのは確実でしょう。

孫社長は、日頃から「ＩＴ業界は勝者総取りの世界だ」と発言し、業界のトップを取ることが重要だと強調してきました。今回の経営統合は、日本国内のＩＴ業界全体の覇権を握るばかりではなく、関係する業界における再編を促し、さらには日本発のグローバルなプラットフォーム企業誕生を感じさせるだけのインパクトがあるのではないでしょうか。

そして実際に11月18日の共同記者会見では、共同ＣＥＯとなる予定の両社長からは、「米中に次ぐ第三極を目指す」という大胆なビジョンが提示されたのです。

◆経営統合によって発揮されるシナジー

経営資源を集約して、両社それぞれの事業領域でのシナジーを追求する。ダイレクトな顧客接点として重要となるサービス基盤をシームレスに連携させ、相互に補完する。これが川邊・出澤両社長が示した経営統合に際しての基本戦略です。

メディア・広告、ＥＣ、ＳＮＳ・メッセンジャー、フィンテックといったヤフー・ＬＩＮＥ両社がもつサービス基盤の上には、国内だけで1億人規模のユーザー基盤がのることになります。記者会見資料では、そこでのシナジーが期待される領域として、「マーケティング事業」「集客」「フィンテック事業」「新規事業／システム開発」が挙げられています。

「マーケティング事業」では、インターネット広告市場でのシェア拡大やマーケティングソリューションサービスの拡充。「集客」では、利用者をヤフー・ショッピング、ペイペイフリマ、ZOZOTOWNなどのＥＣサイトへ送客することによってＥＣを拡大する。「フインテック事業」では、入り口としての「ペイペイ」と「LINEペイ」を拡大させ、銀行、証券／FX、保険、クレジットカードなどの金融事業の強化へ結び付ける。「新規事業／システム開発」では、ヤフーとLINEのすべてのサービスを支えるAI基盤開発を強化・加速させる。さらには、ソフトバンクとNAVERそれぞれのグループ事業、人財、R&D（研究開発）投資といった領域でも、シナジーを創り出す。

両社長は、こうしたシナジーによって売上高を増大させると同時に、「日本・アジアから世界をリードする最強のAIテックカンパニーを目指す」と強調しました。その基軸こそAIです。AIが、現在のサービス基盤はもちろん、スマートシティ、モビリティ、防災、教育、働き方など中長期的に投資を行っていく分野をも結び付けて、ユーザー基盤に対して統合的にサービスを提供する基軸となり、最高のユーザー体験や新しい価値を創り出していくということを目論んでいます。

◆決済アプリからスーパーアプリへ、スマホ決済サービス「ペイペイ」

ヤフーとＬＩＮＥの経営統合の真の狙いとは何なのでしょうか。その解説をする前にまず、ヤフーの傘下にあるPayPayが提供するスマホ決済サービス「ペイペイ」、ＬＩＮＥが提供するスマホ決済サービス「ＬＩＮＥペイ」に言及しておきましょう。

経済産業省の「キャッシュレス・ビジョン」（２０１８年４月）によれば、日本のキャッシュレス決済比率は、韓国の89・１％や中国の60・０％に対して、わずか18・４％にとどまっていました（２０１５年）。政府は、それを「大阪・関西万博（２０２５年）に向けて、（中略）キャッシュレス決済比率40％の目標を前倒しし」、「将来的には、世界最高水準のキャッシュレス決済比率80％を目指し、必要な環境整備を進めていく」としています。

２０１９年10月１日からの消費税増税と合わせては、「キャッシュレス・ポイント還元事業」が展開され、キャッシュレス社会への転換が図られています。

そうしたなか、日本のキャッシュレス化を牽引し、スマホ決済サービスのシェアを飛躍的に伸ばしているのが「ペイペイ」です。

PayPayは、２０１８年６月、ソフトバンクとヤフー（２０１９年10月１日に会社分割を通じて持株会社体制へ移行、商号を「Ｚホールディングス」へ変更）がそれぞれ50％の出資で設立されました。

ところが2019年5月、ソフトバンクグループがPayPayへ追加出資、ソフトバンクグループが筆頭の50%、ソフトバンク25%、ヤフー25%の資本構成へと変更されたのです。ソフトバンク・ビジョン・ファンドが出資するインドのペイティーエムも技術協力し、まさにグループ総力を挙げての事業取組み体制へ。ソフトバンクグループの本気度が見て取れます。

ペイペイは、度肝を抜いた2回もの「100億円キャンペーン」や「キャッシュレス・ポイント還元事業」関連施策などを通して登録ユーザー数は約1900万人（2019年10月末時点）、月次決済回数で約8500万回（2019年10月）に。スマホ決済サービスのユーザー利用意向ではペイペイが独走、また「現金以外で思い浮かぶ決済手段」もクレジットカードを除けばペイペイが1位となっています。

通信事業の成長戦略が描けないソフトバンクはペイペイを「新領域」と位置付け、システム不具合などを経ながらも登録ユーザー数と加盟店拡大に強力な攻勢をかけることで、「ペイペイ」アプリのリリースからわずか13カ月足らずでここまでの会員数・認知度へ到達したのです。

ペイペイはＥＣ・リアルでの各種決済に加えて、公共料金や税金の支払いにも対応。送金や割り勘、ギフトやお年玉などＰ２Ｐ（Peer to Peer＝個人間）ソーシャル機能も付いています。ペイペイ口座からの出金といった資金移動もすでに可能、今後はローン・小口融資・ＭＭＦ・投資・保険・後払いなどの本格的な金融サービスの提供も見据えています。

ソフトバンクの宮内社長は２０１９年11月の決算説明会で、中国のアリババの金融事業会社「アントフィナンシャル」が提供する決済サービス「アリペイ」のビジネスモデルを引用し、この金融サービス分野こそ「これから一番伸ばせる」「フィンテック領域」としました。さらに、登録ユーザー数が伸びていけばペイペイは「決済アプリ」から「スーパーアプリ」へと変貌する、そして「このスーパーアプリをベースにして、いろいろなビジネスを展開することができる」と高らかに謳《うた》いました。

◆ソフトバンク全体のエコシステムの入り口として機能するペイペイ

ヤフーを傘下にもつＺホールディングスは、２０１９年11月にファッション通販サイト

「ZOZOTOWN」を運営するZOZOの連結子会社化を実現しました。また、10月には、ヤフーがECサイト「ペイペイモール」とフリマサイト「ペイペイフリマ」をオープンさせています。つまり、拡充される「ペイペイ」を顧客接点にして、従来からの広告事業に加えてフィンテックなど金融関連事業、EC小売りやオンライン・オフラインの継ぎ目のない多様なサービスを提供していくということ。

宮内社長はやはり決算説明会で、「アリババにTモールやタオバオがあるように、われわれにもヤフー・ショッピング、ペイペイモール、ペイペイフリマといった陣形ができつつある」と断言しました。

筆者は、宮内社長の言葉から、ソフトバンクグループ孫社長の戦略における2つの意図を読み取ることができると考えています。1つは、ペイペイを、EC小売り事業を先鋭化させるとともに、広範な生活サービス全般へ顧客を誘導するための入り口として機能させるということ。もう1つは、ソフトバンクにとってEC小売りを中核で機能させる必要があるということです。

◆中国のテンセントをベンチマークする、LINEの大戦略

それでは、次にLINEの大戦略について見ていきましょう。

LINEペイが競合他社に大きく先行してリリースしたスマホ決済は、その後、「加盟店の導入費用ゼロ、今後3年間は決済手数料無料」という赤字前提の大攻勢で話題をさらいました。

LINEペイの戦略は、キャッシュレス化が進んでいない中小店舗に重点を置き、キャッシュレス導入にあたって障壁になっていたコストをゼロにするものです。これにより、2018年度内に100万加盟店を確保するという目標を掲げました。

LINEペイには大きな強みがあります。国内利用者が8200万人にものぼるLINEにデフォルトでインストールされているので、新たに専用のアプリをダウンロードする必要がないのです。ここで導入店舗が一気に拡大すれば、ユーザーにとっての始めやすさ、使いやすさの点で、大きく前進します。

ＬＩＮＥはコミュニケーションアプリを通じて、生活サービス全般、はては金融事業まで垂直統合しようとしています。この動きから明らかなように、ＬＩＮＥは中国のテンセントをベンチマークしています。テンセントの決済アプリ「ウィーチャットペイ」が中国市場を席巻した経緯を見れば、ＬＩＮＥのポテンシャルも実感できることでしょう。

中国のスマホ決済市場ではアリババの「アリペイ」が先行しました。ウィーチャットペイの登場はアリペイに遅れて９年後の２０１３年。アリペイの牙城は揺るがないものと当初は思われていたのです。

しかし、ウィーチャットペイはアリペイを凌ぐ勢いで浸透しました。すでにウィーチャットペイが逆転しているとの報道もあります。この勢いの差は、アリペイがＥＣサイトと連動するアプリであるのに対し、ウィーチャットペイはコミュニケーションアプリに連動しているという違いによるところが大きいと筆者は見ています。

私たちがＥＣサイトを眺めるのは買い物をする用事があるときに限られます。一方、コミュニケーションアプリは、友人・知人から連絡があるたび、こちらから連絡をしようとするたびに「毎日、何度も」開くのです。コミュニケーションアプリを閲覧する頻度は、

ＥＣサイトを閲覧する頻度の何倍にもなるでしょう。

テンセントはこうして、利用頻度において絶対的な強みをもつコミュニケーションアプリをプラットフォームにして各種金融サービスを垂直統合し、さらにはその他の生活系サービスを充実させていきました。

◆フィンテック事業に大きな期待

ＬＩＮＥはこれまで、従来のコア事業である広告に、これらフィンテックとＡＩを合わせた「戦略事業」の強化を図ってきました。

投資にも積極的です。２０１８年９月、ＬＩＮＥは第三者割当増資を行いました。そこで調達する資金の具体的な使途として挙げられているのは、フィンテック事業とＡＩ事業でした。

２０１８年９月４日付けのＩＲニュースには「新しいインフラ確立を目指しているモバイル送金・決済サービス『LINE Pay』の決済対応箇所の更なる拡大、ユーザー数及び送金・決済高拡大のための広告宣伝費及び販促活動費」「今後展開を目指している金融関連サービスの立ち上げ及び運営に関わる運転資金、システムへの投資、人件費、各領域における国内外の戦略的融資」として約1000億円（2021年12月まで）を、また「自社製品である『LINE Clova』や関連サービスの開発のための人件費、外注費、広告宣伝費」に約480億円（2021年12月まで）を割く、とあります。

広告事業を継続して成長させていきながら、フィンテック事業とAI事業に対して戦略的投資を行う。ここからは、ポストスマホとしてのAIスピーカーというインフラを強化する意図、そしてLINEアプリ上に展開するフィンテック事業を強化する意図の2つが見えてきます。LINEはこれを「スマートポータル」戦略として整理しています。

ここであらためて確認しておきたいのは、フィンテック事業の中心にあるのはLINEペイだということです。LINEペイを起点に、資産運用や保険、ローンなどの金融事業を総合的に展開するのが、LINEのフィンテック戦略だと言えます。

LINEペイは「LINE上から送金・決済をする」サービスとして2014年12月にスタートしました。そこから、プリペイドカードやスマホ決済、クイックペイへと機能を拡張してきた経緯があります。

前述したように、ＬＩＮＥアプリ内に組み込まれているため、わざわざ専用のアプリをインストールする必要がありません。その手軽さは、他社の決済アプリと比べても群を抜いています。８２００万人ものユーザーが、今にもＬＩＮＥペイを使える状態にあるのですから。そして、その強みを背景として、オンライン銀行としてはみずほ銀行との合弁企業、オンライン証券としては野村證券というそれぞれの分野のガリバー企業と協業することにも漕ぎ着けたのです。

テンセントをベンチマークしてきたＬＩＮＥですが、テンセントと比較するならば、今後のＬＩＮＥの課題は、入り口としてのコミュニケーションアプリから、フィンテックやＥＣなどそのほかのサービスに顧客を誘導することにありました。これまで、顧客接点においては圧倒的優位に立つにもかかわらず、広告以外のサービスの伸びは期待通りには進捗してきませんでした。そのため、経済圏の大きさという点では、楽天やヤフー・ソフトバンク連合に見劣りしてきたのです。そのＬＩＮＥがヤフーと経営統合して各種サービスを協働して展開することの意義は大きいと思います。

◆「スーパーアプリ経済圏」の構築

最先端のフィンテック大国である中国では、アリババが手掛けている決済アプリ「アリペイ」と、テンセントが手掛けるメッセンジャーアプリ「ウィーチャット」のウォレット機能「ウィーチャットペイ」が熾烈《しれつ》な争いを繰り広げています。アリババのビジネスモデルを見ると、アリペイは「入り口」で、そこからアリババのEC小売りサービスや金融サービス、各種の生活サービスなどに導かれる仕組みになっています。

このアリババの事業構造にこそ、孫社長の狙いを読み解く核心があります。これは決して、決済ビッグデータを取得するとか、ましてやデジタルでの広告収入を伸ばそうというような「小さな」話ではないのです。アリババの筆頭株主として取締役会メンバーでもある孫社長は、このビジネスモデルを熟知し、アリババとテンセントのこれまでの熾烈な争いも間近で見てきました。相当に覚悟を決めて取り組まなければ覇権は握れないという厳しさを痛感してきたことでしょう。

中国はアリババに任せるとして、日本では自分たちがやっていかなければならないと考えたとき、最も重要な入り口となるアリペイにあたるサービスこそペイペイなのです。だから、ソフトバンクグループがPayPayへの最大の出資者となったのです。

ペイペイを顧客接点の重要な入口として機能させることで、ヤフー・ショッピング、ZOZOTOWN、ペイペイモール、ペイペイフリマ、LOHACOなどＥＣ小売り事業を先鋭化させ、さらには銀行・証券・保険などの金融サービス、ライドシェアなどモビリティ、通信、電力・エネルギー、旅行等などの生活全般にかかわるような多様なサービスに顧客を誘導していきたい、そのための強固なエコシステムを構築したい、と孫社長は考えてきたのではないかと思います。


このようななかで今回明らかになったのがヤフーとＬＩＮＥとの経営統合。アリババを徹底的にベンチマークしてきたヤフーと、テンセントを徹底的にベンチマークしてきたＬＩＮＥとの経営統合とも言えるのが今回の組み合わせなのです。

私は2社の経営統合によってできる壮大なエコシステムを、ここで「スーパーアプリ経済圏」と命名しました。その全体構造は次ページの図表12の通りです。

図表12　「スーパーアプリ経済圏」の全体構造

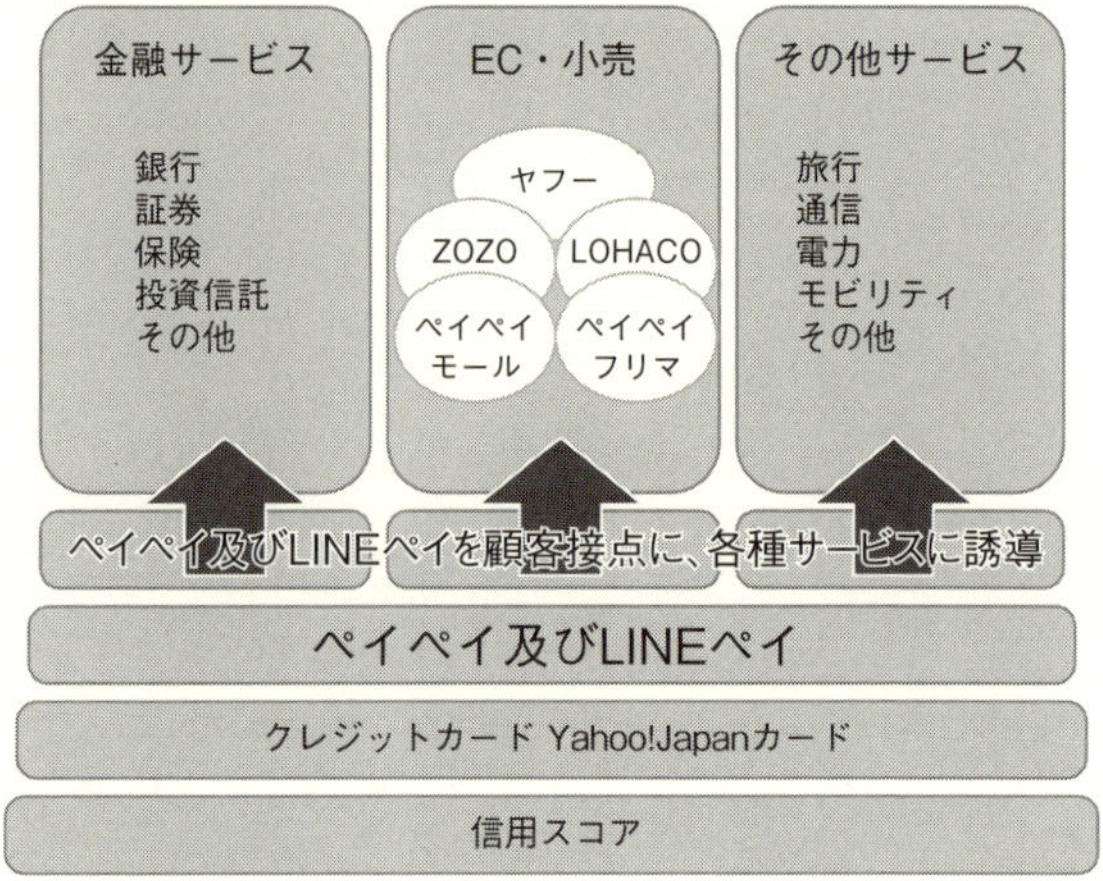

2社の経営統合により、ソフトバンクグループ全体としては、日本においてペイペイとLINEを基点とする「スーパーアプリ経済圏」が構築されていくというシナリオです。なお、最終章において、このシナリオは「シナリオ2」としてシナリオ分析のなかで記述しています。

両社の組み合わせによるインパクトとしては、まず最初に優れた顧客基盤と顧客接点が挙げられます。デジタルトランスフォーメーション時代の顧客基盤とは、ずばりスマホのなかで親密な顧客接点をいかにもつかという点に集約されているなかで、LINEというコミュニケーションアプリと各種サービスを展開するソフトバンク側の企業連合は、これで国内No.１の顧客基盤をもつ連合に躍り出たと言っても過言ではないでしょう。

そして、その優れた顧客接点をもとに、ＬＩＮＥペイやペイペイから、各種の金融サービス、ＥＣ小売り、さらには旅行・通信・電力・モビリティへと誘導する巨大なプラットフォームが形成されるのです。

アリババの決済アプリ「アリペイ」には世界で12億人の年間アクティブユーザーがいるとされ（２０１９年９月23〜24日「2019 Investor Day」資料）、現在66以上の国・地域でサーブス利用が可能となっています。

一方で、テンセントのウィーチャットペイは、コミュニケーションアプリ「ウィーチャット」のウォレット機能として提供されています。ウィーチャットには約11億５１００万人の月間アクティブユーザーがいるとされています（２０１９年９月30日時点、「２０１９年９月期結果報告」資料）。この２つのアプリを軸に、中国のキャッシュレス決済の比率は６割以上にのぼっています。

利用者数で見ると、今回の経営統合による連合でも太刀打ちできないことは明白である一方、アリババとテンセントが経営統合するような大きなインパクトのある統合されたサービス展開が可能となる点は大いに注目できます。

アリババとテンセントは、生活サービスのプラットフォームのなかに商流・金流・物流を囲い込み、ユーザー一人ひとりに関するビッグデータを蓄積しています。そのデータが新たなサービスの開発に活用され、さらに次のサービスが展開されるという事業展開を続けてきました。

規模では圧倒的に劣るものの、ヤフーとLINEの経営統合は、中国二大プラットフォーム企業をさらに超えるような優れた顧客価値を提供し、日本発の破壊的イノベーションが生み出されることが期待できるものではないかと考えられます。

◆2社連合とGAFAの比較

本書の第6章では、ソフトバンクグループとGAFA×BATHとの比較分析を行っていますが、本章でも、「スーパーアプリ経済圏」構築のために必要なものという観点から、GAFA（グーグル、アマゾン、フェイスブック、アップル）との比較分析をしておきたいと思います。

まずアマゾンとの比較では、いかに２社連合が真に顧客第一主義になれるのか、ＡＷＳのようなクラウドコンピューティングのインフラを構築できるかが指摘できます。アマゾンのプライム会員のような有料サブスクリプションのビジネスモデルも展開できるか、動画配信においてより魅力的なオリジナルコンテンツを制作できるかなども重要です。

アップルとの比較では、優れたハードにこだわり、優れたハードをもち、そこからＯＳやアプリ、各種サービスとエコシステム全体を構築していく必要性が浮き彫りになってきます。５Ｇ時代の新たなハードがエコシステムとともに日本から生まれることが期待されます。

フェイスブックとの比較では、ＳＮＳをグローバルに展開していく必要性がすぐに指摘できますが、２社連合には5Ｇ時代の新たなコミュニケーションツールを最初からグローバル展開するようなアグレッシブな事業展開を期待しています。

最後に、グーグルとの比較では、同社における社員価値や働きやすさを最重要視する企業ＤＮＡを指摘しておきたいと思います。ヤフーを巡っては、最近他社との経営統合などが相次いでいますが、競争第一主義や企業中心の論理では真のシナジーは生まれてこないでしょう。テクノロジーの分野こそ、継続的にイノベーションを生み出していくためにも、社員価値や企業DNAがより重要なのです。

◆日本が「米中に次ぐ第三極」になるために必要なこと

GAFAと新生Zホールディングスを比較すると、時価総額では前者は軒並み50兆円以上であるのに対して後者は3兆円強と一桁違い、研究開発費では前者が2兆円前後に対して後者は3社合わせても200億円と二桁違い。研究開発費の違いが企業としての足腰の強さの違いを表しています。

ヤフーとLINEがただ経営統合しただけにとどまれば、国内では強大な企業連合となりますが、海外では残念ながらLINEが大きなマーケットシェアを有しているタイ・台湾等での強大な企業連合にとどまる。やはり中国やインドにも攻め込むようなインパクトがないと「第三極」と呼べるようなものにはならないでしょう。

それではどのような条件が整ってくると日本が「米中に次ぐ第三極」になれるのでしょ

うか。

私は、このミッションを実現する鍵こそ、全産業に大再編を巻き起こす可能性をもつ「孫正義の大戦略」にあると考えています。

今回のヤフーとLINEの経営統合は様々な産業にインパクトを与え、まるで玉突きが起きるように多くの産業で再編が始まるのではないかと予想しています。

非常に強力な2社の連合ですから、競合他社が「とても1社では勝ち残れない」と危機感を強めることは間違いなく、スマホ決済やネット通販などで業種を超えたかたちでの連携や再編が起こることは大いに考えられます。

さらに、金融産業にもスマホ決済サービスに多業種からの参入が相次いでいることから、今回の2社の経営統合が再編を巻き起こす業界は金融にも及ぶ可能性が高いでしょう。

たとえば、LINEが野村證券とLINE証券を設立し、みずほ銀行とLINE銀行を設立してきた一方で、ヤフー側ではSBIと金融事業において連携を強めていこうとしているなかでの今回の経営統合のニュース。この分野のこれらの企業だけでも戦略の練り直しや強化が求められ、さらに大きな再編につながる可能性も秘めているのです。

そして、より直接的に気になるのは、国内でECや金融事業を展開し、通信事業にも本格的に乗り出してくる楽天です。私は、楽天を中核として様々な分野における合従連衡《がっしょうれんこう》が起きることを予想しています。

もっとも、私は、今回の2社経営統合をきっかけに起きる業界再編は、ＥＣ小売りや金融にとどまるものではなく、すべての産業の秩序と領域を定義し直す戦いにまで発展すると予想しているのです。

たとえば、ソフトバンクとトヨタ自動車が提携している次世代自動車産業は、まずは「クルマ×ＩＴ×電機・電子」が融合しつつある巨大な産業です。さらにそこにはクリーンエネルギーのエコシステムとして電力・エネルギーが加わってきます。半導体消費が大きいことに加えて通信消費が大きいのも、次世代自動車の特徴です。クルマが「ＩｏＴ機器」の重要な一部になる近未来においては、通信量は膨大なものになります。

これらがすべて交差してくると「東京電力のような電力会社やＮＴＴドコモのような通信会社がクルマを売る」「トヨタのような自動車会社が電力や通信を提供する」「自動運転化後はライドシェア会社がクルマの最大の買い手となる」といったことも現実になってくるでしょう。そして、ＭａａＳ（Mobility as a Service）という分野に目を転じると、航空会社や鉄道会社といった企業も、新生モビリティ産業の主要プレイヤーとして期待されているのです。

このようななかで、私は、日本が「米中に次ぐ第三極」に成り得る再編の中核は、ソフトバンクグループとトヨタ自動車との企業連携にあると考えています。

トヨタ側から見れば、同社の次世代自動車産業におけるレイヤー構造の下層にスーパーアプリとしてのペイペイやＬＩＮＥペイが加われば、非常に強力なエコシステムを構築できる可能性が高まることでしょう。自動車業界におけるＥＶ化、自動化、サービス化と並ぶ四大潮流の１つであるコネクテッド化（スマート化）という重要ファクターにおいても競合には大きな差別化になることは確実です。

ＩｏＴ、クラウド技術の進化、通信速度の向上・大容量化などを背景に、クルマがありとあらゆるものと「つながる」時代において、スーパーアプリをこれらの企業連合のレイヤー構造の一部にできれば、日本が「米中に次ぐ第三極」に成長していく基点になれるのではないかと思います。

そして何より、「サービスがソフトを定義し、ソフトがハードを定義する」時代において、研究開発費の量と質でグローバルのトップレベルにあるトヨタ自動車が、自社グループ内に存在する強力なサービスを基点にソフトやハードを生み出すことができれば、GAFAにも匹敵するような大胆なプラットフォームが企業連合全体から誕生する可能性もあるのではないかと思います。

つながるクルマ。AIが運転手となりハンドルがないクルマ。シェアされるクルマ。EV化されたクルマ――。これらが実現したのちの次世代自動車産業の姿を、想像してみてください。狭義の自動車産業自体は縮小するかもしれない。でも広義の自動車産業は、これまでの自動車産業をはるかに超える規模になる。「クルマ×IT×電機・電子×金融×その他」がオーバーラップし、掛け合わされる巨大な産業になる。そこにサービスほか周辺の関連産業まで加えるならば、全産業を巻き込むものになると言っても過言ではないでしょう。

そして、やはり日本の強みは製造業での真のデジタルトランスフォーメーションにあり、それを基軸とした複数産業での再編にこそ「米中に次ぐ第三極」となる可能性があると私は予想しているのです。

第3章

10兆円ファンドと「ＡＩ群戦略」

◆「群戦略」とは何か？

孫社長は常々、「孫正義は何を発明したのか？」と聞かれたら、「300年成長し続ける組織構造をつくった、発明した」と言われるようになりたいと発言しています。

この300年成長し続ける組織構造をつくるのが、「群戦略」です。群戦略を発明した人物として後世の人に記憶されたいということは、孫社長にとって、群戦略はそれだけ重要なキーワードと言えるでしょう。

それでは、群戦略とはどういったものなのでしょうか。第1章で紹介した新30年ビジョンのなかでは、「戦略的シナジーグループ」と表現されていましたが、それがアップデート、進化したものが群戦略です。

図表13は、孫社長が考える20世紀型の企業や企業グループの特徴と21世紀型のそれを比較したものです。21世紀型が、群戦略の企業や企業グループの特徴となります。

20世紀型の企業は、大量生産・大量販売のために「安さ」と「技術」が競争力の源泉でしたが、21世紀には「多様さ」と「安心」が競争力の源泉になります。

図表13　20世紀型企業と21世紀型企業

20世紀型		21世紀型
安さ、技術	競争力	多様さ、安心
シングルブランド	ブランド	マルチブランド
ピラミッド型	組織	Web型
中央集権	意思決定	集権・分権バランス
管理・支配型	マネジメント	自律・協調型
51％以上	出資比率	20〜40％中心
自前主義の研究開発	技術戦略の方向性	パートナー戦略（ジョイント・ベンチャー）

出典：ソフトバンク 新30年ビジョン制作委員会編
『ソフトバンク 新30年ビジョン』（SBクリエイティブ）

「シングルブランド」は「マルチブランド」へ、「ピラミッド型」だった会社組織は「Ｗｅｂ型」になり、「中央集権」で「管理・支配型」だったマネジメントは、「集権・分権バランス」をとりながら「自律・協調型」になると言います。

グループ企業に対する親会社の出資比率は、20世紀型では「51％以上」だったの対し、21世紀型では「20〜40％」が中心となり、「資本的結合」ではなく、「同志的結合」で結びつくグループが理想としています。

技術戦略の方向性も、「自前主義の研究開発」から「パートナー戦略（ジヨイント・ベンチャー）」が主流になると孫社長は見ています。
新30年ビジョンを発表した際には、こうした自律・分散・協調型の戦略的シナジーグループを約８００社（２０１０年当時）から30年後には５０００社にしたいと宣言しました。

群戦略の基本的な考えは、孫社長の頭のなかに当初からあり、孫の二乗の兵法のなかにも「群」の文字があります。「一」「流」「攻」「守」の４字とともに戦略の要諦として「群」を入れており、３００年間という長期にわたって成長し続けるためには、単独ではなく集団として闘うこと、すなわち群で闘うことが重要だと考えているのです。

30年でピークを迎えるような企業にしたいのであれば、「シングルブランド＝シングルビジネスモデル」が一番効率がいいでしょう。しかし、それでは、50年継続する企業にもなれません。だから、マルチブランド、マルチビジネスモデルを目指す群戦略を孫社長は考え出したのだと思います。群戦略という組織戦略は、世界的に見ても例を見ない独特の戦略だと言えます。

図表14　群戦略と情報革命プラットフォーム

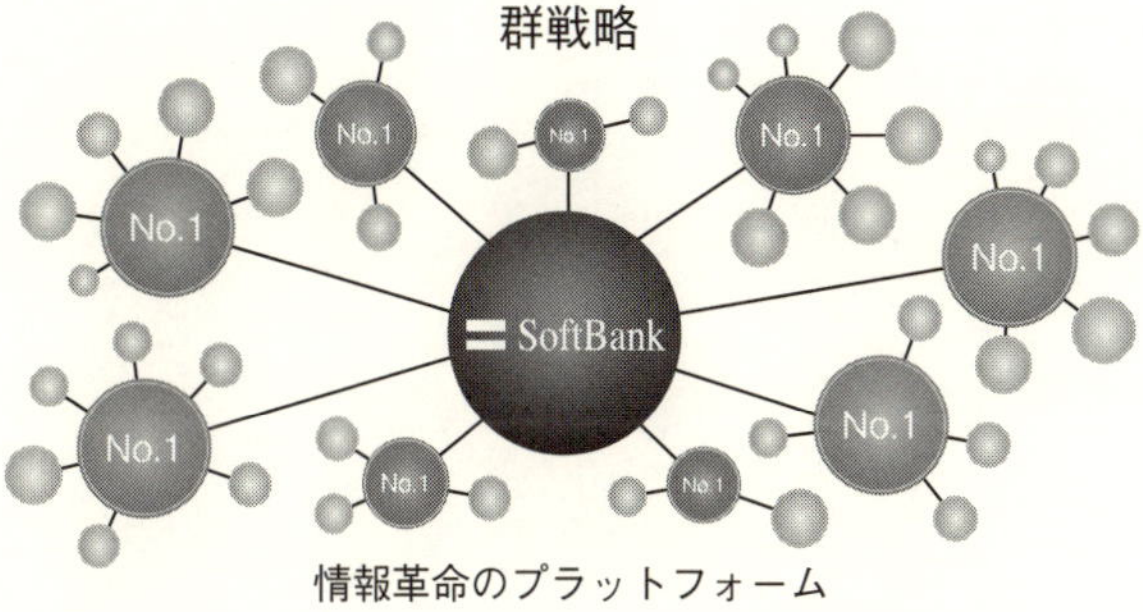

出典：ソフトバンクグループ第38回定時株主総会の事業戦略説明資料をもとに作成

◆「自己増殖」と「自己進化」が不可欠

孫社長がプレゼンテーションで群戦略について説明する際に見せるのが、図表14のスライドです。ソフトバンクグループが中心にあり、結ばれた線の先に「No.1」がいくつもあります。この「No.1」がグループ会社であるヤフーやアリババ、アームなどです。それらのグループ会社それぞれから、また線が伸びており、いくつもの丸（会社）があります。

これらソフトバンクグループと関係のあるグループ会社すべてがソフトバンク・ファミリーであり、情報革命のプラットフォームとして、どんどん増えて「群」を構成していく、というのが群戦略です。

孫社長が群戦略という戦略を思いつく際の参考となったのが、生命の起源です。地球上に初めて生命体が生まれたのは約40億年前と言われていますが、その生命体がバクテリアです。バクテリアは、細胞分裂してバクテリアを生みます。バクテリアはどんどん「自己増殖」するわけですが、自己増殖するだけでは、バクテリアが大量に増えるだけです。

生命体には、もう1つ大切な機能があり、それが「自己進化」。大雑把に言えば、バクテリアが自己進化を繰り返すことで昆虫や動物になり、人間になりました。そして、40億年の間には様々な環境変化がありました。隕石《いんせき》が落ちたり、氷河期が来たりしました。こうした環境の変化に見事に対応して自己進化できた種《しゅ》だけが、この地球上に現在も生きています。

ビジネスの世界の環境変化も激しく、特にテクノロジーは日進月歩です。情報革命の進化という面でも、マイクロプロセッサが誕生し、パーソナルコンピュータ（パソコン）が生まれてから40年超の間に、インターネットが登場し、パソコン同士が世界中でつながるようになりました。

パソコン時代のスーパースターは、マイクロソフトやインテル、ＩＢＭ、デル、コンパックなどの企業でした。しかし、主役がパソコンからインターネットに変わると、スーパースターもグーグルやアマゾン、フェイスブック、アリババなどの企業に代わりました。今後、ＡＩが進化して社会の主役となれば、スーパースターは新たな企業に交代することでしょう。

このように変化の激しい情報革命の時代に、ソフトバンクグループが生き残るためにはどうすればいいのか。単に生き残るだけではなく、さらに繁栄するためにはどのような戦略があり得るのか。孫社長が悩みに悩み、考えに考えて出した答えが、群戦略という組織の在り方でした。

生命の起源、バクテリアがもっていた自己増殖と自己進化という２つの機能をグループ会社が備えることができれば、自己増殖と自己進化を繰り返しながら激しい環境の変化に対応していくことができます。

群戦略のポイントの１つ目が、自己増殖と自己進化だとしたら、２つ目のポイントは、ナンバーワン主義です。

群を構成するグループ会社はそれぞれその分野のナンバーワンでなくてはならないと孫

社長は言います。ナンバーワン主義は、孫の二乗の兵法でも「一」という字で表され、一番に徹底的にこだわることが明記されています。

なぜナンバーワンにこだわるのかと言えば、孫子の教えである「戦わずして勝つ」と、ランチェスターの法則である「強者戦略」の考え方からです。戦えば、勝ったとしてもそれなりの血が流れます。だから、戦わずして勝つのが最良であることは言うまでもありません。戦わずして勝つためにも、強者戦略をとるためにも、ナンバーワンであることが重要になります。

群戦略を構成するグループ企業が、それぞれの分野でナンバーワンであれば、群としての競争力も非常に高くなります。裏を返せば、競争力が低い、それぞれの分野で5位や10位の企業を集めてもグループとしての競争力は高まらず、それは群戦略とは呼ばないということです。

◆財閥との違い

孫社長は、図表15のスライドを見せ、「群戦略と比較して競争力が低い」グループの代

図表15　群戦略と財閥の違い

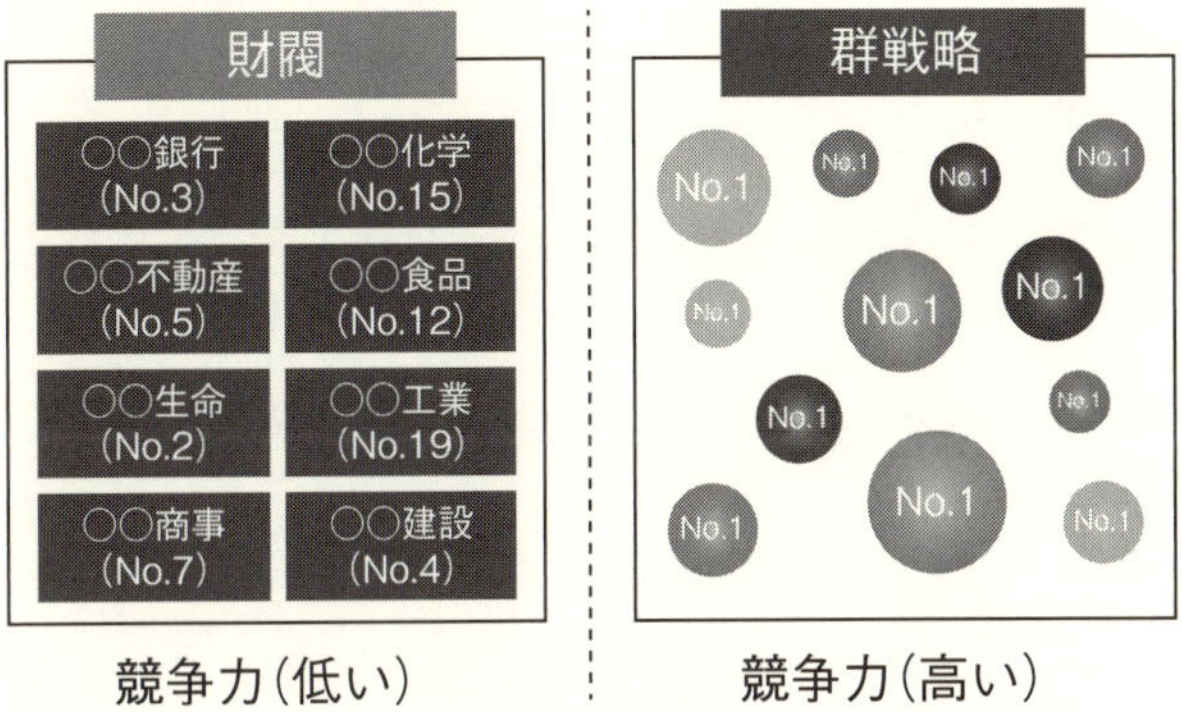

出典：ソフトバンクグループ第38回定時株主総会の事業戦略説明資料をもとに作成

表として財閥を挙げています。財閥は、それぞれの分野で3位や5位、10位、13位といった企業のグループなので競争力が低く、これに対して群戦略はナンバーワン企業の集まりだから競争力が高いのだと強調しています。

しかし、財閥の競争力が低いのだとしたら、なぜ現在も旧財閥系企業がこれほど生き残っているのでしょうか。三菱、三井、住友は、すでに100年以上の歴史があります。そこから学ぶことはないのでしょうか。

筆者は、何百年も続く企業になるためには、組織力が重要だと考えています。

もちろん、企業にとって経営者が非常に大切であることは言うまでもありません。経営者次第で、企業が大きく成長することもあれば、逆に潰れてしまうこともあるからです。

ただ、組織力があれば、ある一定レベル以上の力量のある経営者がいれば、その企業は存続することができます。不況のときも、同じ財閥の企業同士が助け合うことができます。現在は、資本関係は緩やかになりましたが、株式を持ち合うことで安定的な経営ができたことも事実です。

筆者の「5ファクターメソッド」で言えば、経営者は「将」であり、組織力は「法」にあたります。「将」のリーダーシップと「法」のマネジメントの両方、トップダウンとボトムアップの両方が必要なのです。

たとえば、「組織の三菱」と言われますが、三菱なら各企業の組織力が高いという特長があります。さらに、岩崎弥太郎のDNA、三菱のDNAが求心力となって企業同士が信頼し合い、強固につながっているためグループとしての組織力も高いのです。三菱の企業に勤めている人はみんな、三菱で働いていることにプライドをもっていると思います。

筆者は、三菱銀行（現・三菱UFJ銀行）に勤めていましたが、端的に言えば、普段の日常業務においてはボトムアップ重視の組織で、担当者の権限が強く、担当者がまず起案して組織決定のために稟議《りんぎ》を上げていくのが基本でした。そのため、決まるまでが遅いというデメリットがあり、バブル経済のピーク時には他行に後れをとりましたが、結果としては、それがバブル崩壊後の傷を浅くしたとも言えるのです。

不文律を含めてルールや規律が整備されており、どうあるべきかが明確に規定されていました。新人研修や普段の仕事を通してそれらが浸透し、「企業ＤＮＡ」が共有されます。権限委譲の仕組みが有効なのは、この企業ＤＮＡが社員一人ひとりにあるからです。

これに対して、経営が厳しくなった多くの銀行は、トップダウンが強いところが多く、頭取や役員から案件が下りてくることが多々あると指摘されていましたが、三菱ではそれはほとんどありませんでした。そうしたトップダウンを忌《い》み嫌う文化があり、制度上もできないようになっていました。

筆者は支店にもいましたし、本社の審査部門にもいましたが、頭取や役員が親しくなった人に関する案件がトップダウンで下りてくることは、少なくとも筆者が10年以上勤務していたなかでは一度も経験することはありませんでした。

もちろん、ミッションやビジョン、戦略などはトップダウンで下りてきます。しかし、個別の案件に関して頭取や役員がこれをやれというのは嫌われるカルチャーなのです。三菱銀行は、個別の案件に関してはボトムアップが基本の組織でした。

これが実は組織力で、ボトムアップの組織は強い。ボトムアップの組織で何が重要になるかと言えば、中核になる企業DNAや社員のプライドです。それがあるからこそ、一人ひとりが責任感をもって最後まで仕事を完遂するのです。

企業の永続性という面では、経営者ももちろん重要ですが、それと同等に重要なのは組織力であり、それがあるから三菱グループは100年以上続いているのでしょう。

こう考えると、孫社長の財閥に対する分析は、経験に基づいた深い洞察や分析ではないと言えるのではないでしょうか。

確かに、今この時点では、三菱グループよりソフトバンクグループのほうが勢いがあるかもしれませんが、すでに100年以上継続している企業グループと、これからそれを目指す企業グループであることもまた事実です。

ソフトバンクグループが300年成長し続けて生き残るためには、孫社長がいなくなったときにどうするのか、孫社長を超える天才的なカリスマが後継者になることが簡単には想定できない以上、グループとしての組織力をつけることが重要だと筆者は考えます。

◆「資本的結合」×「同志的結合」

孫社長が群戦略のポイントとして３つ目に挙げるのが、集中戦略との違いです。

通常、親会社は、グループ企業の株式の１００％、もしくは51％以上をもち、支配力を高めてコントロールしようとします。それが、良いグループ企業の在り方だとこれまで常識のように言われてきました。

この常識に対して、孫社長は「本当にそうだろうか」と疑問を投げかけます。

たとえば、アリババに最初に投資したとき、51％以上の株式取得を申し出ていたら果たして受け入れられたでしょうか。孫社長は、ジャック・マー氏にはすでに大きなビジョンも志もあったから、一瞬でＮＯと答えただろうと言っています。

志が高い、プライドが高い起業家、創業者に対して、「株式の過半数以上を買うから私たちのグループに入らないか」と言っても、誰もがそんな申し出は断るだろうし、資本を受け入れないだろうと。株式の20％や30％だから、資本を受け入れるのだと言います。

群戦略のグループに誘うのは、その分野でナンバーワンの企業ですが、その企業を支配することは考えず、それぞれの企業の自己増殖、自己進化に任せるというのが群戦略で、これが親会社が自分たちですべてを管理しようとする集中戦略との大きな違いです。

単なる資本的結合よりも、それに加えて同志的結合——志が高く、同じ志をもつ企業が結びつけば、グループの結束力がさらに強まるという考えです。

また、1社を完全にコントロール下に置くよりも、コントロールはできないけれども多くのナンバーワン企業にグループ入りしてもらったほうが、グループとしてのリスクが低くなるという計算もあると思います。

ナンバーワン企業とはいえ、ベンチャーですから、1社に集中投資するよりも、分散投資するほうがリスクが低くなるのは至極当然のことでしょう。

◆成熟したスターには出口を用意

ナンバーワン企業であっても、永久にナンバーワンでいられるわけではありません。新しい業種、業界であっても激しい競争がありますから、2位、3位へとズルズルと順位を下げてしまう企業も出てきます。また、その分野、その市場、その業界自体が成熟してし

図表16　低成長になった企業は株式を売却

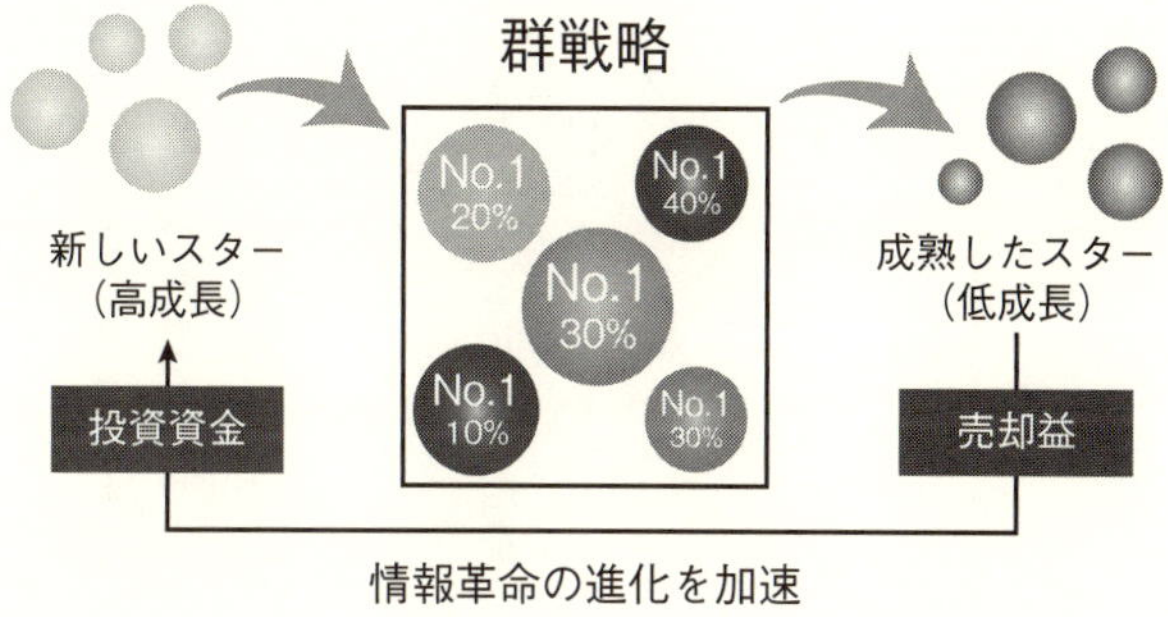

出典：ソフトバンクグループ第38回定時株主総会の事業戦略説明資料をもとに作成

まい、成長が止まることもあります。そうしたときには、グループから卒業してもらうというのが、群戦略の４つ目のポイントです。

図表16を見るとわかるように、高成長する新しいスターを見つけて群戦略の仲間として投資を行い、グループに入ってもらいますが、低成長となった成熟したスターには、株式を売却することでグループから卒業してもらい、それが情報革命の進化を加速させるというのが孫社長の考えです。

実際、２０１９年２月６日の２０１８年度第３四半期決算説明会で、２０１６年12月に約３０００億円で取得したエヌビディアの株式をすべて売却したと発表した際、記者からの質問に答えて孫社長は次のように発言しました。

「伸び続ける会社は、伸びが盛んな頃はまだまだ持ち続ける。でも伸びがある程度成熟し十分に自分たちでほかの一般的な機関投資家だとか個人の投資家に支えられて、彼らが独自に歩んでいく。ある意味卒業というのは、いずれかの時期でやってくる」

51％以上の株式をもっていたり、「SB○○」という社名にしていたりすると、こうした卒業時、エグジット時に株式を売却することが簡単ではありません。

先ほども述べたように、ベンチャーですから、なかには失敗する企業も出てきます。そんなときも、20～40％の出資であれば、大けがをせずに撤退することができますし、場合によっては少なくない売却益を得ることもできます。要するに、出資比率が低いほうが、グループに参入してもらいやすく、退出してもらいやすいということです。

◆投資先はユニコーン企業が中心

孫社長が言うように、ナンバーワン企業ばかりをグループ入りさせて、強いグループをつくって世界で闘っていくという群戦略を唱えた経営者はこれまでいませんでしたし、ここまで実際に群戦略で企業グループを構築した経営者もいませんでした。

「単なる投資会社ではないのか」という批判に対しては、群戦略というこれまでにない戦略を実行するための戦略的投資会社であると明言しています。

また、新しい発明やユニークな考えは世の中の人々に理解してもらうのに時間がかかるものだし、理解してもらうためにやっているのではなく、勝つために、成功するために、３００年成長し続けるためにやるのだとも述べています。

「この十数年間は特に通信事業のことに私は身も心も体も、時間の費やし方も、頭の考え方も、97％くらいは通信事業の運営に投入してまいりました。３％くらいの時間と頭の配分を投資のほうに使ってきたわけですが、この３％の使った投資の頭、時間の使い方によって20兆円くらいその成果を得たわけです。考えてみるとこの３％でそれだけ成果をあげることができたならば、むしろそれを逆に97％はそっちのほうに費やすと、もっと本来のソフトバンクの群戦略の考え方に戻れる」（2018年6月20日、ソフトバンクグループ第38回定時株主総会 書き起こしより）

このように、これからは通信事業ではなく、群戦略を実行する戦略的投資事業に自身の時間や能力の97％を使うと宣言しています。

そして、このために設立されたのがソフトバンク・ビジョン・ファンドです（始動は2

017年5月）。世界中のベンチャーキャピタルの投資総額が6兆円とも、8兆円とも言われるなかで、ソフトバンク・ビジョン・ファンドだけで約10兆円ですから、圧倒的な世界ナンバーワン規模のベンチャーファンドと言うことができるでしょう。

通常のベンチャーキャピタルの投資額が1社当たり平均5億円から10億円なのに対して、ソフトバンク・ビジョン・ファンドはまさに桁違いの1社当たり平均1000億円を投資しています。

ソフトバンク・ビジョン・ファンドが投資するベンチャーは、ベンチャーと言っても、ユニコーンと呼ばれる時価評価額10億ドル（約1000億円）以上の企業が中心です。成功するかどうかわからないスタートアップ企業ではなく、少なからず成長して成功が見えてきているユニコーン企業に投資することで、後発者利益を狙っているのは、第1章で指摘した通りです。

◆群戦略から「AI群戦略」へ

さらに、2019年に入ってからは、群戦略にAIという冠がついた「AI群戦略」という言葉を使い始めました。これも、第１章で述べたように、ＡＩが世界中のすべての産業構造を一変させてしまい、ＡＩトラフィックとＡＩ企業の時価総額が相関して急激に伸びていくであろうと孫社長が予測しているからでしょう。ＡＩは、人類史上最大の革命になるとまで言っています。

ＡＩ群戦略という言葉を使うのは、ソフトバンク・ビジョン・ファンドが、ＡＩ関連企業を中心に、今後は投資を行っていくという意思表明でもあります。

ライドシェアは、ＡＩなくしてあり得ない事業ですが、アメリカのウーバー、中国のディディだけでなく、シンガポールに本社があり東南アジアで事業を拡大しているグラブや、インドで「オラ」の名で配車サービスを展開しているＡＮＩテクノロジーズにも投資を行っています。

これらのライドシェアの会社が、これから自動運転技術を活用していくのは間違いなく、ソフトバンク・ビジョン・ファンドではさらに、アメリカ最大の自動車メーカーであるＧＭの子会社であり、自動運転の技術開発を進めているＧＭクルーズにも出資しています。こうした交通機関プラットフォーマーを目指す産業戦略については、第５章で詳しく解説します。

ＡＩがすべての産業構造を一変させることを理解していただくために、「ダイナミックプライシング」の例を紹介しましょう。

ダイナミックプライシングとは、ＡＩによって需要と供給を予測して、需要が供給を上回りそうなら高い値段をつけ、需要が供給を下回りそうなら安い値段をつける手法です。人間が販売価格を決めるのではなく、ＡＩがその時々の最適な価格をつけるのです。

たとえば、ホテル。ホテルの需要は近隣でのイベントの開催などに大きく左右されるため、近くで大人気アーティストのコンサートなどが開催される日は、ホテルの需要が供給を大きく上回ることが予想され、ダイナミックプライシングで通常の2倍、3倍の値段にしても、部屋は予約でいっぱいになります。

コンサートやスポーツ観戦のチケットにもダイナミックプライシングが導入されていますし、不動産の売買価格や賃貸価格の値付けにも導入が始まっています。

ビッグデータを分析して需給予測を行い、その時々の最適な価格付けを行うダイナミックプライシング1つとっても、あらゆる産業に大きな影響を及ぼすことがわかるのではないでしょうか。

◆ファンドのビジネスモデルを知る

それでは、ソフトバンク・ビジョン・ファンドのビジネスモデルはどうなっているのでしょうか（次ページ図表17）。

ソフトバンク・ビジョン・ファンドは、英国ロンドンに拠点を置く投資ファンドで、その主体となるのが「ＧＰ（General Partner）」であるＳＢＩＡ（SB Investment Advisers）ＵＫです。この会社はソフトバンクグループの１００％子会社です。

このＧＰが運営するのが「リミテッド・パートナーシップ（ファンド）」。ソフトバンクグループや外部投資家は、このリミテッド・パートナーシップ（ファンド）に出資し、ここから投資先に投資が行われます。

ＳＢＩＡ ＵＳと、ＳＢＩＡ ＪＰは、ＳＢＩＡ ＵＫに対して投資助言を行う会社で、これらの会社もソフトバンクグループの１００％子会社です。

これらＧＰであるＳＢＩＡ ＵＫ、リミテッド・パートナーシップ（ファンド）、ＳＢＩＡ ＵＳ、ＳＢＩＡ ＪＰの集合体がソフトバンク・ビジョン・ファンドです。

図表17　ソフトバンク・ビジョン・ファンドの全体像

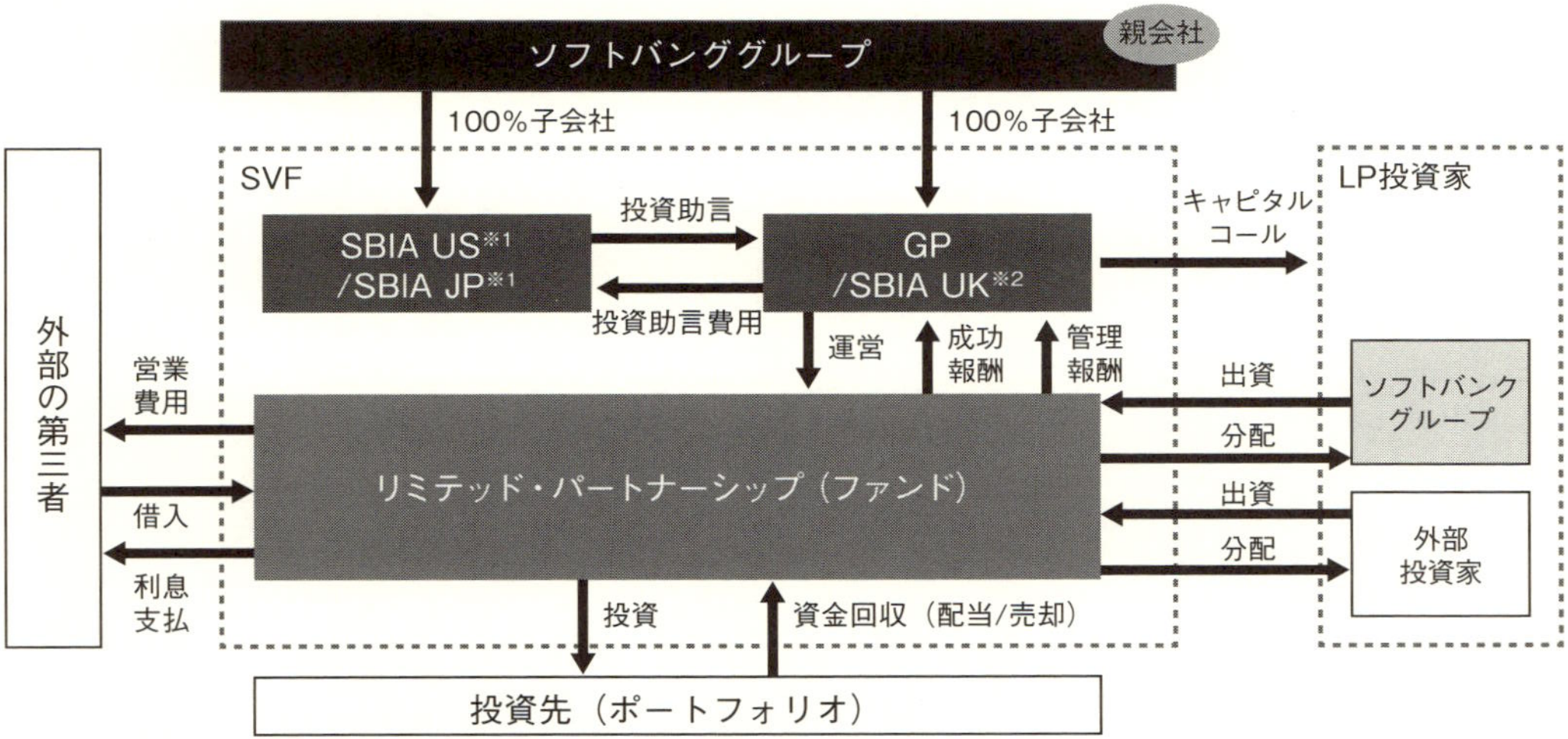

※1 SBIA UKに対して投資助言を提供する、日米のアドバイザリー会社
※2 SVFの運営管理者

出典：ソフトバンクグループ公開資料「SoftBank Vision Fund　ビジネスモデルと会計処理」（2018年２月９日）をもとに作成

ソフトバンクグループは、リミテッド・パートナーシップ（ファンド）を支配し、ソフトバンク・ビジョン・ファンドを連結対象にしています。

ソフトバンク・ビジョン・ファンドのビジネスモデルとしては、まず、ＬＰ（Limited Partner）投資家を集めます。ＬＰ投資家というのは、責任の権限がある程度限定される、いわゆる外部投資家のことです。

最大の出資者は、サウジアラビアのパブリック・インベストメント・ファンドで４５０億ドル。ソフトバンクグループも、ＬＰ投資家として２５０億ドルを出資しています。他にもアップル、クアルコム、台湾のフォックスコンなどが出資し、合計で約10兆円の資金を集めました。

サウジアラビアが４５０億ドル、約５兆円もの資金を出資した理由については、いろいろな見方がありますが、地球環境問題の進展で化石燃料離れが進むことが予想されているなかで将来の財政に不安があり、原油依存からの脱却を目指してグローバルな投資大国になるという経済改革計画「ビジョン２０３０」の方針に基づいたものだと理解されています。

次に、投資先を探し、様々な情報をもとに投資先の選定を行い、実際に投資を行います。投資後は、投資先に対して様々な支援を行うことで業績を改善・向上させます。投資先の業績が改善・向上すれば、配当を受け取り、あるいは株式を売却することでキャピタルゲインを得て、それらをＬＰ投資家に配分します。

重要なのは、投資成果の最大化と収益性の向上で、ソフトバンクグループでは、ＩＲＲ（Internal Rate of Return：内部収益率）という指標で、投資成果を測定しています。ＩＲＲは、投資した金額と、将来得られるであろうキャッシュフローの現在価値の合計が同額となる割引率のことです。ＩＲＲが高いほど、良い投資だと言えます。

このＩＲＲを高めるべく、ソフトバンク・ビジョン・ファンドでは、投資先の経営に関与し、業績を改善・向上させる施策などを実施しています。

◆収益性を高める3つの方法

さらに、ソフトバンク・ビジョン・ファンドのＩＲＲを高めるための方法として、次の3つを挙げています。

①安く買って高く売る
②投資期間を短くする
③借入を用いる

１つ目の「安く買って高く売る」は、当たり前のことですが、投資するときの金額が小さく、売却するときの金額が大きければ、多くの収益を得られますからＩＲＲも高くなります。

たとえば、投資期間が同じ5年で、１００の投資に対して２００で売却できた場合はＩＲＲは約15％ですが、50の投資に対して２５０で売却できた場合はＩＲＲは約38％に高まります。

２つ目の「投資期間を短くする」というのは、同じ金額で買い、同じ金額で売るなら投資期間が短いほどＩＲＲは高くなるからです。50で買ったものを１００で売ったとすると、10年後に１００で売るよりも、５年後に１００で売ったほうが収益率が高くなります。

たとえば、１００の投資に対して２００で売却できた場合、投資期間が10年ならＩＲＲは約７％ですが、３年ならＩＲＲは約26％に高まります。

３つ目の「借入を用いる」は、いわゆるレバレッジのことです。１００のものを買うのに、１００全部自分でお金を出して１５０で売った場合、収益は50です。

一方、自己資金は20しか出さずに80は借りたとしたらどうなるでしょう。20の資金で１５０の収益ですから１５０－20＝１３０で、借りた80を返しても50の収益を得られます。１００の資金で得られた収益と同額の収益を5分の１の20の資金で得られれば、収益率は高くなりＩＲＲも高くなります。

もちろん借入金には利息がかかりますが、それは数％であり、高い収益があがったからといって銀行がその収益の何％かをよこせとは言いません。借り入れる分、リスクは高くなりますが、リターンも大きくなるのが、レバレッジという手法です。

これら3つの方法を駆使して、ソフトバンク・ビジョン・ファンドは収益性を高めているのです。

◆重視する財務指標「ＬＴＶ」とは何か？

次に、ソフトバンク・ビジョン・ファンド（ＳＶＦ）を運営する、戦略的持株会社であるソフトバンクグループ（ＳＢＧ）の財務状況がどうなっているのかを見てみましょう。

図表18　ソフトバンクグループの保有株式価値の内訳

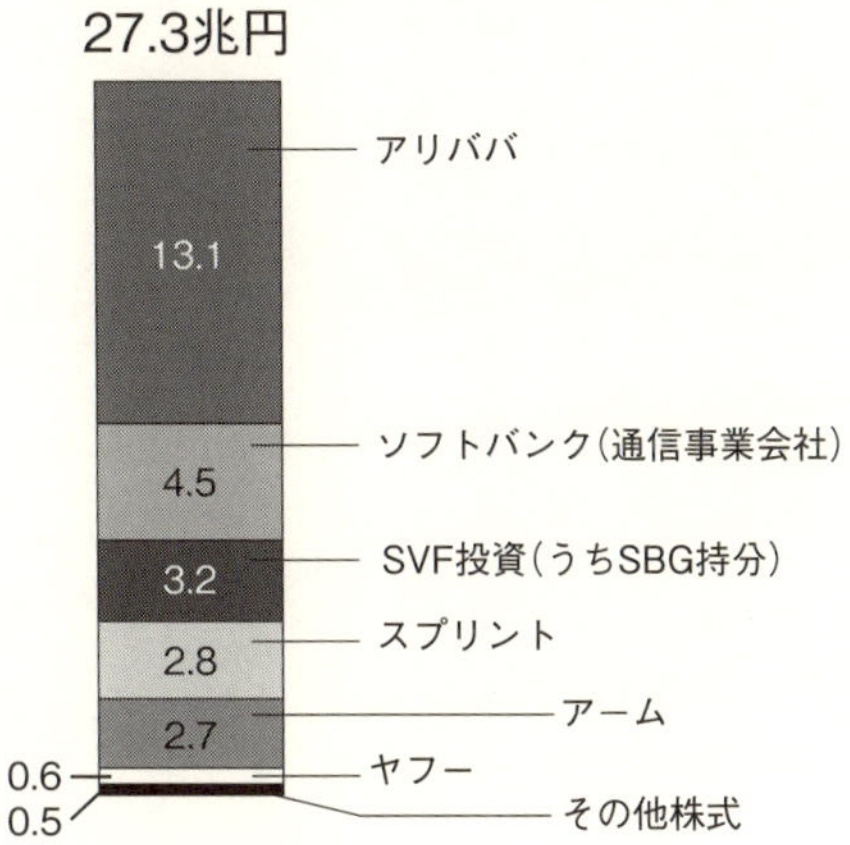

注：2019年5月9日時点

まず、ソフトバンクグループが財務指標として重要視しているのが、「ＬＴＶ（Loan to Value）」です。

ＬＴＶの「Ｌ」はローン、債務のことです。「Ｖ」はバリューで価値のことです。ですから、ローン・トゥ・バリューは、価値に対して債務がどれだけあるかを表す財務指標です。パーセントで表しますが、数値が高いほど債務の割合が大きく、数値が低いほど債務の割合が小さいことを表します。

ソフトバンクグループの保有株式価値は27・３兆円（２０１９年５月９日時点）で、純有利子負債は４・44兆円ですから、ＬＴＶは約16％となります。保有株式価値の内訳は図表18の通りで、およそ半分がアリババであることがわかります。

では、約16％という数値は高いのでしょうか、低いのでしょうか。

ソフトバンクグループは、LTVが25％未満になるように運営しており、突発的事象があっても上限は35％としていますから、約16％は適切な数値だと孫社長は考えていると思います。

ソフトバンクグループは、このLTVを管理することで、レバレッジを活用した投資と回収を柔軟に行い、企業価値の最大化をはかることを目指しています。投資資産価値を高め、債務が同じか、下がれば、LTVは下がり、財務状況は改善します。

LTVは、海外の金融機関では一般的に使われる財務指標ですが、価値の対象となる資産によって、その数値の意味合いが多少変わります。

たとえば、不動産など安定性の高い資産価値に対しては、LTVの数値が高い、すなわち債務の割合が価値に対して大きくてもあまり問題はありません。なぜなら、価値が急に大きく減少することがないためです。

一方、ソフトバンクグループのLTVの対象となる価値は、変動可能性の高い株式資産であり、しかも日々の価格がつかない未上場株式を含んでいます。つまり、価値が急激に減少する可能性があるため、低い数値であっても安心はできません。不動産などの安定性の高い資産価値に比べて、株式は変動可能性が高い分、リスクも高いのです。

◆ノンリコースローンにもリスクあり

また、第１章でも述べたように、ＬＴＶの算出に使用されているソフトバンクグループの純有利子負債が、実態を正確に表しているとは言えない点でも、ＬＴＶの数値を鵜呑《うの》みにすることはできません。

次ページの図表19は、ソフトバンクグループが２０１８年度決算の投資家向け説明会で使用したスライドです。見ていただくとわかるように、連結純有利子負債は12・06兆円あり、そこから独立採算子会社である通信事業会社ソフトバンクの負債２・93兆円やスプリント事業の負債３・65兆円などを差し引き、その他の調整を行った純有利子負債が４・44兆円なのです。

ソフトバンクやスプリントの純有利子負債はノンリコースローン（第４章で詳述）で、確かにソフトバンクグループが債務保証をしているわけではなく、返済義務はありませ

図表19　SBGが示した「LTVの計算式」

LTVの算出：SBG単体 純有利子負債

(L)調整後 SBG単体 純有利子負債	4.44兆円	=	16.3%
(V) SBG単体 保有株式価値	27.30兆円		(LTV)

（兆円）

調整後SBG単体純有利子負債	=	連結純有利子負債	−	独立採算子会社純有利子負債	−	その他調整
4.44		12.06		6.98		0.64

ソフトバンク事業	+2.93
スプリント事業	+3.65
ヤフー事業	▲0.08
アーム事業	▲0.15
SVF事業	▲0.24
株式先渡契約金融負債	+0.73
その他	+0.14

出典：ソフトバンクグループ2019年3月期投資家向け説明会資料をもとに作成

ん。返す必要のないものを返したら、むしろソフトバンクグループが株主訴訟を受ける可能性すらあります。

しかしながら、筆者は金融のなかでも特に不動産ファイナンスを9カ国でやってきた経験があり、いろいろな国でバブルの崩壊を見てきた経験から言えば、いくら契約上返済義務がなくとも、銀行は返済を迫りますし、もし関係している会社や子会社の債務を返済しないと言えば、親会社自体の負債の早急な返済を迫るのです。

つまり、重要なのは取引関係で、最終的には子会社の債務であっても、親会社が何らかの形で返済することになるというのが、歴史の教訓です。必ずそうなるとまで言うつもりはありませんが、バブル崩壊などの有事の際には、実際にそういうことが起きたことを考え合わせると、連結純有利子負債12・06兆円を、単体では４・44兆円だとするのは、理論上はそうであっても実態は違うと言わざるを得ないでしょう。

前述したように、ＪＣＲ（日本格付研究所）の格付けが「Ａ－《マイナス》」なのに対して、Ｓ＆Ｐは「ＢＢ＋」、ムーディーズは「Ｂａ１」であるのは、これらの有利子負債の見方が違うからでしょう。

ソフトバンクグループの財務状況におけるリスク要因として、負債がやや過大である点をここでも指摘しておきたいと思います。

◆なぜ3・3兆円でアームを買収したのか？

それでは、ソフトバンク・ビジョン・ファンドの投資先企業をいくつか見ていきましょう。

２０１６年９月に約３・３兆円（２４３億ポンド）でソフトバンクグループが買収した

アームもその1つです。

アームについては、そもそも、なぜ3・3兆円も出してまで孫社長は買収したのか、疑問に思っている読者もいるかもしれませんので、簡単に説明しておきましょう。

孫社長は、この買収について、2016年7月18日に「ARMとの戦略的提携について」と題して記者会見を行っています。

そこで孫社長は、モバイルインターネットからの次のパラダイムシフトが、すべてのモノがインターネットにつながるIoT（Internet of Things）であり、IoT時代にはアームのテクノロジーが必要不可欠になり、アームが「キードライバー」になると述べました。アームのテクノロジーなしにIoT時代は来ないということなのでしょう。

アームは、半導体テクノロジーで世界をリードしている企業で、プロセッサー・テクノロジーは、スマートフォン（以下、スマホ）やディスクドライブなどの市場で9割以上のシェアを誇ります。2017年に世界で新たに出荷されたスマホは約15億台。現在、世界で使用されているスマホはその何倍もありますが、それらのほぼすべてにアームが設計したチップが使われています。アームのチップは自動車で言えばエンジンに相当し、スマホの心臓部であるエンジンの設計を司《つかさど》っているのがアームなのです。

それ以外にも、デジタルテレビやドローン、様々な電子機器にも活用されており、今後は、市場規模が急伸するであろうＩｏＴや自動運転車などでも、アームの高度なプロセッサー・デザインが数多く採用されると孫社長は見ているのです。

これまでに出荷されたアームのチップは約１０００億個（累計）ですが、２０３０年にはこの数が約１兆個になるとソフトバンクグループは試算しています。

アームのビジネスモデルは、次のようなものです。まず、アームはパートナー半導体企業にテクノロジーをライセンス供与し、ライセンス料をもらいます。パートナー半導体企業はその設計をもとにチップを開発し、取引先に出荷。取引先はチップを搭載した製品を販売し、パートナー半導体企業はチップの代金を受け取り、アームはパートナー半導体企業からチップのロイヤルティー（使用料）を受け取ります。

アームにはライセンス収入だけでなく、チップごとのロイヤルティー収入もあり、このロイヤルティー収入は25年以上続く場合もあるため、非常に高収益なビジネスモデルだと言えるでしょう。

孫社長は、このロイヤルティー料率は高機能化によりさらに高くなり、チップ数も数年で何倍にも増える可能性が非常に高いと言います。

こうしたチップのすべてに、今後はＡＩの機能が搭載されていきます。ＡＩの演算処理は、エッジ（端末やデバイス）側とクラウド側の両方で行われますが、このエッジ側においてＡＩの演算を行うのに欠かせないのがアームのチップです。自動運転車のセンサー１つひとつにも、信号機などのインフラのセンサーにも、デジタル家電やドローンにも、アームのＡＩ搭載チップが使われていく可能性が高いのです。

そして、これまでばらばらに存在していたエッジ側のデバイスがＡＩ搭載チップによってＩｏＴとしてネットワークでつながります。これにより、たとえば、電力需給のマッチング効率が上がります。なぜなら、天気や温度、湿度、曜日、時間、イベント、交通量など、様々な情報をリアルタイムで分析することができるようになり、需要予測とそれに合わせた発電が可能となるからです。

アームは、ソフトバンクグループに買収されるまでは、自社の収益に見合った研究開発を行っていましたが、買収によってこれまで以上に研究開発に資金や人、時間などのリソースを投入できるようになっています。現在は一時的に収益が悪化していますが、技術開発が実を結び始めれば、さらなる急成長を遂げる可能性が高いのではないでしょうか。

２０１８年８月、アーム日本法人は、日本人が２０１１年にアメリカで創業したトレジャー・データを買収しました。トレジャー・データは、ＣＤＰ（カスタマー・データ・プラットフォーム）と呼ばれるマーケティング・テクノロジーに優れた企業で、多種多様なエッジのデータを収集する技術、集めたデータを統合・連携する技術、それをマーケティングなどアウトプットに活用する技術に長《た》けています。

簡単に言えば、アームの約１兆個のチップからデータを吸い上げ、データを統合・連携して分析を行い、そこに付加価値をつけてマーケティングや物流、業務システムの最適化などのサービスを提供しようとしています。ＩｏＴ統合プラットフォームの提供を目指しているのです。

◆「ウィーワーク問題」を徹底分析する

WeWork（ウィーワーク）は、２０１９年11月の決算説明会において、孫社長が、「問題は『大幅減益』と『WeWork問題』」であると自ら定義した、「二大問題」の１つを占める重大な投資先です。「WeWork問題」とは何であり、それがソフトバンクグループの経営にどのような影響を与えているのでしょうか。

ソフトバンクグループがグループ全体で91・5億ドルを投資する「ウィーワーク」を展開するウィーカンパニーは、2019年9月30日、米国証券取引委員会へ申請していた新規株式公開（IPO）の延期を発表しました。

同年1月時点ではウィーワークの想定時価総額は470億ドル（約5兆円）と算定されていましたが、その後、2017年と2018年には営業損失が対前年比でほぼ倍増する一方で黒字化のめどが立たないなどの問題が浮上。想定時価総額を半分以下に落としても、投資家を募《つの》ることができませんでした。IPO延期発表に先立つ9月24日には、創業者の一人、アダム・ニューマン氏がCEOを辞任しています。

ウィーワークのIPO撤回でソフトバンクグループの対応に注目が集まっていましたが、10月23日、ソフトバンクグループは株式や債券の取得、融資枠の設定など最大95・5億ドルの「大規模な資金コミットメント」、ソフトバンクグループのマルセロ・クラウレCOOの取締役会エグゼクティブ・チェアマンへの選任といったウィーワークへの追加支援策を発表しました。ウィーワークのIPO延期に対して、コミットを強めていくという判断をしたわけです。

■ウィーワークはどんな会社？

ウィーワークは、２０１０年2月、アダム・ニューマン氏らによってワークスペースを提供する会社として創業・設立されました。２０１９年第２四半期時点で、ウィーワークのワークスペースは世界１１１都市で５２８拠点、会員数は52万７０００名にも上っています。売上高だけを見れば、２０１８年は18億２１００万ドル（前年比１０５％増）で、２０１９年に至っては上半期6カ月間だけですでに15億３５００万ドルの売上をあげています。

ウィーワークの基本的なビジネスモデルはこうです。

まず、ウィーワークがオーナーや不動産管理者から長期リースでビルやスペースを借り上げます。そのスペースを洗練されたウィーワーク独特のクールなデザインのワークスペース（プライベートオフィス、会議室、ラウンジ、共用部分など）に改装します。高速インターネット、ビジネス機材や備品、珈琲やビアーなどを組み合わせ、さらには会員をサポートしコミュニティー形成を促す「コミュニティー・マネージャー」を常駐させます。

そして、ワークスペースを1席単位ででもフロア全体ででも、最短1カ月単位の契約

図表20　「ウィーワーク問題」とは

1. 創業経営者の問題
2. コンプライアンスやコーポレートガバナンスの問題
3. サブリースの債務問題、債務超過問題
4. 不動産リスク vs. 事業リスク
5. 神聖化 → 採算度外視の拡大路線 → 過剰なリスクテイキング
6. ＳＶＦのマネジメントやコントロールの問題
7. 「ノンリコース」「リミテッドリコース」問題の顕在化
8. 不動産市場の問題
9. CMBS問題

で、個人起業家やフリーランス、スタートアップ企業、大企業など会員に貸し出します。会員は、事業状況に応じて、ワークスペースを拡張することも短期で契約解除することもフレキシブルかつ簡単な手続きで可能となっています。

■「ウィーワーク問題」とは何か？

ウィーワークのＩＰＯ延期に関連して、「ウィーワーク問題」とは何でしょうか。筆者は、それをウィーワーク自身の問題、ソフトバンクグループの問題、そして市場に与える問題の３つの観点から理解する必要があると考えています。

まず、ウィーワーク自身の問題に目をやりましょう。第一に、創業経営者アダム・ニューマン氏の問

題です。彼の奇異な言動や公私混同ともとれる振る舞いは、投資家から懐疑的に捉えられていました。また、ＩＰＯを目指していたにもかかわらず、保有していたウィーカンパニーの株式７億ドルを売却していたことも報道されています。

第二に、ウィーワークのコンプライアンスやコーポレートガバナンスの問題です。ウィーカンパニーが米国証券取引委員会（ＳＥＣ）に申請していたＩＰＯ目論見書「FORM S-1」（２０１９年8月14日付）の内容から、議決権の問題、「We」商標権の問題、複雑で不透明なグループ構造の問題などが指摘されています。

第三に、サブリースの債務問題、貸借対照表（バランスシート）の問題です。ウィーワークをサブリース会社として見るとき、スペースを借り上げることによって契約期間中は賃料を支払わなければならないという債務を負う一方で、そのスペースの転貸にあたって稼働率が悪く収入が低ければ、当然債務問題が発生します。

特に、ウィーワークは長期リースでスペースを借り上げて、それを改装、付加価値を付けたうえで最短１カ月単位で貸し出すというビジネスモデルであり、景気後退局面では債権債務のミスマッチ問題や不稼働リスクはより高まることが懸念されます。

２０１９年６月末時点で、ウィーワークの親会社であるウィーカンパニーのバランスシートには、約１５１億ドルのリース資産と約１７９億ドルの長期リース負債が計上されています。また、事実上債務超過の状態にもあるとも分析されており、非常に脆弱《ぜいじゃく》なバランスシートとなっています。


第四に、「不動産リスクvs.事業リスク」です。ウィーワークはテクノロジー企業として成長重視・拡大路線をとり、周りもそれを受け入れてきました。ソフトバンクグループも、「ウィーワークはテクノロジー企業である」としてＡＩ群戦略のもと資金を投下、それを「事業リスク」であると捉えてきました。

ところが、実際にはウィーワークはサブリース会社としての性格が強く、実は多分に「不動産リスク」を伴って成長・拡大してきたとなれば一般のサブリース会社と大差はない、むしろ過大なリスクを背負った不動産会社なのではないか、となるわけです。筆者は、そうした市場センチメント（心理）がウィーワークのＩＰＯ延期の大きな要因であったと考えています。

第五に、「神聖化→採算度外視の拡大路線→過剰なリスクテイキング」です。ソフトバンクグループの孫正義社長自身が神聖化されています。孫社長が「この会社は素晴らしい」「この経営者は素晴らしい」といったん高い評価をすると、その会社や経営者も神聖化されてしまいます。

その結果、資金が大量に投下され、その資金を元手に不動産投資や大規模な事業展開が行われます。それが採算度外視の拡大路線となり、過剰なリスクテイキングとなるわけです。ウィーワークにしても、この流れが問題を引き起こしてしまったことを否定できないでしょう。さらに言えば、テクノロジー企業であれば採算度外視の拡大路線でもある程度容認されるというセンチメントもありましたが、ウィーワークはサブリース会社としての色彩が強いとなれば市場の見方も異なってくるでしょう。

次に、ソフトバンクグループの問題としては、「ノンリコース」「リミテッドリコース」問題の顕在化（第４章にて詳述）を指摘する必要があります。ソフトバンクグループはウィーワークへの資金をエクイティで出しています。マジョリティをとっているわけでもなく、本来ならソフトバンクグループにウィーワークを救済する義務はありません。
しかし、経済実態的には、ウィーワークはソフトバンクグループのコントロール下にあり、支援をしなければならない。実際、ソフトバンクグループはウィーワークへの大規模な追加支援を行っています。つまり、非遡及の「ノンリコース」「リミテッドリコース」の投資であるにもかかわらず、実際には追加のリスク負担を行ったのです。広義には、ソフトバンクグループがはらむ「ノンリコース」「リミテッドリコース」問題が顕在化していると言えるでしょう。

■市場から見た「ウィーワーク問題」

不動産リスクから「ウィーワーク問題」を見る必要もあります。現在、ウィーワークのリースコミットメント金額は472億ドル。952億ドルのペトロブラス、513億ドルのシノペックに次いで、世界第3位のテナント企業になっています（2019年9月2日付けブルームバーグ英文記事）。

もし仮にウィーワークが事業を継続できないような事態にでもなれば、不動産オーナー、テナント、投資家など商業不動産市場全体へ深刻な影響が及ぶことは必至です。

図表21　ウィーワークのリースコミットコメント金額

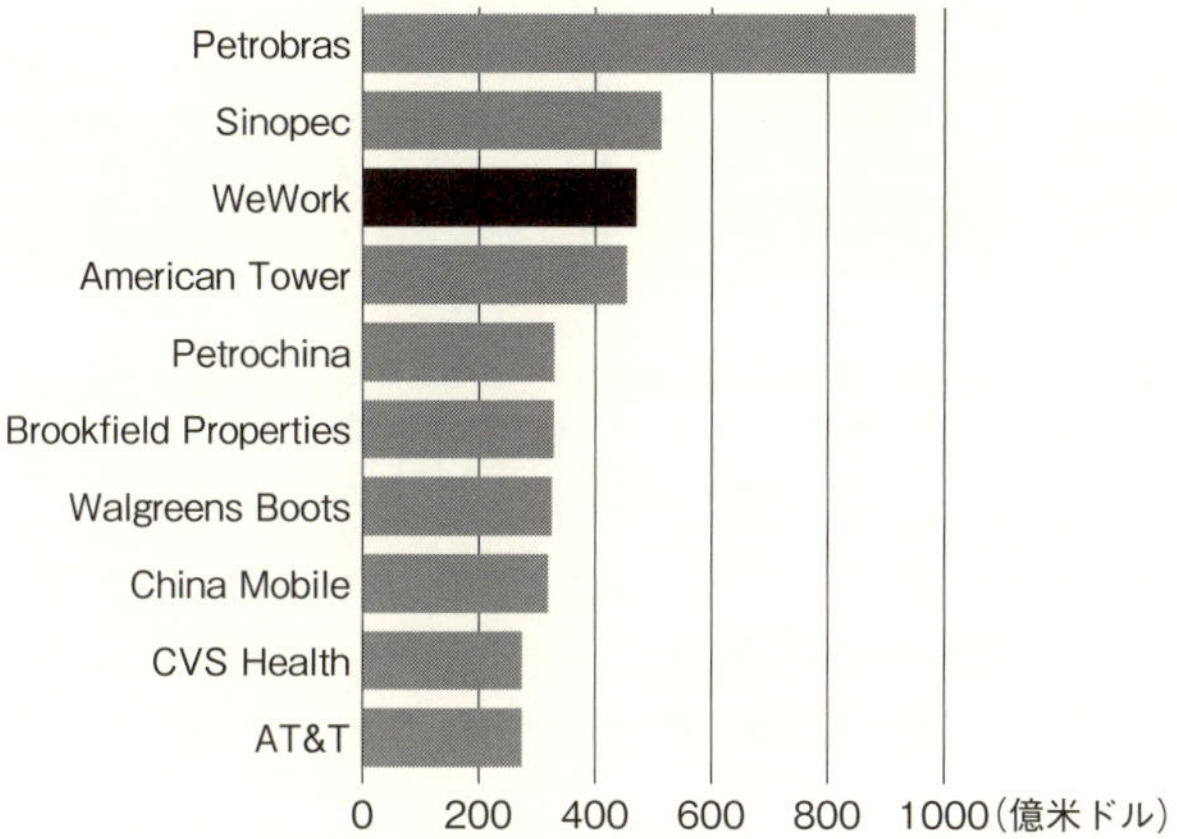

出典：2019年9月2日付けブルームバーグ英文記事

ボストン連邦準備銀行のエリック・ローゼングレン総裁は、「シェアオフィス事業モデルの台頭によって金融安定性に新たなリスクが生じる可能性がある」（２０１９年９月21日付けブルームバーグ記事）と警鐘を鳴らします。ウィーワークには直接言及していませんが、「低金利の下で進化する市場モデルは商業用不動産の分野で金融安定性に対して新たなタイプの潜在的リスクを生みつつある。そうした市場モデルの一つは、多くの主要都市のオフィス市場でのシェアオフィス事業の発展だ」「不動産市場で成長しつつあるこうした事業モデルによって、次の不況時に商業用不動産が被る損失がさらに大きくなることを私は懸念している」（前掲記事）と述べています。

また、同総裁は、そうしたシェアオフィス事業モデルが小規模テナント向けの短期リースに依存することを取り上げて、「シェアオフィス事業が浸透している都市での不動産オーナー向け銀行融資が、これまで見られてきた以上に多くのデフォルト（債務不履行）事案や高いデフォルト時損失率（LGD）を経験しかねない」（前掲記事）として、金融秩序の点からも問題を提起しています。

■CMBS問題、ウィーワークのエクスポージャーは無視できないレベルへ

CMBS問題へも言及しておきましょう。CMBSとは商業用不動産担保証券のことで、ホテルやオフィスなど商業用不動産へ行った融資などをまとめて証券化した金融商品です。

不動産担保証券データベース会社Trepp社は、ウィーワークが関わる不動産契約に付随して38億ドル以上のCMBSが発行されているとし、その内訳を分析しています。それによれば、ウィーワークが裏付けるCMBSローンの約78％が2016年以降に発行されており、同社は今でもすべてのローンに対して返済を行っている、そのうち25％は2019

年に証券化されたローンという状況です。また、クレジットの観点からは、ウィーワークのローンはＬＴＶが56・18％、ＤＳＣＲ（Debt Service Coverage Ratio＝元利金支払いの余裕度を見る指標）が１・97倍になっています。

Trepp社は、このようなウィーワークに関する情報や投資家の不安は新規発行のローン価格へすでに反映されており、こうした状況が緩和されるまでにはしばらく時間がかかるとしています（Trepp社コーポレートサイトの２０１９年10月３日掲載、10月７日更新の該当箇所の英文を筆者が和訳）。

ウィーワークのＩＰＯ延期発表前の２０１９年９月11日に収録されたDebtwire Radioに出演したTrepp社のマヌス・クランシー社長は、「30億ドルものウィーワークが抱えるＣＭＢＳローンは、２０１０年以降でＣＭＢＳ市場全体の１％、オフィス物件ローンに対しては約４％を占めるまでになっている。ウィーワークによるエクスポージャー（リスクにさらされている度合い）は（１社関連のものという視点からは）無視できないレベルに達してきている」（Debtwire Radioの音声を筆者が和訳。カッコ内は筆者による補足）と述べています。

つまり、ウィーワークが抱える問題はＩＰＯ延期にとどまらず、不動産、金融、不動産担保証券といった同社を取り巻く市場にまで波及しているのです。

■ウィーワークはテクノロジー企業なのか?

ウィーワークと伝統的なサブリース会社とでは何が異なるのでしょうか。

定期借家契約の条件や改装にかけるコストなど細かな違いはありますが、基本的には、転貸するというビジネスモデルは同じです。オーナーから借り上げた物件に付加価値をつけ、より高い賃料で貸し出すことで利ザヤを稼ぐというもの。

1989年創業でロンドン市場に上場、世界120カ国1100都市に3300拠点をかまえ250万人以上の会員を擁するリージャスと比較すると、同社が比較的中小レベルの広さのスペースを多拠点設けるのに対して、ウィーワークは一等地の洗練された良質なビルにこだわり巨大スペースを丸ごと借り上げます。リージャスは1拠点当たり数百坪レベルのスペースに対して、ウィーワークは1000坪以上。そうした戦略上の相違点はあるでしょう。

しかし、ウィーワークの特徴は、自らを「スペース、コミュニティー、サービス、テクノロジーを統合するグローバル・プラットフォーム」と位置付けているところにあります。
ＩＰＯ目論見書「FORM S-1」によれば、グローバル・プラットフォームとは、不動産利用のサービス化である「Space as a Service」を土台に、第三者と一緒に構築するエコシステムによって、ライフスタイル、健康、家族サービス、フード、教育、保険、テクノロジー、ヒューマンリソース、エンターテインメントなどの領域で会員に対してワンストップサービスを提供するというもの。そこでは、ビッグデータを収集しＡＩがこれを解析することによって、働く人々がワークスペースでどのように行動するのかについて理解を深めます。そして、そこで得られた知見をプラットフォームの強化、外部へオフィス・ソリューションを提供する「Powered by We」の展開などプロダクトやサービスの進化に結び付けるとしています。

また、「ウィーワーク」アプリはコミュニティー形成の起点になっています。会議室予約やアカウント管理など事務サービスはもちろん、マッチング、検索、情報発信・共有、ソフトウエアなど様々なサービスをオンライン経験とオフライン経験を継ぎ目なく会員に提供するのです。

つまり、ウィーワークは「ビッグデータ×AI」を通して新しい働き方やオフィス・ソリューションを提案し、「リアル×バーチャル」でコミュニティーを創造します。こうしたグローバルなプラットフォーマーである点で、ウィーワークは一般的なサブリース会社とは異なるということです。

さらに、M&Aを通して相乗効果を期待できるテクノロジーやサービスをもつ企業を傘下に置いていることも、ウィーワークの特徴です（図表22）。IPO延期後の事業の再構築で選択と集中を余儀なくされる可能性もありますが、グローバル・プラットフォームをより強固にするためにそれらの有効活用も求められるでしょう。

「ウィーワークはテクノロジー企業である」とするソフトバンクグループは、2020年度中の「竹芝地区開発計画」スマートビルへの本社移転を発表していますが、その新オフィスをデザインするのがウィーワークです。

ソフトバンクグループは、「WeWorkがデザインする新たなオフィスで部署をまたいだオープンイノベーションの創出を目指すほか、全国にあるWeWorkの拠点を最大限に活用して、場所や空間、コミュニティーに縛られない、よりイノベーティブでクリエーティブな働き方に取り組んでいきます」（2019年1月29日付けソフトバンクグループ、ソフト

図表22　ウィーワーク（ウィーカンパニー）が買収した21社

no	会社名	商品・サービス等	事業領域	買収時期
1	CASE	ビルＩＴコンサル、建築デザイン、設計・施工、BIM	ビル関連	2015年8月
2	Welkio	オフィス入館等マネジメント＆ソリューション	ビル関連	2016年3月
3	Fieldlens	建設現場マネジメントのためのスマホアプリ開発	ビル関連	2017年6月
4	Spacemob	コワーキングスペースの運営（シンガポール）	スペース貸し	2017年8月
5	Unomy	セールス＆マーケティング・インテリジェンス・プラットフォーム（イスラエル）	マーケティング支援	2017年8月
6	FLATIRON SCHOOL	オンライン・エデュケーション・プラットフォーム、プログラミング、ソフトウエア等学習	教育	2017年10月
7	Wavegarden	サーフィン用人工波発生システム、企画・製造・設置・オペレーション等（スペイン）	その他	2016年
8	Meetup	SNSアプリ開発、コミュニティー・プラットフォーム	コミュニティー関連	2017年11月
9	Conductor	マーケティングソフトウエア、SEOソリューション等	マーケティング支援	2018年3月
10	LTB	オフィスデザイン、オフィスFit-out（ＵＫ）	ビル関連	2018年4月
11	Naked Hub	コワーキングスペースの運営（中国）	スペース貸し	2018年4月
12	MissionU	オルタナティブ教育ソフトウエアの開発	教育	2018年5月
13	Designation	デジタルデザイン・エデュケーション・プログラム、スクールの運営	教育	2018年8月
14	Teem	SaaSワークスペース・マネジメント、クラウド型ワークスペース分析ツールの開発	ビル関連	2018年9月
15	Euclid Analytics	エリア別小売店向けマーケティング分析ツールの開発	マーケティング支援	2019年2月
16	Managed by Q	オフィス管理サービス、ワークプレース・マネジメント・プラットフォーム	ビル関連	2019年4月
17	Islands Media	エリア別学生向けメッセージングアプリ	コミュニティー関連	2019年6月
18	Prolific Interactive	スマホ特化型ブランディング支援、モバイル・アプリ開発	コミュニティー関連	2019年6月
19	Waltz	入館・アクセスコントロール・ソリューション、クラウドベースの管理ポータル	ビル関連	2019年6月
20	SpaceIQ	不動産プランニング・プラットフォーム、クラウド型オフィス管理ソフトウエア開発	ビル関連	2019年7月
21	Spacious	レストラン空きスペースを活用したフリーランス向けコワーキング	スペース貸し	2019年8月

注：国名表記はないものは米国企業
出典：ウィーワークのコーポレートサイトやプレスリリース、各買収会社のコーポレートサイトなどをもとに作成

バンク、WeWork Japan、東急不動産の共同プレスリリース）としています。

ウィーワークはテクノロジー企業なのか。ソフトバンクグループによるウィーワークへのコミットメントの成否を予測するにあたってはこの点を注意深く見ていく必要があると思いますが、この点について、先に述べた2019年11月の決算説明会での孫社長の説明は「テクノロジー企業としての側面は（ウィーワークが利益体質に改善されてからの）応用段階になってから」というものだけでした。言わば現時点においてはテクノロジー企業ではないことを認めたような発言であり、これまでテクノロジー企業であると主張してきた説明責任が十分に履行されていないものであると残念に思いました。

いずれにしても、ウィーワークがソフトバンク・ビジョン・ファンドのなかでも引き続き最注目投資先であることに変わりはないと思います。

◆ホテル業界に突如現れたニュースター――オヨ

ソフトバンク・ビジョン・ファンドの投資先であるオヨは、2013年にインドで創業・設立されたホテル運営プラットフォームです。運営するホテルの客室数で見れば、世界80ヶ国で約１１０万室を有するまでに急成長し、マリオットの約１３１万室に次ぐ世界第２位の規模となっています。

創業者兼ＣＥＯのリテシュ・アガルワル氏は弱冠26歳と大変若いのですが、創業からわずか6年でここまでのホテル・ネットワークを築き上げており、非凡な才能をもつ経営者であると言ってよいでしょう。

オヨは既存のホテルオーナーとのフランチャイズ契約でホテルを運営しています。つまり、オヨ自体はホテル施設を所有せず、基本的には既存のホテルオーナーがホテル運営の主体となる方式です。

オヨは個々のホテルをフランチャイズ化し、一部資金の提供やローンによってそのフランチャイジー・ホテルをオヨの基準やデザインに改装、インターネット環境などの付加価値を付けるとともに、「オヨ」ブランドとして「オヨ」アプリや各予約サイトを通じて宿泊予約を受け付けます。フランチャイジー・ホテルは、部屋のデザインや備品・設備、従業員のサービスレベルもオヨの基準にしたがい、またオヨが提供する「プロパティ・マネジメント・システム」や「オヨ・アセット・マネジメント」アプリなどのシステムを利用して日常業務を行います。

オヨは、フランチャイジー・ホテルに対して、客室がうまるか否かにかかわらず、契約にしたがって月々の客室料の支払い保証や最低売上保証をします。一方で、フランチャイジー・ホテルの収入は手数料というかたちでオヨとレベニュー・シェアされるという仕組みです。

オヨによるホテル運営の最大の特徴は、人工知能（ＡＩ）など高いテクノロジーの活用です。宿泊供給データなどをＡＩが解析して、宿泊需給を予測分析します。その結果に応じて客室料金を変動させることで事業展開する地域での客室需給を最適化、オヨの稼働率を最大化するというダイナミックプライシングを実現しています。ＡＩの機械学習に基づくアルゴリズムで、毎時約14万件のデータを解析し、リアルタイムで１日に約５０００万件、１秒当たり７３０件の価格の最適化を実施していると言います。

さらに、ＡＩによるデザイン・アルゴリズムを活用することによって、家具やベッド、部屋の色調、壁紙、絵画などを選択することで客室のインテリアデザインを最適化、稼働率を約2倍にしています。どのようなインテリアデザインが稼働率アップにつながるのか、わかっているのです。

オヨは、ダイナミックプライシング、デザイン、供給目標の設定、収益予測、イメージ評価や監査に至るまで、ホテル運営の様々な場面においてＡＩを活用しています。そして、こうしたＡＩを活用したホテル運営や収益管理のノウハウをフランチャイジーへ提供することで、経営の効率化や収支改善に貢献します。オヨ本社のコーポレートサイト（英文）には、「６カ月で売上高を１００％増にする」「毎日の稼働率を80％にする」「法人顧客の割合を50％にする」といったホテルオーナーにとって心地よい謳い文句が載せられているほどです。

全世界で利用可能な客室数は約１・６億室あるとされていますが、リテシュ・アガルワル氏はそのうちの90％以上がオヨのプラットフォームにのる可能性があると豪語します。世界の90％以上のホテルは客室が１５０室未満ながら、彼らは個々で大手ホテルチェーンと競争しています。オヨのプラットフォームにのれば、個々のホテルの競争力は格段に高められるというわけです。

日本では、ソフトバンクとの合弁会社「オヨ・ホテルズ・ジャパン」が事業を行っています。宮内社長によれば、客室数は2019年4月の事業開始からわずか7カ月で5200室に達し（2019年10月）、その平均稼働率はフランチャイジー加盟後約3カ月で80%超にもなっています。2019年10月には、オヨがリテシュ・アガルワル氏とソフトバンク・ビジョン・ファンドなどの出資によって15億ドルの資金調達をしたと発表されています。

一方で、オヨの事業について懸念が囁《ささや》かれているのも事実です。ホテルオーナーとのフランチャイズ契約の恣意的《しいてき》な変更、高い手数料、宿泊料のディスカウント、大規模なリストラ、あるいはオヨが主張するようなフランチャイズ契約の高更新率は本当なのかといった指摘が、特に成長著しいインドや中国でニュースとして流れています。

急成長のための無理なコストでの客室確保やアグレッシブな営業活動は、収支上本当に正当化される水準であるのか。バランスシートは適正な水準であるのか。ウィーワーク問題で懸念されたような「誤差→神聖化→過剰なリスクテイキング」という一連の流れは起きていないのか。急成長のなか、コーポレートガバナンスは適切なのか。ホテルオーナーなどフランチャイジーに過度なローン返済リスクを負わせることで、銀行融資のデフォルトといった金融市場へ悪影響を及ぼすことはないのか。こういった「ウィーワーク問題」

と同様の不安も完全には拭い切れません。

マリオットを抜いて世界最大の客室数を誇るホテル・ネットワークを見据えているオヨの影響力は相当大きいものであり、今後の事業展開を注意深く見ていくことが求められます。

◆アローラの役割は何だったのか？

ここで、アームの買収やソフトバンク・ビジョン・ファンドの投資に多大なる好影響を与えたであろうニケシュ・アローラ氏についても触れておきましょう。

アローラ氏がソフトバンクに入社したのは２０１４年９月で、副社長に就任したのが翌２０１５年６月、退任したのが２０１６年６月ですから、たった2年弱しかソフトバンクグループに在籍していませんでした。

孫社長がソフトバンク２・０と言い始めたとき、ソフトバンクよりも大規模な企業の経営に関与した人でなければ、後継者にはなれないだろうと考えたと思います。その意味では、アローラ氏は、どこまで真の意味で経営に関与していたかはともかく、グーグルの経営に間違いなく参画していました。

孫社長がアローラ氏と初めて出会ったのもグーグル時代で、ソフトバンクとグーグルとの協業案件で顔を合わせるようになり、ソフトバンクの将来のビジョンや戦略についても議論するなかで、アローラ氏の能力や人柄を見極めた孫社長が「ソフトバンクに来ないか」とアローラ氏を誘います。

アローラ氏の略歴を簡単に紹介すると、生まれたのは1968年、インドです。1989年に渡米し、ボストンカレッジで理学修士号、ノースイースタン大学でMBA（経営管理学修士）とCFA（Chartered Financial Analyst：CFA協会が認定する国際的な投資プロフェッショナルの資格）を取得しています。

フィデリティ・インベストメンツとパトナム・インベストメンツで通信アナリストとして活躍後、1999年にドイツテレコムに入社。Tモバイルの関連会社を経て、2004年グーグルに入社し、2009年からシニア・バイス・プレジデント兼チーフ・ビジネス・オフィサーとして営業、マーケティング、提携戦略の最高責任者を務めました。

世界の通信事業に精通しているとともに、グーグルで投資を通した提携戦略も担っていた点が孫社長のお眼鏡にかなったのかもしれません。

また、インド人であったことも見逃せません。インドという巨大市場が「天の時」を迎えているときに、「地の利」を得るためには、インド人であるアローラ氏がうってつけだったのです。

実際、インドで通販サイトを運営するスナップディール、インドの配車アプリ「オラ」を運営するＡＮＩテクノロジーズなどの投資に深く関与しました。

これら以外にも、ソフトバンク・ビジョン・ファンドは多くのインド企業に投資を行っており、それらの起業家たちとの人脈をつくるうえで、そもそもの糸口となったのがアローラ氏でした。

アローラ氏が率いた投資チームは、社内で「チーム・ニケシュ」と呼ばれ、その主要なメンバーはアローラ氏自身が呼び集めた人たちです。アーム買収の際、孫社長の右腕として臨席したインド出身のアロック・サーマ氏もその一人です。同じくインド人であり、現在もソフトバンクグループの投資戦略の責任者を務めるラジーブ・ミスラ副社長も、アローラ氏が直接スカウトしたわけではありませんが、「チーム・ニケシュ」の中心人物でした。

これだけでも、アローラ氏がソフトバンクグループ、後のソフトバンク・ビジョン・ファンドにおいて大きな役割を果たしたことがわかると思います。

さらに、ソフトバンクグループは、投資先の分析方法や評価方法、それらをいかにスピーディに行うか、世界的なプロフェッショナルの投資手法をアローラ氏から学びました。

アローラ氏は、アニュアルレポート2015の副社長インタビューで、「投資をする際、どのようなことを判断基準としていますか」との質問に次のように答えています。

「新たな投資の検討に当たっては、3つの基準があります。第1に、注目した製品やサービスに大きな潜在市場がなければいけません。第2に、その事業にふさわしい起業家をみつけられるかどうかが重要です。良いアイデアを持っている人たちは大勢いますが、それを実行して成果を出せる人はほんのひと握りなのです。第3に、ビジネスモデルをチェックして、成功の可能性を見極めます。アイデアが時代の先を行き過ぎている場合もあります。あるいは、その特定の市場に適切なインフラがない、成長性がないという場合もあります」

そして、投資の世界で「エグジット」と呼ばれる売却の手法についてもアローラ氏から多くの実践的な知見を得たと筆者は見ています。

アローラ氏が直接、売却を孫社長に提案したかどうかは知る由もありませんが、2016年6月、持ち続けていたアリババ株の一部を売却し、ガンホー・オンライン・エンターテイメント株をほぼ売却することで、約１兆円のキャッシュを得ました。

また、アローラ氏の退任を発表する直前、フィンランドに本社があるスマホゲームで世界大手のスーパーセルを、中国のテンセントへ約73億ドルで売却することを発表。これによって、配当金を合わせて約８８００億円のキャッシュがソフトバンクグループに入ります。

合計すると約２兆円ですが、この約２兆円が３・３兆円のアームの買収資金となりました。アームを買収できたのは、これらの売却代り金もあったからなのです。

買収から売却まで、世界的な投資プロフェッショナルの手法をアローラ氏から学んだことが、アームの買収を現実のものとしただけでなく、その後のソフトバンク・ビジョン・ファンドの投資にも活かされていることは言うまでもありません。


アローラ氏が辞めた理由については、いろいろな報道がされました。インサイダー取引など、投資にまつわる疑惑も投げかけられましたが、その真偽はともかく、孫社長が本気でアローラ氏を守る覚悟があれば守れたと思いますし、少なくともあのタイミングで辞めさせることはなかったと思います。

真相はわかりませんが、筆者が近い人たちに聞いたところでは、孫社長が「経営者をまた長くやりたくなっちゃった」ということのようです。当初は、数年以内にアローラ氏に社長職を引き継ぐ予定でしたが、心変わりしてしまい、自身が経営者を続けたくなった。アローラ氏としては、いつ自分が経営者になれるかわからないというのでは話が違うし、それなら去るしかないと考えたとしても無理はないでしょう。

そこで、孫社長とアローラ氏が2人で話し合い、アローラ氏に88億円の退職金を払って辞めてもらうことに決めたというのが真相のようです。2年弱の間にソフトバンクグループがアローラ氏に支払った総額は約350億円とも言われますが、これが高かったのか安かったのかは、同社のこれからの成長次第と言えるのではないでしょうか。

◆「AI革命の指揮者になりたい」

AI群戦略という言葉とともに、孫社長は「AI起業家集団」という言葉もよく使います。AI起業家集団とは、ソフトバンク・ビジョン・ファンドの投資先82社の経営者たちのことです。

2019年6月19日に行われた第39回定時株主総会では、ソフトバンクグループがAI

革命の指揮者となり、起業家たちは演奏家で、オーケストラとしてトップ演奏家たちと素晴らしいハーモニーを奏でたいと孫社長は述べました。

これらの企業はすべてＡＩ関連企業でありながら、「交通」「物流」「医療」「不動産」「金融」「法人サービス」「コンシューマーサービス」「最先端テクノロジー」の８つのジャンルに分けられています。

そして、その投資成果として、714億ドル（約７・７兆円）の累計投資額に対して、投資利益は202億ドル（約２・２兆円）だと明らかにされました。

また、２０１８年度の決算発表会では、ソフトバンク・ビジョン・ファンドの収益性を測る指標として重視されているＩＲＲは、管理報酬や成功報酬などの手数料が支払われた後の普通出資持分に係る「LP Net Equity IRR」が45％、普通出資持分と優先出資持分を組み合わせた正味の「LP Net Blended IRR」は29％であったと報告しています。

孫社長は、「一号ファンドは5年間で投資していくつもりだったが2年でほぼ資金を使い切った。そして、高い利回りを達成した。2号ファンドもいい投資機会がまだまだみつかる。ユニコーンが増えてくるからだ」と日本経済新聞（２０１9年7月28日付け）のインタビューに答えています。

◆四半期で過去最大7000億円の赤字を計上

序章で述べたように、ソフトバンクグループは2020年3月期の第2四半期、四半期としては過去最大の約7000億円の営業赤字となりました。その主要な原因はソフトバンク・ビジョン・ファンドで、ウーバーなど上場した投資先企業の株価下落やウィーワークなど投資先企業の企業価値を減額したことなどにより、約9700億円の営業損失を計上。これが約7000億円の営業赤字につながったのです。

今回の決算は、ソフトバンクグループが投資会社であり、ソフトバンク・ビジョン・ファンドがまさにファンド事業であることを示したものとなりました。

つまりは、ファンド事業、特にユニコーン企業を対象とするファンド事業であることから、投資において「全勝」となることは不可能であり、今後もソフトバンクグループの業績は大きく上下する可能性があることを市場に示したのです。

業績や株価という側面においては、ソフトバンクグループはボラティリティー（変動可能性）の高い企業になっていると認識すべきなのです。

際にモデムを無料で配ることを可能にした「証券化」と、小が大をのむ買収だと言われた２００４年の日本テレコム、２００６年のボーダフォン日本法人の買収の際に用いた「レバレッジド・バイアウト（ＬＢＯ：Leveraged Buyout）」です。

どちらも、そのような金融取引をする企業は、当時、日本ではソフトバンクグループぐらいしかありませんでした。金融財務を真の武器にして戦った日本で最初の企業がソフトバンクグループであり、単なるファイナンス手法ではない、この金融財務という武器がなければ、ここまで大きく成長できなかったかもしれません。

日本の金融史に残る案件をいくつも積み重ねてきたという意味では、ソフトバンクグループは、金融財務の生きた教科書であるとも言えます。通常の企業でそのまま活かせるものは限られていますが、発想や思考法などを学ぶことが重要です。

◆金融財務戦略の７つの中核

ソフトバンクグループの金融財務戦略について見る前に、まず金融財務戦略とはそもそも何かを簡単に説明しましょう。

図表23　そもそも金融財務戦略とは何か？

■企業価値向上やミッション・ビジョン・バリュー・戦略を実現する手段

■主な内容は

1 資本政策
2 資金調達
3 投資やM&Aのための分析・評価や意思決定
4 特にバリュエーション（企業価値評価）
5 事業構造・収益構造検討のための手段
6 マネジメントの手段
7 デットおよびエクイティ投資家とのコミュニケーション

金融財務戦略の目的は、企業価値の向上であり、ミッション・ビジョン・バリュー・戦略を実現するための手段が金融財務戦略です。

筆者は、金融財務戦略の中核をなすのは「資本政策」「資金調達」「投資やM&Aのための分析・評価や意思決定」「特にバリュエーション（企業価値評価）」「事業構造・収益構造検討のための手段」「マネジメントの手段」「デット及びエクイティ投資家とのコミュニケーション」の7点だと考えています。

「資本政策」とは、負債と自己資本から構成される資本と株主の構成を最適化するための施策のことです。バランスシート（貸借対照表）を見ると、もっている財産を表した「資産」（左側）と、その財産を得た資金の調達方法として「負債」と「資本」（右側）があります。資産＝負債＋資本となり、左右のバランスが同じになることからバランスシートと呼ばれるわけです。

また、負債は「デット」、資本は「エクイティ」とも呼ばれます。デットには、銀行からお金を借りるローンや、投資家に出資してもらう債券や証券があり、エクイティは出資者、または投資家に出資してもらった出資金です。

なぜデットが上で、エクイティが下かと言うと、返済の優先順位が上から下の順だから。企業が日常的に運営している場合でも、上部にあるローンや債券から返済することが契約上決まっていますし、仮に倒産などで会社を清算する際にも、ローンや債券から返済し、最後の残りを出資者が分け合う仕組みになっています。これを「優先劣後構造」と言います。

このデットとエクイティをどう組み合わせるか。理想的な財務構成を「最適資本構成」と言いますが、これを考え、決めるのが資本政策です。

◆３つの信用力が資金調達を可能にする

「資金調達」は、資本政策に基づいて行われますが、企業が資金調達する方法には「直接

図表24　直接金融と間接金融

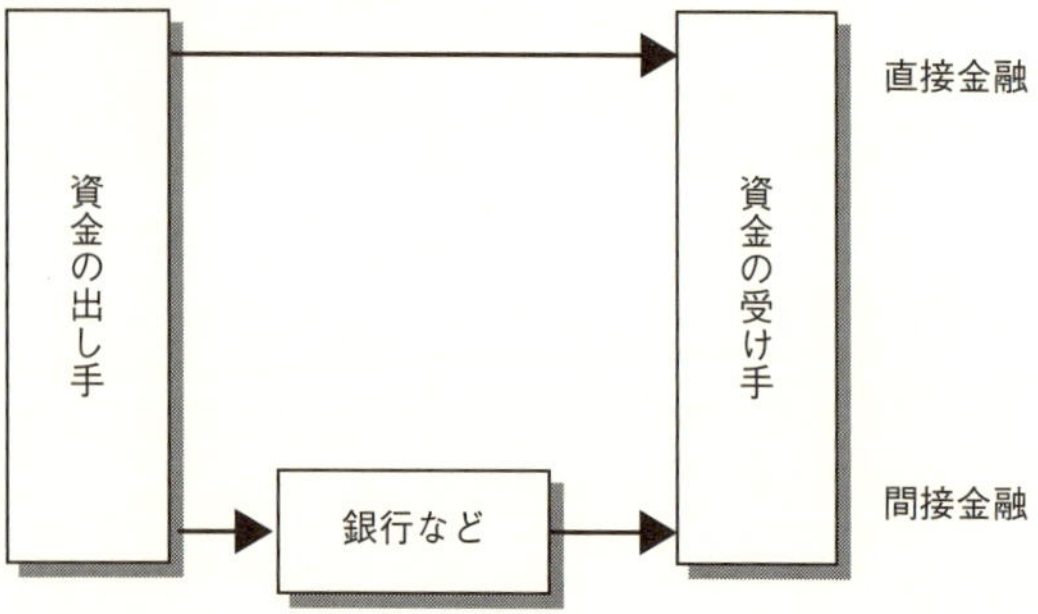

金融」と「間接金融」と呼ばれる方法があります（図表24）。

直接金融とは、資金の出し手が資金の受け手に対して直接資金を出す方法で、資金の出し手と受け手の間に銀行などが入り、仲介するのが間接金融です。主に直接金融は証券会社が、間接金融は銀行が手掛けています。直接金融による資金調達としては株式や社債の発行が、間接金融による資金調達としては銀行などからの借入があります。

資金調達のことを「ファイナンス」と呼ぶこともあります。ファイナンスという言葉は日本では様々な意味で使われており、財務活動全般を指すこともあれば、財務戦略を指すこともあります。ただ、一般的によく使われているファイナンスは、資金調達を指しますので、本書でも、資金調達の意味で用います。

図表25　3つの信用力とファイナンス手法

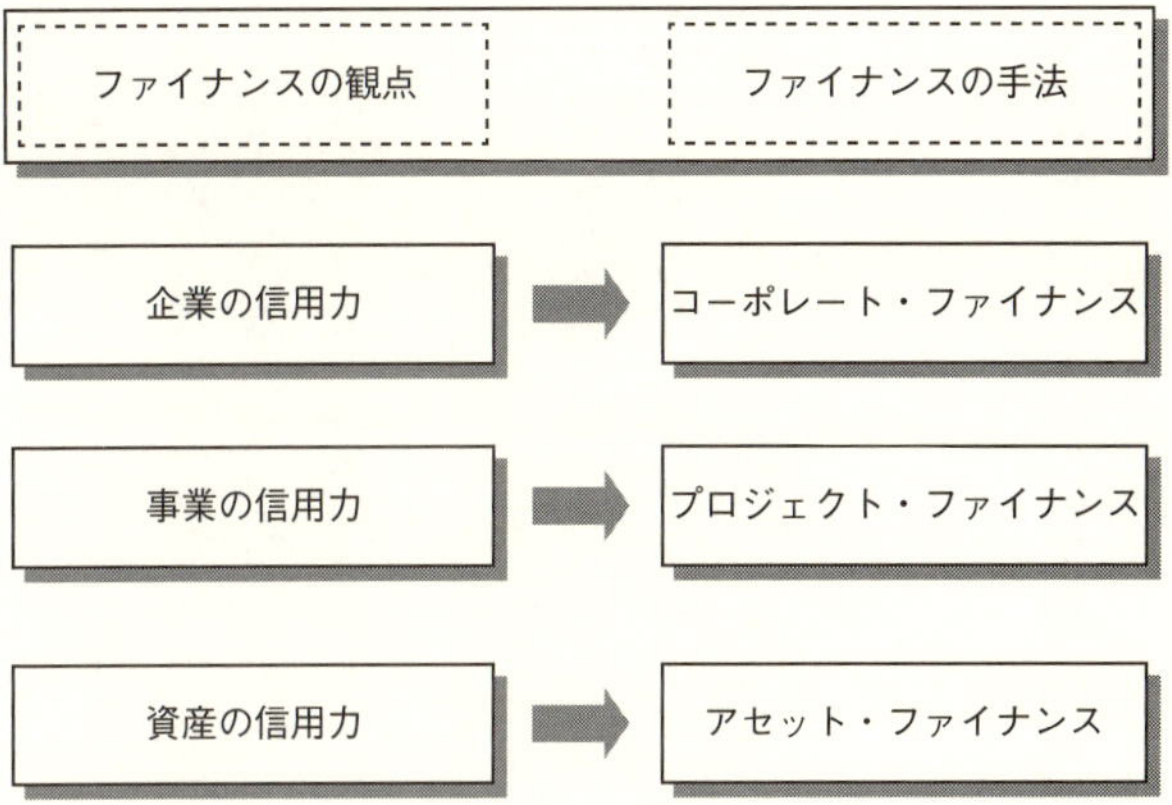

企業のファイナンスの手法は、何かの信用力に着目して行うのが基本で、次の3つに分けられます（図表25）。

企業自体の信用力に基づいて行うファイナンス手法が、「コーポレート・ファイナンス」。たとえば、通信会社としてのソフトバンクの企業全体の信用力に基づいてファイナンスを行うのがコーポレート・ファイナンスです。銀行借入が、その代表的な例になります。

次に、プロジェクトだけを切り出してきて、その事業の信用力に基づいて資金調達を行うのが、「プロジェクト・ファイナンス」です。日本テレコムやボーダフォン日本法人の買収時のLBOにおいても、ソフトバンクグループは広義のプロジェクト・ファイナンスで資金調達を行いました。

さらに、その企業の資産に着目し、手形や有価証券、在庫、動産、不動産など、特定の資産の信用力に基づいてファイナンスを行う手法が、「アセット・ファイナンス」です。

証券化は、このアセット・ファイナンスに含まれますが、ヤフーBBモデムの証券化は、ブロードバンド事業の信用力に基づくプロジェクト・ファイナンスという側面もありました。

実際には、これら3つの手法のうち1つを選択して資金調達を行うというよりも、企業の信用力と事業の信用力、資産の信用力を合わせてファイナンスを行うなど、自社や対象事業の目的や性格を考慮したうえで、これら3つを融合して付加価値の高いファイナンス手法を構築していくことになります。

ソフトバンクグループは、これら3つのファイナンスを様々に組み合わせることに非常に長けています。

◆投資やM&A、日々の数値管理においても重要

金融財務戦略の中核の３つ目が「投資やM&Aのための分析・評価や意思決定」です。投資には、設備投資などの実物投資、余資を運用する金融投資などがあり、M&Aは企業買収のことです。

４つ目の「特にバリュエーション（企業価値評価）」の手法には、「純資産方式」「ディスカウントキャッシュフロー」「プライスマルチプル」などがあります。

ソフトバンクグループは、こうした投資やM&Aのための分析や評価の様々な手法を駆使することにも非常に優れています。だからこそ、巨額のM&Aにも成功してきたのです。

金融財務戦略の中核の５つ目。「事業構造・収益構造検討のための手段」は、どういう事業ポートフォリオにしていくのか、どういう形で収益を上げていくのか、定性的かつ定量的な分析を行う際にも金融財務戦略が重要になるということです。

６つ目は「マネジメントの手段」。これは、売上や利益の目標など会社の目標管理を行う際にはPDCAサイクルを回しますが、こうした目標数値の進捗状況を時々刻々と管理することなどで、これも金融財務戦略の役割です。

最後、７つ目の「デット及びエクイティ投資家とのコミュニケーション」。これは、デットであれば銀行などの金融機関、エクイティであれば株式投資家に対して、自社の事業内容や戦略について理解を深めてもらうためのコミュニケーションを行うことです。これもまた金融財務戦略の中核なのです。

前にも少し述べましたが、筆者は現在、「ストラテジー&マーケティング」と「リーダーシップ&ミッションマネジメント」を専門としていますが、ビジネスパーソンとしてのルーツは金融財務にあり、現在でも金融機関に対して戦略コンサルティングを提供しています。序章でも述べた通り、2019年4月には金融についての著作も刊行しています。

三菱銀行（現・三菱UFJ銀行）に入行したのは1987年。入行して1年目は神保町支店に配属され、中小企業向けの融資業務や外国為替業務を担当し、3年目で本社に異動してからは国内外の大企業の大型プロジェクトのファイナンスに携わりました。

プロジェクト開発部／プロジェクト営業部では、海外の製油所、LNG（液化天然ガス）基地、発電所、ホテルやショッピングセンター、オフィスなど大型開発のファイナンスや、米国工場進出のレバレッジドリース組成業務などに従事しました。シカゴ大学ビジネススクールへの海外留学をはさみ、1997年7月にはシンガポール現地法人に配属となり、非日系大手財閥企業のＭ＆Ａやファイナンス組成などの投資銀行業務を担当しました。

その後、外資系金融機関に転じ、１９９８年からはシティバンク資産証券部のトランザクター（バイスプレジデント）、バンクオブアメリカ証券会社のストラクチャード・ファイナンス部長（プリンシパル）、ＡＢＮアムロ証券会社のオリジネーション本部長（マネージングディレクター）と、外資系金融機関のポストを歴任しました。

このように筆者は一貫して金融実務に関わってきており、そのなかでもプロジェクト・ファイナンスや証券化などのストラクチャード・ファイナンスのビジネスに長年携わってきたことを先に記しておきたいと思います。

◆なぜ大量のモデムをタダで配れたのか？

それでは、２００１年、ソフトバンクグループがヤフーＢＢでブロードバンド事業に参入する際にモデムを無償で配ることを可能にした証券化について説明しましょう。

まず証券化とは、企業がもっている資産を証券というかたちに変えて資金調達する手法です。先ほど紹介した3つのファイナンス手法では、資産の信用力に着目するアセット・ファイナンスに分類されます。

また、特定の資産を証券化して発行された証券は、資産担保証券（ＡＢＳ：Asset Backed Securities）と呼ばれます。

一般的には、不動産やキャッシュフローが見込める事業、ローン債権などが証券化されますが、ソフトバンクグループが行ったヤフーＢＢのモデムの証券化では、デジタル通信の送受信装置であるモデム及びそこから生まれるキャッシュフローを資産とみなして証券化が行われました。

ではなぜ、ソフトバンクグループは、モデムを証券化してまで資金調達を行う必要があったのでしょうか。

ソフトバンクグループは、２０００年前後のＩＴバブル時には、トヨタを上回る約20兆円の時価総額を記録しましたが、ＩＴバブルがはじけると株価は急落。約１００分の１にまで下落し、時価総額も２８００億円ほどになってしまいます。

ＡＤＳＬによるブロードバンド事業への参入は、そんな２００１年のことですから、おそらくソフトバンクグループに資金的余裕はありませんでした。

ブロードバンド事業はインフラ事業のため、先行投資を必要とするだけでなく、できるだけ早く多くのユーザーを集めることも重要になります。

「年末までに１００万人の会員獲得を目指し、日本のインターネット環境を変える」孫社長の目標は明確で、この目標を達成するために考えられたのが、街頭で大量のモデムを無料配布するというマーケティング戦略です。

モデムを大量に配布するためには、大量のモデムをより低価格で製造してもらう必要があり、そのためにはまとまった資金が必要になります。しかし、手元に余裕資金はありません。

そこで考えられたのが、モデム所有権の証券化スキームです。次ページの図表26を使って説明しましょう。
①ヤフーＢＢの運営会社であるソフトバンクＢＢは、ＡＤＳＬ契約者、つまりユーザーに無料でモデムを貸与します。ユーザーはサービス使用料をソフトバンクＢＢに支払います。一般の人に見えているのはこの部分だけです。
②ソフトバンクＢＢは、ケイマン諸島に特別目的会社（ＳＰＣ：Special Purpose

図表26　「モデムばらまき」を支えた証券化

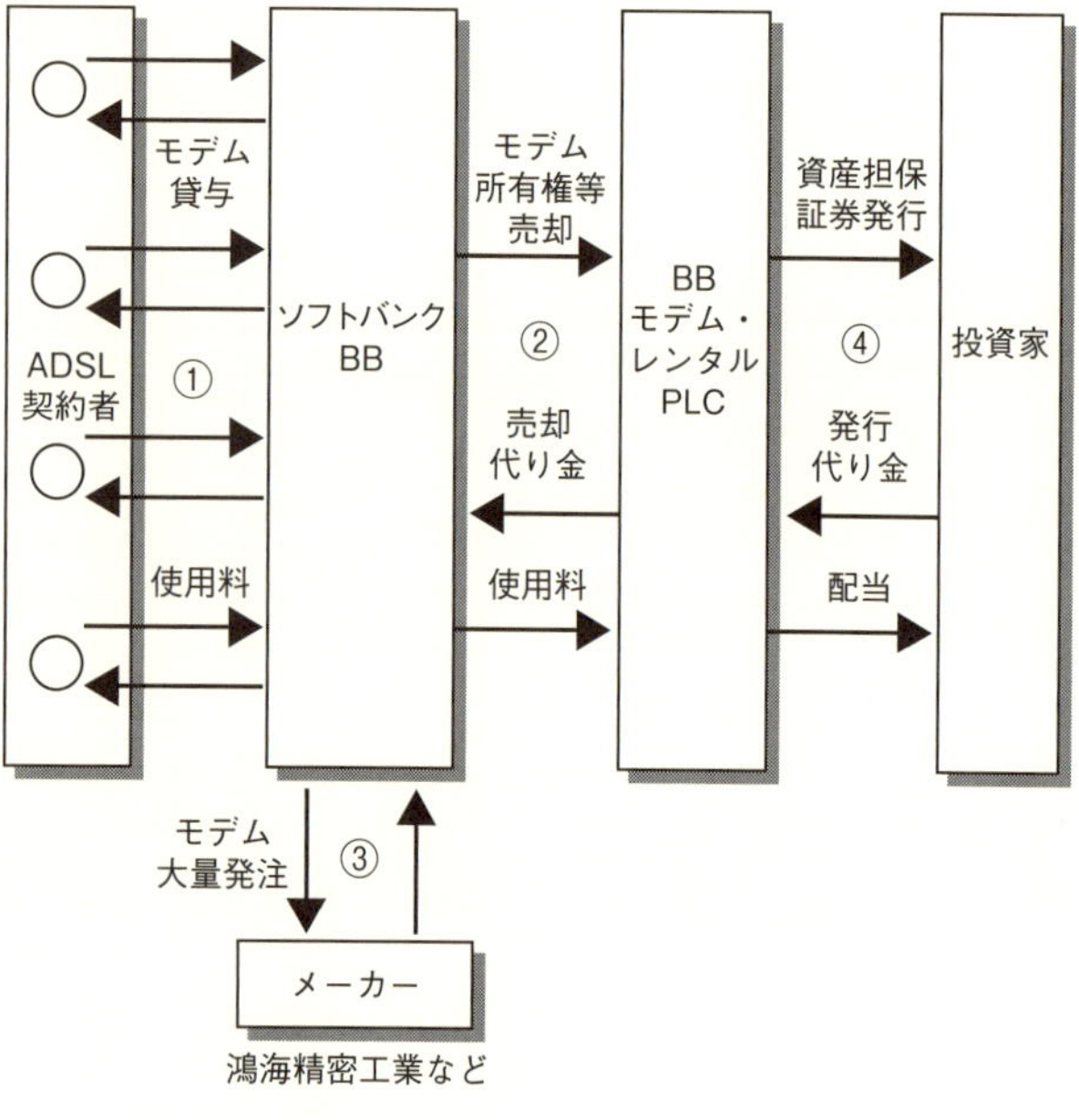

Company）としてＢＢモデム・レンタルＰＬＣを設立します。証券化を行う際に、ＳＰＣを設立するのは一般的なことで、ケイマン諸島に設立したのは、ケイマン諸島がタックスヘイブンのため、税務会計上のメリットがあるからです。

ソフトバンクＢＢは、このＢＢモデム・レンタルＰＬＣにすべてのモデム所有権を売却します。仮に、その総額が１００億円だとすれば、モデム所有権を売却することで、

１００億円がソフトバンクＢＢに入ります。

ソフトバンクＢＢは、モデム所有権という資産を売却したことにより「オフバランスシート効果」があります。オフバランスシート効果とは、資産や取引などが事業主体の財務諸表に記載されず、資産効率の改善などが期待できる効果のことです。

③ソフトバンクＢＢは、調達した１００億円でモデムを大量に台湾の鴻海《ホンハイ》精密工業などのメーカーに発注し購入してユーザーに無料配布します。大量購入することでモデムの原価が下がり、コストを抑えることができたはずです。

④では、このＢＢモデム・レンタルＰＬＣはどうやって資金調達したかのかと言うと、モデムの所有権を担保にした資産担保証券を発行して投資家に販売することで、１００億円の資金を調達しました。投資家には、配当が支払われます。

ＢＢモデム・レンタルＰＬＣが投資家に払う配当の原資は、ソフトバンクＢＢがユーザーから受け取るサービス使用料です。ソフトバンクＢＢが受け取ったサービス使用料の一部がＢＢモデム・レンタルＰＬＣに支払われ、それが配当に回されます。

つまり、当初からサービス使用料というキャッシュを生むことが見込まれる事業だから、モデム所有権という資産を証券化して販売することができ、事業を行うための資金をあらかじめ調達することができたのです。

逆に、投資家側から見ると、モデム所有権をもっているのだから、サービス使用料を受け取る権利があるということになります。ですからソフトバンクBBは、証券化によって、モデム所有権とともに、サービス使用料を受け取る権利も一緒に売却していると見ることもできます。

以上が、モデムを大量に無料配布することを可能にした証券化というファイナンスの仕組みです。

◆エクイティ、デット、そしてメザニン

ちなみに、証券化された資産担保証券に投資を行うのは、生命保険会社や損害保険会社などの機関投資家、銀行などの金融機関、事業法人などです。

投資には、当然のことながら、ローリスク・ローリターンのものから、ハイリスク・ハイリターンのものまでありますが、一般的に銀行や機関投資家はローリスク・ローリターンを選好し、ベンチャーキャピタルやエンジェルと呼ばれる投資家はハイリスク・ハイリ

図表27　デット、メザニン、エクイティ

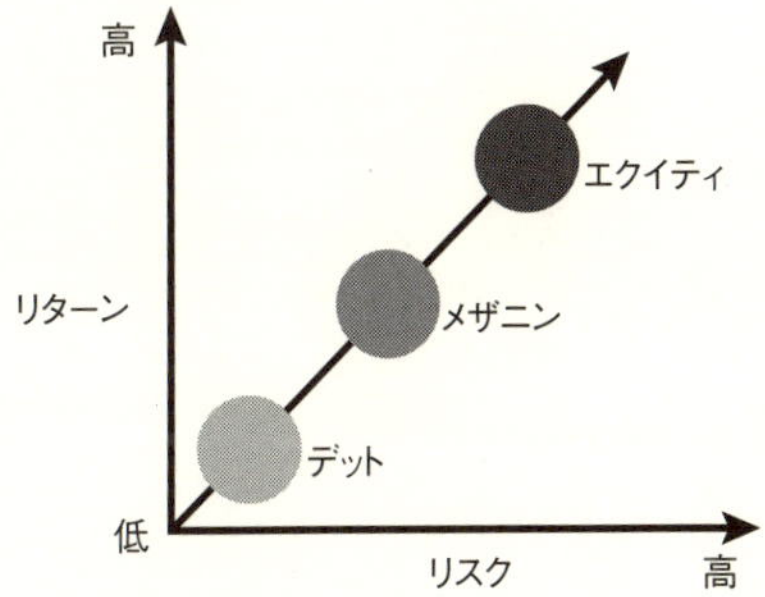

ターンを選好します。

企業が資金調達を行う場合には、こうした金融機関や投資家の選好を考慮して、ローリスク・ローリターンから、ハイリスク・ハイリターンまで組み合わせる必要があり、実際、多くの大企業がそのような資金調達を行っています。

銀行や機関投資家など、一般的にローリスク・ローリターンを選好する投資家からの資金がデットとなり、ハイリスク・ハイリターンを選好する投資家からの資金がエクイティとなります。そして、その中間を「メザニン」と言います。

デット、エクイティ、メザニンの3つを、縦軸がリターン、横軸がリスクの2軸に配置すると、左下がローリスク・ローリターンでデット、右上がハイリスク・ハイリターンでエクイティ、その中間がミドルリスク・ミドルリターンでメザニンとなります。

投資家や資金の出し手によって、それぞれほしいリスクとリターンは違い、銀行は大きなリスクをとれませんからスタートアップに通常は出資は行いません。スタートアップに出資するのは、エンジェルやベンチャーキャピタルと言われている人たちです。

メザニンに投資を行うのは、事業投資家と一部の機関投資家などです。どちらかと言えば、デット側の投資家と言えるでしょう。事業投資家とは、事業を行っている事業会社が投資を行う際に呼ばれる名称です。

ソフトバンク・ビジョン・ファンドで言えば、アップルや鴻海精密工業などは事業投資家で、「ストラテジック・スポンサー」と呼ばれることもあります。

サウジアラビアの政府系ファンドなどは、どちらかというと「フィナンシャル・スポンサー」と呼ばれ、第三者への売却や株式公開などにより投資資金を回収して売却益を得ることを目的としています。

◆最適資金調達のために大切なこと

資金調達を行う企業側から見ると、これらのデット、メザニン、エクイティをうまく組み合わせることで、最適資本構成、最適資金調達のスキームを組むことができます。

ソフトバンクグループは、金融財務戦略の中核であるこうした資本政策、資金調達に優れており、デット、メザニン、エクイティを駆使して、最適なファイナンスを組む金融財務戦略に非常に長けています。

銀行や機関投資家といったデットの人たちが、何よりも一番重視するのは、安定性です。したがって、信用力や格付の向上、経営基盤の強化、財務基盤の強化、自己資本の充実などを重視します。これに対して、エクイティの人たちが一番重視するのは、成長性です。

このようにデットとエクイティでは求めているものが違いますから、それぞれの投資家に合わせたコミュニケーションが大切になり、デットの人たちに対するコミュニケーション・ストーリーを「デット・ストーリー」、エクイティの人たちに対するコミュニケーション・ストーリーを「エクイティ・ストーリー」と呼びます。

デット・ストーリーは、銀行や機関投資家、債券・証券などへの投資家に対して展開するコミュニケーション・ストーリーです。いかに自分たちの会社が安定しているかを伝えるために、様々な経営指標などを提示します。

エクイティ・ストーリーは、主に株主に対して行われ、自分たちの会社の成長の方向性やビジョンを、数値も踏まえてできるだけ具体的に示します。

デットとエクイティでは、コミュニケーションの中核、主軸が違うということです。

ソフトバンクグループは、この両方を重視して、常日頃から各種金融機関や機関投資家、事業投資家、ベンチャーキャピタルなどとのコミュニケーションにも注力しています。だから、デットもエクイティも駆使した資金調達が可能なのです。

事業上、重要なのは、成長性、収益性、安定性の3つです。これら三拍子がそろっていることが事業では非常に重要なのですが、現実には3つすべてを高く維持することは至難の業《わざ》です。

たとえば、成長性を重視して利益を先行投資に回すと、収益性は下がります。収益性が下がれば、安定性もそれに伴って下がるでしょう。

逆に、収益性を重視して、新規事業開発や新商品開発、新サービス開発など、将来への投資を怠れば、成長性が下がってしまいます。

ある不動産会社が、ビルを20棟もっていて、それらの賃料で十分な利益を確保できていたとしましょう。このままでも収益性と安定性は当面維持できますが、ビルは年々古くなりますから、いつかは修繕費が必要になり、賃料を下げる必要も出てきます。

つまり、今いくら好調だからといって現状維持で何もしなければ、成長性はまったくなく、それは企業にとって将来の死を意味するということです。

そこで、成長性、収益性、安定性をバランスよく維持するために、たとえば「借入金は賃貸関係収益の5倍以内」「営業利益は借入金の10％以上」「借入金はその時点のキャッシュフローで15年以内に完済可能な額」といったルールをつくるわけです。

ソフトバンクグループも、常に成長性、収益性、安定性のバランスを高く維持することを考えています。そのなかで、デット・ストーリーとしては、安定性と収益性に重きを置いた説明を行い、エクイティ・ストーリーとしては、成長性と収益性に重きを置いた説明を行うことで、両者からいつでも資金調達できるように準備しているのです。

◆「レバレッジをかける」とは、どういうことか？

それでは、日本テレコムやボーダフォン日本法人の買収の際に用いたレバレッジド・バイアウトについて説明しましょう。

まず、レバレッジド・バイアウトの「レバレッジ」は、「レバー（lever）＝梃子《てこ》」で動かすという意味をもつことから、「小さな作用で大きな効果をもたらす」現象に対して広く使われています。

ビジネス分野では、固定費水準が高いほど売上高の変化に伴う利益の変化が大きくなることを意味する「営業レバレッジ」、経済効果による費用低減から生じる利益の増加を意味する「生産レバレッジ」、価格上昇や革新的な流通などによる利益の増加を意味する「マーケティング・レバレッジ」などがあります。

レバレッジド・バイアウトの「バイアウト」は、買い占めるという意味があり、日本では「買収」と訳されていますので、レバレッジド・バイアウトを直訳すると「梃子を利かせた買収」となります。

では、「梃子を利かせる＝レバレッジをかける」とは、どういうことでしょうか。

たとえば、会社を設立したスタートアップのとき、資金が１００必要だとしても、最初は銀行からお金を借りることはできません。なぜなら、まだ何の実績もありませんから、企業としての信用力がなく、コーポレート・ファイナンスが受けられないからです。

したがって、必要な資金は、出資金で集めるしかありませんが、多くの場合、自己資金でスタートします。自分で貯めたお金や親戚など自分のことをよく知る人からお金を借りて自己資金をつくり、エクイティ１００でスタートするのが一般的です。

事業運営が順調に行われ、実績が出て、新たなプロジェクトに資金が１００必要になったときには、自己資金以外の資金を調達することができます。たとえば、自己資金を20だけ出し、残りの80は銀行から借り入れます。これが「レバレッジをかける」ということです。

誤解を恐れずに端的に言えば、「レバレッジとは、借り入れをすること」です。

銀行から借りた元本の80は、最終的には銀行に返す必要がありますが、当面は金利を支払うだけでよく、現在はゼロ金利に近いので金利は少額で済みます。

新たなプロジェクトが成功して、会社の資産が２００増えたとしても、銀行は「儲かったのなら100返してください」とは言いません。金利を払い、借りた元本の80を返せばいいだけです。

つまり、200－80＝120となり、この差額120は全部自社のものになります。つまり、20の自己資金にレバレッジをかけて、6倍の120の資産を得たということになります。

「なぜレバレッジをかけるのか」という質問に対しては、「レバレッジをかけたほうが投資効率が上がるから」というのが答えです。

ただし、レバレッジには「正のレバレッジ」と「負のレバレッジ」の2つがあることを理解しておく必要があります。

正のレバレッジとは、先ほどのように20の自己資金で120のリターンを得たような場合です。

これに対して、負のレバレッジは、20の自己資金で80を借り入れたにもかかわらず、新たなプロジェクトが失敗に終わり、投資した100全額を失ってしまったような場合です。この場合、スタートアップ時の自己資金100から80を銀行に返済することになりますから、資金繰りが立ち行かず倒産の危機に陥ります。

もし、投資した金額以上の損失になり、借り入れを返せなくなれば、デフォルト（債務不履行）で倒産してしまいます。

このように、レバレッジには正と負の両面があり、メリットとデメリットの両方があるということです。レバレッジを大きくかけることはその分だけよりハイリスク・ハイリターンな投資を行うのとほぼ同義なのです。

◆解説・ボーダフォン日本法人の買収スキーム

レバレッジをかけることとは、借り入れをすることだと述べました。だとすれば、レバレッジド・バイアウトは、「借り入れをして買収すること」と言い換えられます。

しかし、ボーダフォン日本法人の買収では、ソフトバンクグループが直接、借り入れをしたわけではありません。買収先の企業を担保として借り入れを行うことがレバレッジド・バイアウトとなるからです。

１９５ページの図表28は、ボーダフォン日本法人を買収したときの資金調達スキームを図解したもので、以前はソフトバンクグループのホームページにも掲載されていました。

複雑なスキームに見えますが、大きくは次の3つの資金調達に分けられます。
①自己資金
ソフトバンクは、モバイルテックという子会社に100%出資を行い、そのモバイルテックがBBモバイルという孫会社に100%出資を行っています。出資額は2000億円。ヤフー・ジャパンも、第一種優先株式の買い入れで1200億円を出資しています。これらはすべてエクイティです。

このBBモバイルがボーダフォン日本法人を買収し、ボーダフォン日本法人はソフトバンクモバイルとなります。
②ノンリコースローン
このソフトバンクモバイルに対して、金融機関17行からなるシンジケート（特定金外信託受託者）が、1兆1600億円の「ノンリコースローン（非遡及型融資）」を実行。これがレバレッジをかけた金額で、デットにあたります。
③英ボーダフォンによる資金

図表28　ボーダフォン日本法人買収時の資金調達スキーム

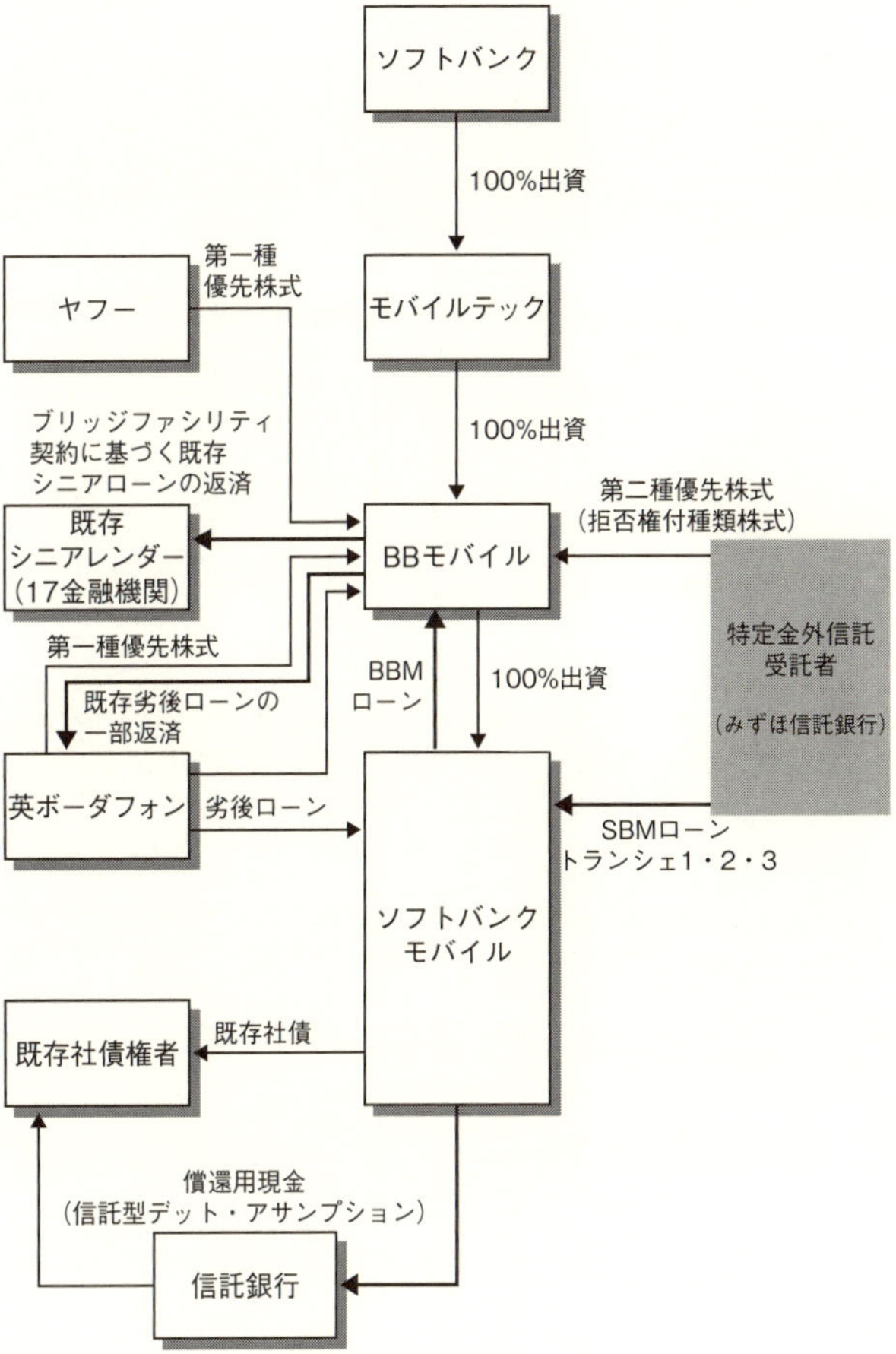

これら以外にＢＢモバイルは、イギリスのボーダフォン本体から、第一種優先株式の買い入れにより3000億円の出資を受けており、これはエクイティです。また、ソフトバンクモバイルがボーダフォン本体から劣後ローン（他の債権よりも支払い順位が劣るローン）として1000億円を借り入れており、これはメザニンにあたるでしょう。

これらすべての合計金額は、1兆8800億円。買収金額は1兆7500億円でした。

一般の人は、ソフトバンクがボーダフォン日本法人を買収したと聞けば、ソフトバンクが自己資金と借り入れで買収したと思うでしょうが、実はまったく違ったのです。

ソフトバンクグループは、大型買収案件においては多くの場合、特定目的会社をつくり、そこに自己資金を入れるだけでなく、様々な投資家や金融機関から出資や投資、融資などを募ります。それぞれのリスク・リターンに応じたかたちで資金調達を行っているのです。

もちろん、ソフトバンクグループだけで行っているわけではなく、金融機関をアレンジャーとして使いながら、最適な資金調達のスキームを周到に練り上げているのです。

ボーダフォン日本法人買収のケースでは、エクイティがソフトバンク（モバイルテック）

図表29　ボーダフォン日本法人買収時の資金調達スキーム（簡易版）

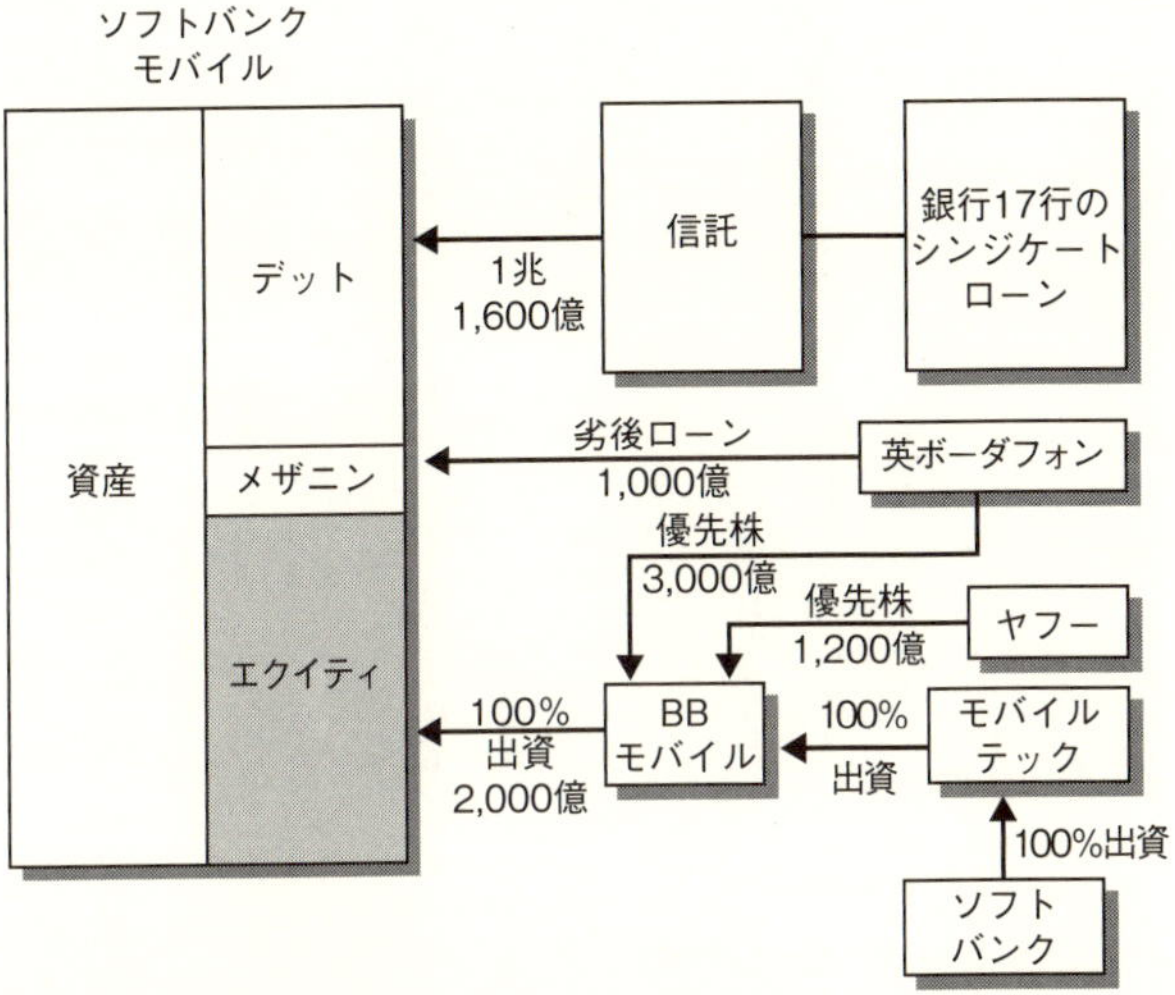

２０００億円、ヤフー・ジャパン１２００億円、英ボーダフォン３０００億円の合計６２００億円です。

メザニンは、英ボーダフォンの１０００億円。デットは、銀行シンジケートのノンリコースローン１兆１６００億円です。

ヤフー・ジャパンと英ボーダフォンが買い入れた第一種優先株式というのは、普通株式と比べると、議決権がなく、７年間配当はありません。ただ、その後一定条件をクリアすれば、ヤフー・ジャパンは４％、英ボーダフォンは10％の株式を取得することができます。

◆1兆7500億円が「割高」でなかった理由

ここで興味深いのは、ボーダフォン日本法人を買収するのに、英ボーダフォンからも出資を受けている点です。英ボーダフォンは、優先株式の買い入れで3000億円を出資し、劣後ローンで1000億円を融資しています。

ちなみに、劣後ローンは、この場合、ノンリコースローンより返済順位が劣後することでリスクが増しますが、その分金利は高くなりリターンが増えますから、ミドルリスク・ミドルリターンに近くなり、メザニンになります。

当時、1兆7500億円の買収金額は、「割高だ」「高値づかみだ」と言われました。確かに、買収金額だけを見れば高いかもしれませんが、高く買う代わりに、英ボーダフォンからの出資を引き出したという見方もできます。

実際に、ボーダフォン日本法人を買収したのはBBモバイルですが、英ボーダフォンと買収交渉を行ったのはソフトバンクであり、孫社長です。百戦錬磨の孫社長のことですから、「少し高く買うから、買収資金の一部を出してね」といった交渉をまとめるのはお手の物でしょう。

英ボーダフォンに入る１兆７５００億円のなかから４０００億円を出してもらい、相応のリスクをとってもらったのだとしたら、自己資金が少ないソフトバンクにとって、非常にうまいやり方だったと言えるでしょう。

ソフトバンクが出資したのは２０００億円。グループ会社のヤフー・ジャパンが１２００億円。合計３２００億円よりも大きな金額を英ボーダフォンに出させているのです。

このように買収スキームを詳細に見てみると、単純に「割高だ」とは言えなくなり、「用意周到な非常にいいディールだ」と言うこともできます。

企業買収は、買収金額だけではわからないことが多くあり、買収する企業は、様々に複雑な計算を行い、多種多様なシナリオを考え、それぞれのシナリオ分析を行って交渉します。

孫社長としては、高い値段をつけた一方で、事後も取引に関与させて協力を得る必要があったでしょうし、ファイナンス上のリスクを自分たちで全部とるのではなく、できるだけ分散させたいという思惑もあったでしょう。

◆「世紀のディール」実現の鍵は何だったのか？

ノンリコースローンを融資した銀行シンジケート側からは、この買収スキームはどう見えるでしょうか。

銀行シンジケートの最大の関心事は、新たなソフトバンクモバイルの携帯電話事業が今後うまくいくか、将来も継続的に利益を生むかどうかです。

その一方で、当然のことながら、事業がうまくいかなかった場合についても考えています。

ノンリコースローンはデットですから、返済は最優先で行われます。ということは、損失額がそれ以外のエクイティとメザニンの資金額の範囲であれば全額返済されます。つまり、エクイティとメザニンの金額が大きければ大きいほど、自分たちの安全性が高まるのです。

だから、銀行シンジケートは、「ソフトバンクさん、もっとエクイティ出してください」と言ったかもしれません。ただ、ソフトバンクに多額の余裕資金はありません。ソフトバンク・ビジョン・ファンドのときのように、事業投資家やサウジアラビアの政府系ファンドのような投資家に出資を呼びかけても、当時はまず出資を受けられなかったと思います。

銀行シンジケートにしてみれば、ソフトバンクの２０００億円とヤフー・ジャパンの１２００億円だけでは、１兆１６００億円を融資するにはエクイティが少額過ぎてリスクが高いですから、エクイティを増やしてほしいと要望するのは当然です。

エクイティが増やせなければ、ノンリコースローンによる融資は実現していなかった可能性が高かったはずです。

そこで、携帯電話事業の事業価値や事業リスクなどを最も理解しているのはどこかと考え、英ボーダフォンに相応のリスクをとってもらったという側面もあるわけです。

英ボーダフォンにしても、高い値段で買ってくれるのだから、事後的にも協力しようというモチベーションが働きます。

結果、エクイティが３０００億円、メザニンが１０００億円増えたことで、銀行シンジケートのリスクが相対的に下がり、ノンリコースローンが実行されました。

このソフトバンクによるボーダフォン日本法人の買収は、１兆７５００億円という当時最高額の買収金額、ＬＢＯなどを駆使したこれまでにない買収スキーム、１兆１６００億円というノンリコースローン、ソフトバンクの携帯電話事業参入などを考え合わせると、日本金融史に残る「世紀のディール」だったと筆者は考えています。

そして、世紀のディールが実現したのは、英ボーダフォンからの４０００億円の資金でした。孫社長は、ソフトバンクの２０００億円とヤフー・ジャパンの１２００億円の自己資金で、ボーダフォン日本法人を１兆７５００億円で買収したことになります。

「孫の二乗の兵法」には、「七」という文字があります。これは、７割の勝算を見極めて、７割以上の勝算があれば勝負することを意味すると同時に、リスクは３割までという意味でもあります。孫社長は、「トカゲは尻尾から３割まで身体が切られてもまた生えてくる。でも半分まで切られたら、はらわたが出て死んでしまう」と言います。

ボーダフォン日本法人の買収時も、孫社長は７割の勝算で買収を行い、リスクは３割以下に抑えました。ソフトバンクの２０００億円とヤフー・ジャパンの１２００億円というエクイティが仮にゼロ円になったとしても、ソフトバンクとヤフー・ジャパンには事業収益がありますからソフトバンクグループ全体としては生き残れたことでしょう。

◆「ノンリコース」の実態は「リミテッドリコース」

銀行シンジケートが実行したノンリコースローンについても説明しておきましょう。

ノンリコースローンの「リコース（recourse）」は金融用語としては「遡及型」のことで、「ノンリコース」は「非遡及型」のことです。「ローン」は「融資」のことですから、ノンリコースローンとは、「非遡及型融資」のことです。

通常、ローンは、資金を借りた人や会社に返す義務が生じます。

これに対して、ノンリコースローンは、お金を借りた買い手企業の信用力ではなく、買われた買収先企業の信用力による資金調達のため、買われた買収先企業に返済義務が生じます。資金を借りた企業は非遡及ですから、返済義務は生じません。

ボーダフォン日本法人の買収で言えば、親会社ソフトバンク、子会社モバイルテック、孫会社BBモバイルとあり、BBモバイルが直接の買い手でしたが、ノンリコースローンの返済を行うのは、買われたボーダフォン日本法人＝ソフトバンクモバイルになります。

もし携帯電話事業がうまくいかず、ソフトバンクモバイルがノンリコースローンの返済が難しくなっても、買い手のＢＢモバイルに返済義務はなく、銀行もＢＢモバイルに返済を遡及することはできません。

孫会社のＢＢモバイルに返済を遡及できないということは、子会社のモバイルテックにも、親会社のソフトバンクにもできないということです。

こうしたファイナンス条件のことをノンリコース条件、ローンならノンリコースローン、広くはノンリコースファイナンスと呼びます。

ソフトバンクグループが、このノンリコースファイナンスをよく行使するのは、契約上、自分たちには返済義務がなく、買収先が借金を返済できなくなっても、金融機関から返済を遡及されることがないからです。


ただノンリコースと言っても、実質的には「リミテッドリコース」で、バブル崩壊後の金融危機時には、親会社にも限定的ではあったとしても何らかのかたちで返済が遡及されました。

たとえば、親会社がノンリコースローンと同じ銀行に短期や長期のローンがあれば、その銀行はノンリコースローンについては返済を遡及できませんが、短期や長期のローンの借り換えに応じないなど、別のかたちで親会社に自主的な返済を迫ることができます。

親会社としても、短期や長期のローンの借り換えの必要があれば、何らかのかたちでノンリコースローンの一部を自主的に返済せざるを得なくなります。

親会社はいくつもの銀行や金融機関と取引を行っていますから、ノンリコースだからといって完全に返済から逃れられるわけではないのです。

◆「資金量の最大化」と「調達コストの最小化」を実現

ノンリコースローンは、銀行にとって一般的なリコースローンに比べればリスクが高くなりますから、その分、金利も高くなります。

ノンリコースローンや劣後ローンというのは、普通の企業ではまず使われない資金調達方法です。

なぜなら、リコースローンというデットとエクイティで一般的な企業は必要な資金を調達できるからです。

数十億円、数百億円以上の規模のプロジェクトにならなければ、ノンリコースローンも、劣後ローンも現実的な選択肢にはなりません。わざわざ金利や手数料の高い資金調達を行う必要はないからです。

プロジェクトが大きく、資金調達の規模が大きくなり、リコースローンやエクイティだけでは必要な資金が集められない場合に初めて、ノンリコースローンや劣後ローンを使うことになります。

前に述べたように、金融機関や投資家には、それぞれにとりたいリスクとリターンがありますから、それぞれに応じた金融メニューを提案し、資金を出してもらうことが大切になります。

こうしてデット、メザニン、エクイティに分けてバランスよく資金調達を行うことで、より最適な資本構成を構築し、調達コストを下げられるというメリットもあります。加重平均したコストは、そうしなかった場合よりも一般的にはコストが下がるからです。

ソフトバンクグループは、様々な金融機関や投資家と日常的にコミュニケーションをとり、資金調達時にそれぞれに合った多種多様な金融メニューを提案することで、調達できる資金量を最大化すると同時に、調達コストを最小化する最適資金調達を実現しているのです。

◆「ストラテジック・ファイナンス」10のポイント

このようにソフトバンクグループは金融財務に非常に長けた企業であり、特に資金調達に優れています。筆者の金融財務の経験を踏まえて、ソフトバンクグループが最適資金調達、戦略的資金調達を行う際に重要視している点を「ストラテジック・ファイナンス」の10のポイントとしてまとめてみました（２０９ページの図表30）。１つずつ見ていきましょう。

◇ポイント①：ビジョン・戦略との整合性

経営理念やビジョンから、経営戦略、事業戦略、各戦略プロジェクトにいたるまで、企業には高度な整合性や一貫性が求められます。金融取引に際しても、これらとの高い整合性を確保することが非常に重要になります。

ソフトバンクグループでも、「情報革命で人々を幸せに」というミッションや、「世界中の人々から最も必要とされる企業グループ」というビジョンを実現するために、ファイナンスが行われています。

ＡＩ群戦略や、先ほどの「孫の二乗の兵法」とも整合性のあるファイナンスが行われてきたのは、これまで本書で見てきた通りです。

◇ポイント②：目的と制約要因の把握

資金調達のスキームを組むストラクチャリングにおいては、対象企業やプロジェクトの目的と様々な制約要因を徹底的に洗い出し、それらをファイナンス条件のなかに盛り込んでいくことが重要になります。

先ほどのボーダフォン日本法人の買収事例を見れば、ソフトバンクグループが、それを事細かにやっていることがわかるでしょう。

◇ポイント③：ライフサイクルのステージ

売上やキャッシュフローのタイミング、事業リスクの大小、ボラティリティーの大小などは、企業のライフサイクルや対象プロジェクトのステージによって大きく異なることか

図表30　「ストラテジック・ファイナンス分析」10の視点

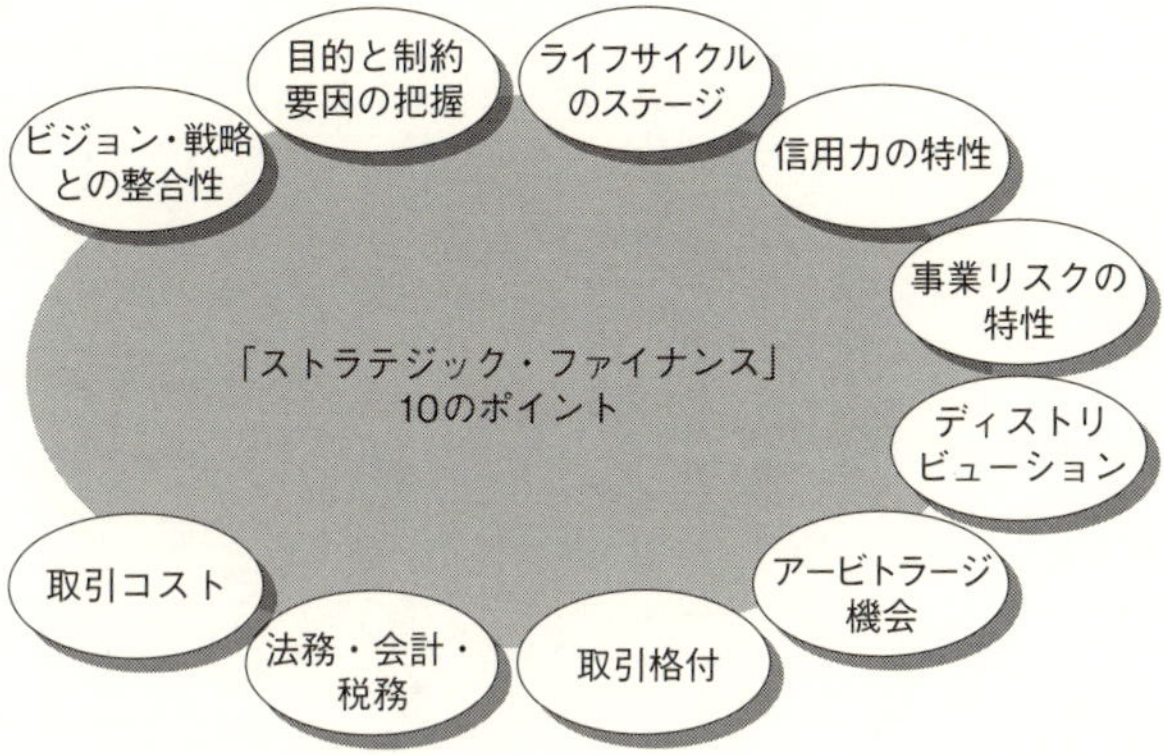

ら、それぞれのステージにマッチしたファイナンスを構築することが重要になります。

ライフサイクルのステージは、デット、メザニン、エクイティ、それらのハイブリッドなど、資金調達ミックス決定にも大きな影響を及ぼします。

AI群戦略では、高成長の新しいスターに投資を行う一方、成長が鈍化した成熟したスターには株式を売却して卒業してもらうという一種のルールがあります。これも企業のライフサイクルのステージに応じた金融財務戦略と言えるでしょう。

◇ポイント④：信用力の特性

資金調達のアプローチは、企業の信用力に基づいたコーポレート・ファイナンス、事業の信用力に基づいたプロジェクト・ファイナンス、資産の信用力に基づいたアセット・ファイナンスという3つの手法に大別されます。

これらの分類は、対象企業やプロジェクトの信用力の特性に着目したもので、より有利なファイナンスを構築するために、これらを組み合わせたストラクチャリングを行うことが必要です。

ヤフーBBのモデムの証券化の事例は、モデムという資産を証券化したアセット・ファイナンスと、ブロードバンド事業への参入に対するプロジェクト・ファイナンスとの組み合わせで、まさに信用力特性に着目したファイナンスをソフトバンクグループが行ったことがわかります。

◇ポイント⑤：事業リスクの特性

倒産コスト、産業や事業の成熟度、ボラティリティー、成長性、対象企業やプロジェクトの資産構成など、事業リスクの特性に応じたファイナンスのストラクチャリングは、実務上、ファイナンス条件に大きな影響を及ぼします。

ボーダフォン日本法人の買収の事例で言えば、携帯電話事業というのは、既存のビジネスなので事業リスクの特性を金融機関や投資家は判断しやすかったはずです。

もちろん、ボーダフォンからソフトバンクに代わって、既存事業が衰退してしまう可能性もありましたが、それを含めても、比較的事業リスクの特性がわかりやすかったから、ローリスク・ローリターンを好む銀行や機関投資家にも出資してもらいやすいノンリコースローンをファイナンス手段として選んだのだと思います。

◇ポイント⑥：ディストリビューション
ここで言うディストリビューションは、どういう金融機関や投資家に資金を出してもらうかという意味です。対象企業やプロジェクトの特性、信用力の特性、事業リスクの特性などを考慮したうえで構築されたファイナンスのパッケージを、それぞれのファイナンス条件に合致した金融機関や投資家に提案することが重要になります。

これまで述べてきた企業や事業のライフサイクルのステージ、信用力の特性、事業リスクの特性などをそれぞれ見極めながら、一番適した資金の出し手に出してもらうことが大切なのです。

ソフトバンクグループは、このディストリビューションに長けており、ファイナンスのパッケージを優先劣後構造にして、「キャピタル・マーケット」なのか、「プライベート・プレースメント」なのかをきちんと判断して資金調達を行っています。

キャピタル・マーケットとは、一般の資本市場のことで、そこで格付をとって株式なり債券などを販売してファイナンスを行うことを指します。大きな金額を資金調達できるメリットがある一方、その分コストがかかるというデメリットがあります。

プライベート・プレースメントは、少数限定の金融機関や投資家を対象にファイナンスを行うことです。こちらは、少数限定のため、大きな金額の資金調達はできませんが、コストはその分低くできます。

どちらも一長一短あるため、うまく使い分けることが大事だということです。

◇ポイント⑦：アービトラージ機会

アービトラージ機会とは、国内外の資本コストのギャップ、クレジット・マーケットのプライスのギャップ、投資家のリスク・リターンの選好度の違いによるギャップなどによって生じる収益機会のことです。

前述したように、国内の投資家の見方と、海外の投資家の見方は当然違います。ソフトバンクグループの格付が海外の格付機関よりも国内の格付機関のほうが高いのは、企業体質や事業、製品やサービスについてより深く理解しているからという側面もあります。

ストラテジック・ファイナンスにおいては、対象企業やプロジェクトの特性を踏まえて、アービトラージ機会を活用したより有利なファイナンス手段とリスクマネーのアレンジメントが不可欠になります。

ソフトバンクグループも、新規性の高い事業を行う企業への投資では、外資系の金融機関や投資家に積極的にファイナンスを行う一方、日本の金融機関や投資家でも事業内容を理解して資金を出してもらえる場合には、調達コストの安い国内を優先するなどしています。様々なアービトラージ機会を活用して、うまくファイナンスを仕組んでいると言えるでしょう。

◇ポイント⑧：取引格付

取引格付とは、海外であればS&Pやムーディーズ、フィッチなど、国内であれば日本格付研究所（JCR）や格付投資情報センター（R&I）などの格付会社が行う信用格付のことです。

たとえば、「投資適格」の格付を取得すると、投資家はその債券などの金融商品を買いやすくなります。ただ、取引格付を取得するためには、その格付機関と交渉を行う必要があり、時間的にも、金銭的にもコストがかかります。

ソフトバンクグループも、大型案件や戦略的案件においては取引格付を取得することが多くなっています。

◇ポイント⑨：法務・会計・税務

法務・会計・税務は、企業において、目的と制約要因の両面にわたって非常に重要になります。同様に、ファイナンスのストラクチャリングを行ううえでも、制約要因になりやすく、アービトラージ機会の源泉ともなるため重要です。

ソフトバンクグループも、常に、法務・会計・税務を考えながら、特別目的会社をケイマン諸島に設立するなど、様々な方法を駆使しています。

◇ポイント⑩：取引コスト

ファイナンスの取引コストは、安いほうがいいのは間違いありません。ただ、金利やアレンジメント手数料などの表面的な取引コストに囚われてしまうと、プロジェクト本来の目的が達成できなくなってしまう可能性もあります。

表面的な取引コスト以上に重要なのが、リスク・リターンです。

ボーダフォン日本法人の買収事例であれば、資金調達をすべて組成できるかどうかが一番重要だったわけであり、そのためには自分たちがとることのできないリスクを、英ボーダフォンにとってもらうことが必要不可欠でした。そのためなら表面的な取引コストが上がってもいいと考えたのだと思います。

このように取引コストというのは、総合的な判断で決めるべき事柄で、ソフトバンクグループはまさにそれを確実に行いました。

◆レバレッジか？ 逆レバレッジか？

小さな作用で大きな効果をもたらすのがレバレッジです。日本語では「梃子の原理」と呼びます。

リスクとリターンは比例しますから、リスクが小さければリターンも小さくなりますし、逆にリスクが大きければリターンも大きくなります。したがって、レバレッジによってリターンが増大するということは、それだけリスクも増大するということです。

通常、レバレッジと言うと、「小さい金額でより大きなプロジェクトを実現できる」など、小さな金額でより大きなリターンをあげることができる「正のレバレッジ」の意味で使われることが多いでしょう。

ソフトバンクグループのM&Aなどでは、他人資本を利用することで自己資本収益率を増大させましたが、これが通常のレバレッジ、正のレバレッジです。

一方で、レバレッジには「逆レバレッジ」、あるいは「負のレバレッジ」と呼ばれるものもあります。これは簡単に言うと、負の連鎖です。

ソフトバンク・ビジョン・ファンドが出資していたウィーワークのビジネスや業績に疑念がもたれると、他のプロジェクト（投資先企業）も同様の目で見られ、負の連鎖が起きます。ウィーワークと他のプロジェクトにビジネス上の関連はまったくないのですが、投資家や金融機関は「他のプロジェクトは大丈夫だろうか」と疑いの目で、より厳しく見るようになり、懸念がどんどん広がっていきます。

こうして、最終的には赤字や損失が連鎖して、一気に拡大してしまうことや、問題が多

図表31　レバレッジか？　逆レバレッジか？

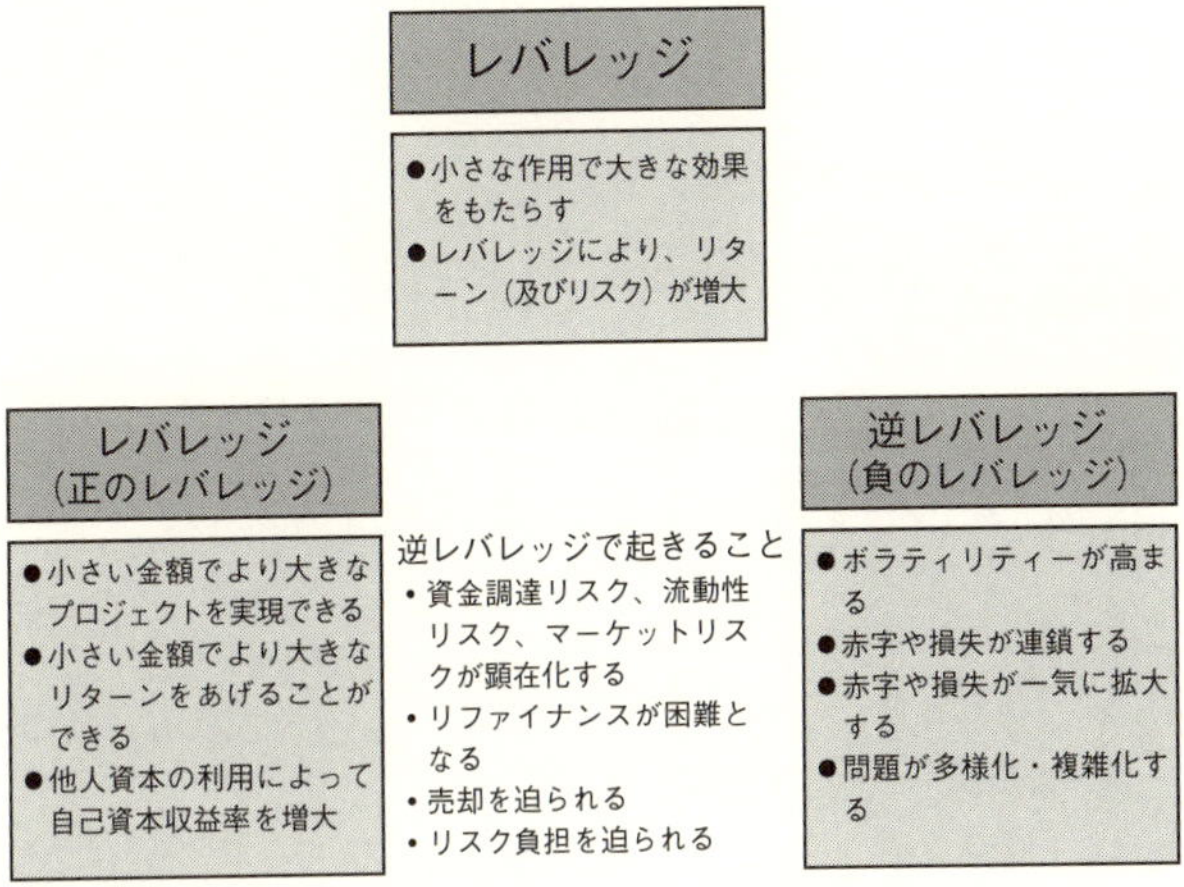
レバレッジ
●小さな作用で大きな効果をもたらす
●レバレッジにより、リターン（及びリスク）が増大
レバレッジ（正のレバレッジ）
●小さい金額でより大きなプロジェクトを実現できる
●小さい金額でより大きなリターンをあげることができる
●他人資本の利用によって自己資本収益率を増大
逆レバレッジで起きること
・資金調達リスク、流動性リスク、マーケットリスクが顕在化する
・リファイナンスが困難となる
・売却を迫られる
・リスク負担を迫られる
逆レバレッジ（負のレバレッジ）
●ボラティリティーが高まる
●赤字や損失が連鎖する
●赤字や損失が一気に拡大する
●問題が多様化・複雑化する

様化・複雑化してしまうことを逆レバレッジ、負のレバレッジと呼びます。

最初は、金融財務の借入の問題だけだったのが、コーポレートガバナンスの問題やコンプライアンスの問題に広がり、さらに別のいろいろな問題も引き起こすなど、ネガティブなことが連鎖してしまうのです。

では、こうした逆レバレッジ、負のレバレッジのときに実際に何が起きるのでしょうか。

いろいろと考えられますが、資金調達リスクや流動性リスク、マーケットリスクなどが顕在化します。資金調達リスクとは、資金調達を行うことが難しくなる、資金調達に支障が出るリスクのことです。流動性リスクは、マーケット自体の流動性が枯渇したり、減少してくるリスク。マーケットリスクは、不動産マーケットやITマーケット、ユニコーンマーケットなどのマーケット自体における価格が下落したりするリスクのことです。

逆レバレッジが悪化すると、資金調達リスクや流動性リスク、マーケットリスクが顕在化してくる可能性があるのです。

逆レバレッジによって様々なリスクが顕在化してくると、リファイナンス、借り換えファイナンスが困難になります。そして、所有している物件やプロジェクトの売却を迫られます。

また、これまでに何度も述べてきた通り、ノンリコースによる資金調達であっても、実際はリミテッドリコースでリスク負担を迫られることになります。

これらが、逆レバレッジのリスクシナリオです。

これまでソフトバンクグループは、金融財務においてレバレッジのメリットを享受してきましたが、いったん歯車が逆に回り、逆レバレッジが働いてしまうと、デメリットもそれだけ大きなものになるのです。

ウィーワーク問題が顕在化したあとに開催された2019年11月6日の決算説明会にお

いて、孫社長は「救済型投資は今後は一切しない」と言明しました。これはまさに逆レバレッジや負のレバレッジが起きることを絶対に回避したいという思惑が背景にあったのです。

レバレッジを多用し、レバレッジの代名詞ともなっているソフトバンクグループとしては、逆レバレッジや負のレバレッジが起きることは絶対に回避したい。私は上記決算説明会における孫社長の最大の目的はここにあったのではないかと考えています。

孫社長の言明がマーケットや投資家から本当に信認されるか否かは、これからの取引における対応次第であることは明らかであり、ソフトバンクグループの金融財務戦略の最大のリスクもここにあるのです。

第5章

ソフトバンクグループの「産業戦略」

次の第6章で見ていくように、私は、ソフトバンクグループは、主には「投資会社×事業会社×テクノロジー会社×ファイナンス会社」という4つの性格を有していると分析しています。また第4章で詳解してきた通り、同社最大の強みは、その金融財務戦略であると考えています。

その一方で、ソフトバンクグループは、子会社のソフトバンクやヤフー、その他関連会社を通じて、事業会社としてもしっかりとした事業展開をしていることも見逃せない点です。さらには同社が事業展開している産業は、現在最も進化が著しく、最も注目すべき産業とオーバーラップしていることが多く、ビジネスパーソンとしては自らの業種に限らず、ベンチマークしておくべきものであると考えられます。

このような問題意識から、本章では、ソフトバンクを基点として、3つの産業について詳細な考察を行っていきます。特にソフトバンクグループの出自でもある通信業界については、最新の動向はもとより、これまでの業界の歴史などについてもまとめています。本章は、このような観点からお読みいただければ幸いです。

①3つの産業を中核とした産業政策の未来

◆「ニューインダストリー」＝「モビリティ×通信×エネルギー」

ソフトバンクグループが打ち出しているビジョンの1つに、「ビッツ（Bits）・ワッツ（Watts）・モビリティ（Mobility）のゴールデントライアングル」があります。ビッツとは情報革命やＩｏＴのことで、ワッツはエネルギー革命。モビリティは人・モノ・金・情報などの移動の最適化を指します。これらゴールデントライアングルのなかで、「プラットフォーマー＆サービスプロバイダーを目指す」ことが、ソフトバンクグループのコアビジネス戦略だと言います。

これをソフトバンクグループの産業戦略として一般的な用語に言い換えたものが次ページの図表32で、ソフトバンクグループの産業戦略は、「ニューインダストリー」＝「モビリ

図表32　ソフトバンクグループが描く「ニューインダストリー」＝「モビリティ×通信×エネルギー」

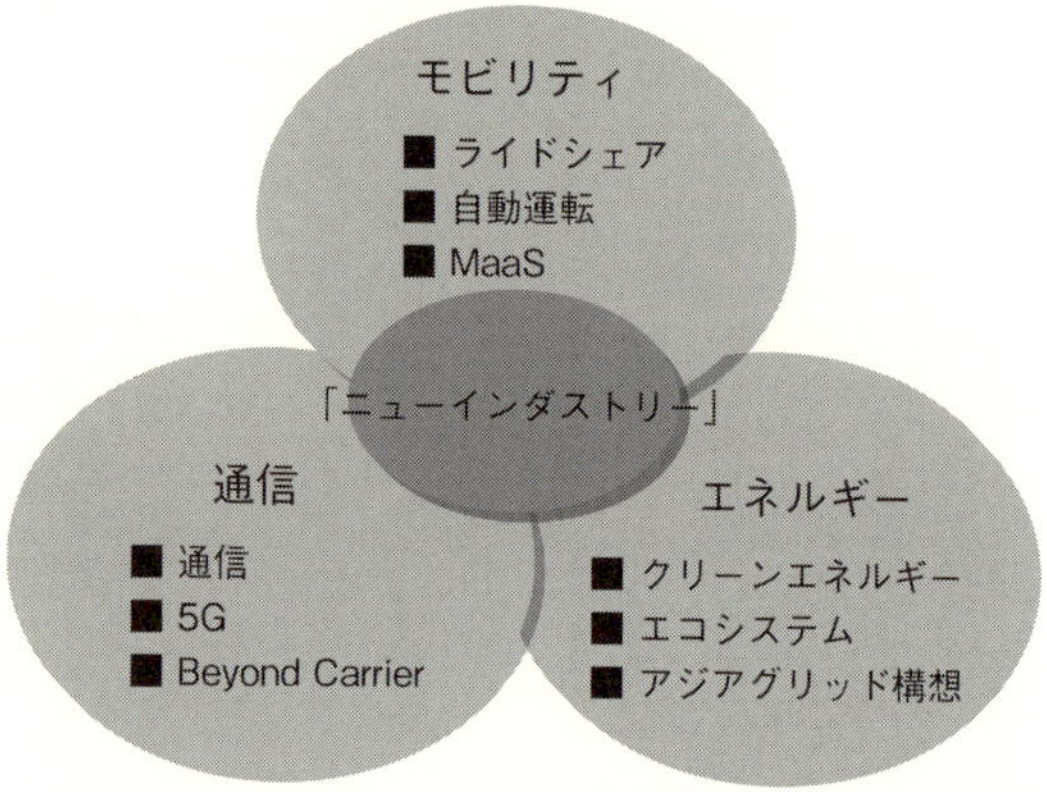

ティ×通信×エネルギー」だと考えています。ビッツは通信に、ワッツはエネルギーに言い換え、モビリティはそのままとしました。これら3つは、産業革命以後の世界を牽引してきた産業です。

孫社長は、AI群戦略ということで、様々な産業の多種多様な企業に投資を行っていますが、こだわりをもっているのは、モビリティ、通信、エネルギーの3つの産業であり、この3つが、ソフトバンクグループの産業戦略における中核産業だと筆者は考えています。

AI群戦略と、モビリティ、通信、エネルギーの3つを中核とした産業戦略は、大きなシナジーをもっています。なぜなら、AIはすべての産業に大きな影響を及ぼす存在で、これら3つの産業とも特に深い関わりがあるからです。

つまり、ＡＩ群戦略は「ＡＩ×様々な産業」であり、あらゆる産業がその対象となりますが、そのなかでも、ソフトバンクグループの産業戦略の中心となる重要な産業は、モビリティと通信、エネルギーの３つであるということです。

アリババは、「ニューリテール」や「ニューロジスティックス」「ニューマニュファクチャリング」といった言葉を使って、新しい小売り、新しい物流、新しいモノづくりを表現しています。

ソフトバンクグループは、戦略的持株会社として主に投資を行い、アリババよりも事業領域、投資領域が広いため、新しい産業――ニューインダストリーとしました。

◆産業戦略の土台となるＡＩ群戦略

そして、これらモビリティ、通信、エネルギーの３つの産業を中核とした「ソフトバンクグループが描く産業政策の未来」を表したのが次ページの図表33になります。

ソフトバンクグループは、「ビッツ・ワッツ・モビリティのゴールデントライアングルのなかで、プラットフォーマー＆サービスプロバイダーを目指す」と標榜《ひょうぼう》していますの

図表33　ソフトバンクグループが描く産業政策の未来

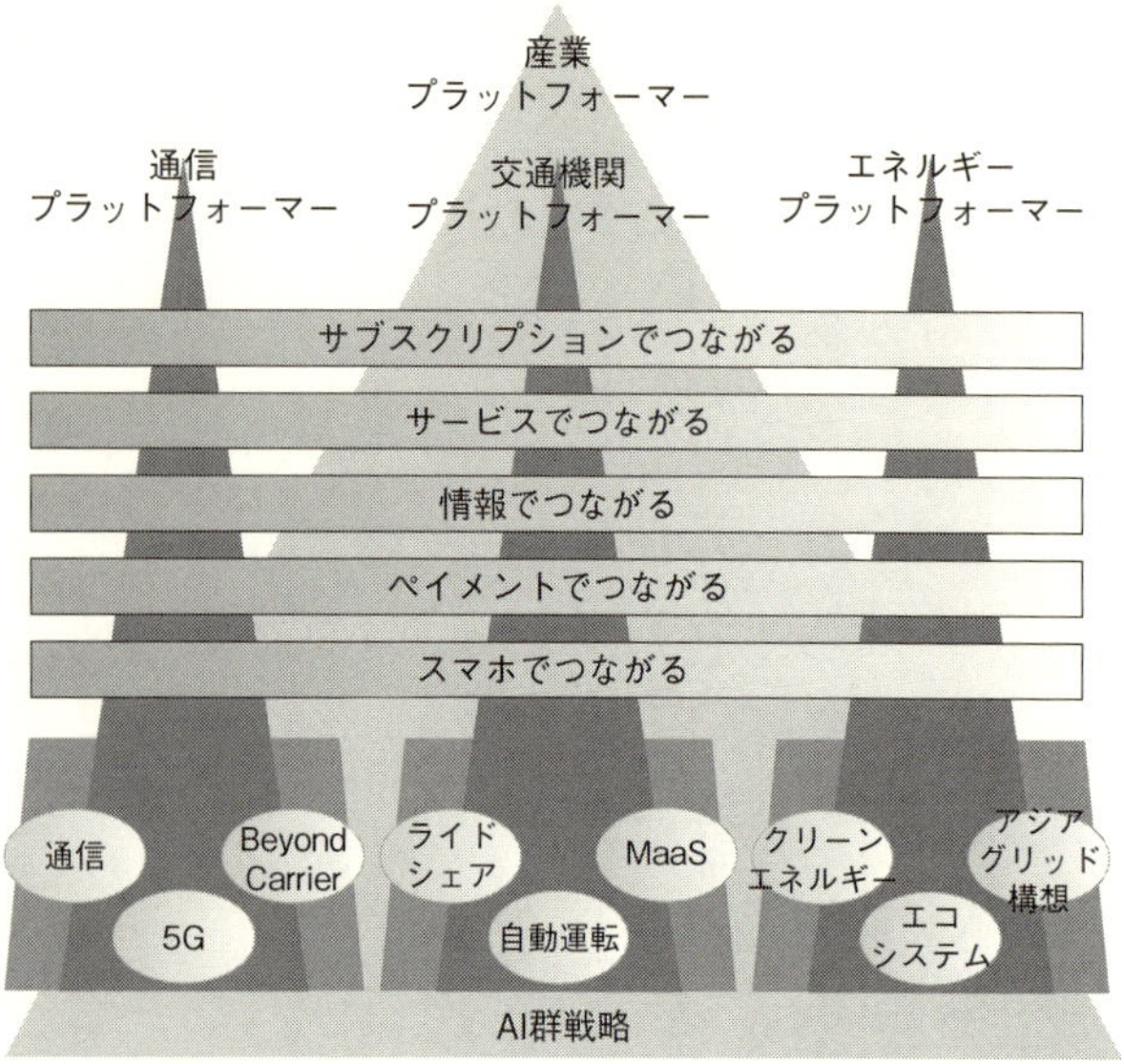

で、それぞれ「交通機関プラットフォーマー」「通信プラットフォーマー」「エネルギープラットフォーマー」としました。

プラットフォームとはもともとは台、土台、基盤などの意味。プラットフォーマーとは、「ビジネスや情報通信を行うに際して基盤となるような製品・サービス・システムを第三者に提供する事業者」のことです。モビリティを交通機関に置き換えたのは、孫社長が決算説明会などで、この交通機関プラットフォーマーという言葉を使っているからです。

これら3つの産業の進化に大きな影響を与えるのがＡＩですから、ＡＩ群戦略が産業戦略の土台となることがわかります。

通信プラットフォーマー分野で注目したいのは、「通信」そのものはもちろん、「５Ｇ」という新しい通信技術、通信環境であり、通信事業者としてのソフトバンクが標榜する「ビヨンド・キャリア（Beyond Carrier）」です。

交通機関プラットフォーマー分野で注目されるのが、やはり「ライドシェア」で、世界のライドシェア最大手であるウーバー、ディディ（滴滴出行）、グラブ、オラ（ＡＮＩテクノロジーズ）にソフトバンクグループは投資を行っており、４社で世界のマーケットシェアの８割、９割を占めるとも言われています。

それに加えて、「自動運転」では、米ＧＭの子会社、ＧＭクルーズとソフトバンクグループが２０１８年5月に提携し、ソフトバンク・ビジョン・ファンドが22億５０００万ドルを出資しています。

「ＭａａＳ（Mobility as a Service）」と呼ばれるモビリティサービス全般についても、交通機関プラットフォーマーとしてソフトバンクグループがどう取り組んでいくのか注目されています。

エネルギープラットフォーマー分野で注目したいのは、２０１１年3月11日の東日本大震災と福島第一原子力発電所の事故以来、本格的に取り組んでいる「クリーンエネルギー」です。そのクリーンエネルギーによる発電や送電、蓄電などをトータルにスマートコントロールする「エコシステム」をつくろうとしている点も注目です。

さらに、そのエコシステムをアジア全体に拡大する「アジアスーパーグリッド構想」という壮大な構想もソフトバンクグループは掲げています。

それぞれの詳細は、のちほど詳しく見ていきます。

◆交通機関も、通信も、エネルギーも使い放題？

ソフトバンクグループが、通信プラットフォーマー、交通機関プラットフォーマー、エネルギープラットフォーマーという3つの産業のプラットフォーマーとなれば、それはソフトバンクグループが社会システム全般のプラットフォーマーと化すことにもなります。

さらに、これら3つの産業は単独で進化していくわけではなく、相互に連携しながら、つながりながらニューインダストリーとなっていくことが予想されます。

まず、「スマートフォン（スマホ）でつながり」、スマホでいろいろな操作ができ、スマホから多種多様なサービスを受けられるようになります。

次に、「ペイメントでつながり」「情報でつながり」ます。それから「サービスでつながり」「サブスクリプションでもつながる」ことになるでしょう。ありとあらゆるものが、産業を超えてつながるようになるのです。

たとえばアメリカでは、自動車を基点として、航空機、鉄道、地下鉄、バスなどのトランスポーテーションの手段をすべてネットワークしてくれることを期待して、ライドシェア企業を「トランスポーテーション・ネットワーク・カンパニー」と呼ぶことがあります。

実際、ディディはこのトランスポーテーション・ネットワーク・カンパニーという概念の実用化に2017年4月から取り組んでおり、スマホのアプリでクルマを呼ぶだけでなく、電車やバスなどの公共交通機関と組み合わせた移動パターンの提案なども行っています。もちろん、ペイメントもスマホのアプリで行えます。

今後は、トランスポーテーション以外の様々なサービスのネットワーキングが強化され、サブスクリプションのような定額サービスとも融合し、ディディが生活全体のプラットフォームに化けていくのではないかと予想しています。たとえば、月額5万円を支払うだけで、色々な交通機関に乗れるだけでなく、様々なサービスを受けられるようになるかもしれません。

ソフトバンクグループであれば、ディディよりも幅広く事業領域を展開していますから、モビリティ、通信、エネルギーのプラットフォーマーとなれば、たとえばですが、定額の利用料で、交通機関も、通信も、エネルギーも全部使い放題といったサブスクリプションを実現できる可能性が十二分にあるのです。


このようにソフトバンクグループは、通信事業からモビリティ事業やエネルギー事業へと産業を超えて進出する戦略を実行していますが、こうした別の産業に進出する戦略を実行しているのは、ソフトバンクグループに限ったことではありません。

孫社長は、ＡＩによってすべての産業が再定義されると述べましたが、まさにすべての産業の秩序と領域を定義し直す戦いが始まっています。

次項から、いよいよソフトバンクグループの通信プラットフォーマー、交通機関プラットフォーマー、エネルギープラットフォーマーへの具体的な取り組みを見ていきましょう。

②通信プラットフォーマー

◆通信事業者としてのソフトバンクの戦略

通信事業者であるソフトバンクの２０１９年３月期年度決算の売上高は３兆７４６３億円（前年比５％増）、営業利益は７１９５億円（前年比13％増）で、どちらも過去最高となり、好業績を維持しています。

スマートフォンの累計回線契約数は、２２０８万件（前年比10％増）とこちらも順調に伸びています。ソフトバンクは、「ソフトバンク」ブランド以外に、ライトユーザー向けの「ワイモバイル」「ＬＩＮＥモバイル」ブランドがあり、それぞれの特徴を活かして顧客の拡大を図るマルチブランド戦略が功を奏しています。

また、「１億総スマホ」の実現に向けて、「スマホデビュープラン」を発表するなど、

「大容量」「ライトユース」「スマホデビュー」の3つの戦略により、モバイル通信サービスにおける高い競争力を維持しています。

ヤフーを連結子会社化しましたが、これはヤフーの成長を加速し、シナジーを最大化するためです。ヤフーは、100を超えるサービスを展開しており、利用者数は約9000万人。これらのビッグデータを活用した新しいサービス、新しいビジネスを行うこともソフトバンクがヤフーを連結子会社にした目的でしょう。

特に、スマホ決済サービス「ペイペイ」を、決済アプリから「スーパーアプリ」へと進化させ、さらには「スーパーアプリ経済圏」とでも呼ぶべきプラットフォームやエコシステムをいかに構築していくかが重要になります。この点については第2章で詳述しましたので、詳細についてはそちらを再読ください。

また、ソフトバンクグループのAI群戦略の投資先であるユニコーンとの日本での協業による新領域の拡大にも、ソフトバンクは力を入れています。

ウィーワークは、海外では苦戦しているものの日本国内ではソフトバンクが法人営業を主導しており、現在1万7000人のメンバーを今後1年で3万人程度まで増やすとしています。2018年9月に大阪でサービスを開始したディディも、現在では東京、北海道、沖縄などの16都道府県にて展開中です。オヨとも合弁会社を設立し、日本での不動産事業にも本格参入しています。期待と注意が必要な事業でもあります。

◆5G実用化に向けた取り組み

ソフトバンクは、第5世代移動通信システム「5G」の実用化に向けて、様々な研究開発に取り組んでいます。

5Gの特長としては、「超高速」「大容量」「超低遅延」「多数同時接続」「高信頼」などが挙げられ、日本でも2020年の東京オリンピック・パラリンピックを機に、実用化が進むと期待されています。

インターネットにあらゆるモノやデバイスが接続されるIoT時代においては、既存の通信規格である3Gや4Gでは性能面でとても追いつきません。この点、最大データ通信速度は4Gが1ギガビット/秒であるのに対し、5Gは20ギガビット/秒。遅延時間は、4Gは10ミリ秒であるのに対し、5Gは1ミリ秒。同時接続数は、4Gが1㎢当たり10万台であるのに対し、5Gでは100万台。つまり5Gは、4Gと比べて「20倍の速さ」

「10分の1の遅延」「10倍の接続可能数」をもつわけです。ユーザーの体感速度は、4Gの100倍にもなると言われます。

では、ソフトバンクが5G実用化に向けて実際にどのような取り組みを行っているのか、同社サイトに掲載されている具体的な事例を3つ紹介しましょう。

＊ロボットアームの遠隔操作

5Gは、リアルタイムな遠隔操作を可能にします。例えば、現地のロボットアームの映像をモニターに投影し、遠隔地でその映像を見ながら操作アームを操作することで、現地のロボットアームを操作します。さらにこの操作アームに力触覚を搭載することで、遠隔の操作でも硬さや柔らかさなどが伝わり、より精度の高い作業を行うことができるようになります。

＊大容量のVRコンテンツをリアルタイム配信

5Gは「大容量」のデータを「超低遅延」で伝送することができます。例えば、8KのVR用映像を遠隔でスムーズに伝送することができ、自宅にいながらでもスポーツやコンサートを会場にいるような臨場感で体験することができるようになります。５Ｇは「視聴体験」の未来を大きく変える可能性があります。

＊リアルタイム導線分析

５Ｇの特長である「大容量」と「超低遅延」、さらに「ＭＥＣ（Multi-access Edge Computing)」という技術を活用することにより、人の導線の解析をネットワーク上でできるようになります。例えば、カメラの映像から人の姿勢や位置情報、年齢や性別を読み取り、リアルタイムにデータ化して分析することができるようになります。この技術を活用することで、小売店でどのような属性の顧客がどの商品に興味があるのかなどの分析を行うことができるようになります。

◆５Ｇへとつながる通信30年史

ここで5Ｇに至るまでの通信の歴史を、ソフトバンクグループの長年にわたってのアニュアル・レポートやコーポレートサイトでの膨大な資料などをもとに振り返ってみたいと思います。

まず、固定電話が当たり前だった１９８０年代、自動車電話や肩から掛けるバッグのようなショルダーフォンなど、外で使える電話が登場します。携帯とは呼べないほど大きなもので、利用用途はビジネスが中心でした。これが「１G」の時代です。

１９９０年代になると、インターネットが登場しますが、最初は電話回線によるダイヤルアップ接続だったため、電話とインターネットは同時に利用できませんでした。「ピー・ヒャラララ」という独特の音を覚えている人もいるかもしれません。当時の通信速度は「56ｋｂｐｓ」。１ＭＢの写真をアップロードするのに、約3分かかりました。

１９９３年頃から電話回線がアナログからデジタルへと切り替わり、パソコンの普及とともにインターネットもオフィスや家庭に普及し始めます。携帯電話が登場したのもこの頃。デジタル通信などが可能になった「２G」の時代の通信速度は「64ｋｂｐｓ」でした。

１９９５年、「Ｗｉｎｄｏｗｓ95」が発売されたことで、パソコンとインターネットの普及が急速、かつ本格的に進み始めます。ヤフー・ジャパンが設立され、サービスを開始したのが、翌年の１９９６年です。

１９９９年頃から、常時接続が可能となるＡＤＳＬ（Asymmetric Digital Subscriber

Line：非対称デジタル加入者線）が普及し始めます。ブロードバンド時代が幕を開け、固定通信の通信速度は「512k〜50Mbps」となり、写真の送受信が当たり前になりました。この当時の国内インターネット普及率は、21・4％です。

2000年になると、グーグルやアマゾンが日本でサービスを開始し、翌2001年にはソフトバンクが「ヤフーBB」のサービスを開始しました。またこの頃、「3G」、モバイルデータ通信時代が幕を開けます。通信速度は「384kbps」以上となり、最大は「42Mbps」でした。

光ファイバーによる光通信サービスが普及し始めるのが2003年。通信速度は最大で「1Gbps」になり、国内のインターネット普及率もグッと上がり、64・3％になります。

ユーチューブのサービス開始が2005年、フェイスブックとツイッターのサービス開始が2008年です。「アイフォン3G」が日本でソフトバンクから発売されたのもこの年です。

2010年になると「3・9G」と呼ばれる3Gを高度化したシステムが普及したことで高速モバイル通信が可能となります。通信速度が「37・5M〜150Mbps」と固定通信のADSL並みになり、固定とモバイルの通信速度の差が縮まりました。

「4G」となったのは2014年。キャリアアグリゲーションなどの様々な拡張技術によって、通信速度「150M〜約1Gbps」という超高速モバイル通信が可能となりました。

そして、2020年、いよいよ5Gの時代がやってきます。

◆ソフトバンクが起こした2つのパラダイムシフト

こうして通信の歴史を振り返ってみると、ソフトバンクが固定通信とモバイル通信において一度ずつ、2つのパラダイムシフトを起こしたことがわかります。1つが、ヤフーBBによる固定通信におけるブロードバンドの価格破壊。もう1つが、アイフォンによるモバイル通信における携帯電話からスマホへのシフトです。

「ソフトバンクにとってまさに桶狭間の戦いだった」

孫社長が、後にこう振り返ったように、ヤフーBBによるブロードバンド事業への参入は、巨大通信企業NTTを相手にした、無謀とも言える戦いでした。

孫社長は当時、日本のインターネットは先進国の中で最も遅くて最も高いと考えており、それを「恥ずかしい」とさえ感じていました。もちろん、最初はNTTと戦うのではなく、ＮＴＴとともにＡＤＳＬを普及させようと、ＮＴＴの宮津純一郎社長（当時）に直談判まで試みましたが、色よい返事は得られませんでした。

ＮＴＴは、光ファイバーこそがブロードバンドの本命だと考えていたため、ＡＤＳＬの普及には消極的だったのです。

これに業《ごう》を煮やした孫社長が、ＡＤＳＬ事業参入を決め、しかも価格破壊にも挑みます。

それまでＡＤＳＬの価格は、ＮＴＴ、イー・アクセスともに月額５０００円以上でしたが、ヤフーＢＢは月額２２８０円。通信速度もＮＴＴ東日本の１・５Ｍｂｐｓに対して、８Ｍｂｐｓと5倍以上。

さらに、街頭で通信モデムを無料配布するというキャンペーンを全国で展開。ヤフーカラーの赤と白のパラソルを街頭に立ててゲリラ的な宣伝を行う「パラソル部隊」が日本中に出現し、型破りなマーケティングだと話題になりました。

もう1つのパラダイムシフトが、「ガラケー」と呼ばれた携帯電話全盛期に、アイフォンを発売し、スマートフォンを日本に根づかせたことです。なぜソフトバンクがアイフォンの日本での独占販売が可能になったのかについては、第1章で述べた通りです。

アイフォンの発売日、孫社長は次のように宣言しました。

「今日は携帯電話がインターネットマシンとなる歴史的な日です」

このように、ソフトバンクは、ヤフーBBで固定通信においてパラダイムシフトを起こし、アイフォンでモバイル通信においてパラダイムシフトを起こしたのです。

◆「ビヨンド・キャリア」

ソフトバンクは、「ビヨンド・キャリア」というコンセプトを掲げており、「ソフトバンクを、超えろ。」とも言っています。キャリアは、一般的には電気通信事業者のことですから、その範疇《はんちゅう》にとどまらず、新しいビジネスに挑戦していこうということでしょう。

ソフトバンクは、通信事業を中心としたビジネスで情報社会をリードしてきましたが、これからは、先端技術を活用することで、通信事業を超えた新たなステージへ進んでいきたいという思いを込めた言葉が、ビヨンド・キャリアなのです。

ビヨンド・キャリアを実現するために重要となるのが成長戦略で、情報革命を新たなステージに進めるために「通信事業のさらなる成長」と「新規事業の創出」という2つの戦略を打ち出しています。

通信事業をさらに成長させるための取り組みには、次の４つがあります。

①マルチブランドでモバイル通信サービスを展開
②新たな魅力の提供
③ヤフーとの連携で独自サービスを
④次世代通信技術「５Ｇ」への取り組み

「マルチブランドでモバイル通信サービスを展開」は、ソフトバンク、ワイモバイル、ＬＩＮＥモバイルという３つのブランドの異なる特長をさらに発展させることで、これまで以上にお客様の多種多様なニーズに応えていくということでしょう。

「新たな魅力の提供」としては、毎月50ＧＢまでの大容量データ定額サービスに加え、動画やＳＮＳ（ソーシャル・ネットワーク・サービス）が使い放題になる「ウルトラギガモンスター＋（プラス）」や金曜日にクーポンがもらえる「スーパーフライデー」などを提供していますが、さらに顧客満足度の向上のため革新的なサービスを開発・提供していくことを目指しています。

「ヤフーとの連携で独自サービスを」は、ソフトバンクとワイモバイルのユーザーが、ヤフーの会員制サービス「ヤフープレミアム」を無料で利用できる特典など、ヤフーと連携するソフトバンクにしかできないサービスの開発・提供をさらに進めるということです。

「次世代通信技術『5G』への取り組み」は、先述した通り、高速で大容量、超低遅延の通信が可能になる5Gの実用化に向けて、AIやIoT、スマートカー、ロボットなどの先端技術を活かした新たなサービスを提供するために、技術開発や実証実験をさらに進めるとしています。

◆ソフトバンク独特の「新規事業創造」

2つ目の戦略として、「新規事業の創出」を打ち出していますが、ヤフーがそうであったように、海外で投資した企業と日本で合弁企業などを立ち上げて、海外の先進的なテクノロジーやビジネスモデルを日本に持ち込み、ゼロから事業を始めるということを、ソフトバンクはこれまでに幾度となくやってきました。

ソフトバンクの優秀な人材が合弁企業に移り、中心となって事業を立ち上げ、成長させていく、これはソフトバンク独特のビジネスのやり方です。

こうしたビジネスのやり方を「タイムマシン経営」と標榜し、以前はアメリカで情報を収集し、有望なベンチャーに投資を行い、成功しつつある先進的なテクノロジーやビジネスモデルを日本で先行して事業化することが多かったのですが、最近は、中国やインドの先進的なテクノロジーやビジネスモデルを日本にもってきて事業を行うことも多くなっています。

本家アメリカのヤフーは経営難に陥り、通信大手のベライゾンに買収されてしまいましたが、日本のヤフーを傘下にもつZホールディングスは、約1・8兆円の時価総額（2019年11月下旬時点）があります。

ソフトバンクの新規事業のやり方については、「副社長直伝。ソフトバンク『新規事業創造』のリアル」という記事が、ソフトバンクのビジネス・ウェブ・マガジンにあります。

副社長とは、副社長執行役員兼COOの今井康之氏。今井氏は2000年に鹿島建設からソフトバンクに参画して以来、主に法人営業部隊を統率してきました。その今井氏によれば、ソフトバンクの新規事業には経営視点と現場視点の2つの側面があると言います。

「まず経営者視点について言いますと、ビジョンを描き、それを発信し続けることが、経営者に欠かせない条件。孫会長は『情報革命で人々を幸せに』という経営理念を、社員、株主、パートナーにきちんと伝えていく作業を、常日頃から行っています」（2019年2月22日掲載 ソフトバンクのビジネスWEBマガジンFUTURE STRIDE「副社長直伝。ソフトバンク『新規事業創造』のリアル」より）

ソフトバンクでは、孫社長や経営陣の想いが社員にきちんと伝わっているか、社員が経営理念に共感できているかをチェックするために従業員満足度調査も行っています。

逆に、現場の社員たちの声が孫社長や経営陣に伝わるまでに、「悪い話が抜け落ちて、良い話だけになってしまうことが数多くある」ことから、フラットな環境でトップと情報共有することにも力を入れていると言います。

そして、新規事業における現場視点として、重要なポイントを3つ挙げています。

1つ目は、「新しいサービスやツールを、どこよりも早く、社員自らが徹底的に使い倒すこと」で、そうすることでお客様よりも先に不具合やトラブルを社員自らが体験し、それらを改善することでソフトバンクのサービス、ソフトバンクの製品がより良いものになるのです。

2つ目は、「成功モデルを一気に横展開すること」で、小さな規模でスタートした新規事業を実際に行うなかで、数字として確証が得られた成功モデルを見つけ出し、それだけを一気に横展開することが大事になります。

３つ目としては、「停滞期を見越した対策」を挙げており、成長を遂げたあとには必ず「踊り場」がやってきますが、この踊り場が来る前に、踊り場に備えて、いかに差別化要素をつくるか、そのための組織をどうつくるかが一番重要になると言います。

また、これまで様々なパートナーと一緒に新規事業を行う際にこだわってきたのが、ビジネスモデルの内製化でした。

「どんなビジネスを作り上げるのかということを、自ら捉えて体感し、実際の形に仕上げていかなければ、絶対に成功しません。ソフトバンクでは今までもずっとそうでしたが、ビジネスモデルの内製化にこだわりました。そして、約４００件のビジネスアイデアを集めることができましたが、そのうちビジネスモデルが成立しているのは35件。今、事業としてローンチしているのが２パーセント程度です」（前掲記事）

タイムマシン経営で、海外で成功したビジネスモデルをそのまま日本にもってくれば成功するわけではないことが、よくわかります。新規事業を成功させるためには、自分たちのサービス、自分たちの製品、自分たちの事業にすることが何よりも大切なのです。

③交通機関プラットフォーマー

◆「ライドシェア＝白タク」は誤解

ソフトバンクグループが、交通機関プラットフォーマーとなるために注目すべき点は、3つあります。それが、ライドシェアと自動運転、ＭａａＳです。それぞれ詳しく見ていきましょう。

まずライドシェアですが、ソフトバンクグループは、アメリカからヨーロッパ、南米、アフリカ、オセアニアと世界各地に進出するウーバー、中国のディディ、インドのオラ（ＡＮＩテクノロジーズ）、東南アジアのグラブという、それぞれの地域ナンバーワン・ライドシェア企業に投資を行っています。その世界シェアは、8割とも9割とも言われています。

　このように世界ではどんどんサービスが広がっているライドシェアですが、日本では規制が厳しく、まだ本格的なライドシェアサービスは事業化されていません。

　日本では、営業許可なく一般人が自家用車でタクシー業務を行う「白タク」＝ライドシェアという誤解が根強くあります。しかし、これではライドシェアの本質を根本から見誤ることになり、注意が必要です。

　ライドシェア企業は、テクノロジー企業であり、「ビッグデータ×AI」企業であり、さらに、都市デザインを変革するという高いビジョンも掲げています。

　アメリカや中国ではライドシェアの社会実装が進み、アメリカなら「タクシーよりもウーバー」が常識となりました。

　では、ライドシェアとは何かと言えば、モビリティをサービスとして提供するMaaSの1つで、自家用車を「相乗り」――シェアリングする仕組みのことです。一般人が自分の空いている時間とクルマを使って、移動したい人を運び、料金をインターネット上で受け取ります。乗車した人は、スマホのアプリで簡単に決済でき、SNSでドライバーを評価します。

　ライドシェアを理解するためには、「シェアリング」という概念をしっかりと理解する必要があります。シェアリングとは、モノやサービスを共有する仕組みであり、P2Pで行われることが多いのが特徴です。

取引の際には、インターネット上のプラットフォームを活用しますが、その取引を成立させるには、SNS上の評価システムが欠かせません。SNS上に利用者からのレビューなどによる「信用」が蓄積され、これをもとに取引が成立するからです。SNS上のレーティングやレビューシステムを通じて新しい信用構造が生まれているという点が、極めて重要なポイントです。

タクシーとの違いは、国や地域によってはタクシー免許をもたないドライバーによるサービス提供が行われていることと、スマホのアプリでクルマを呼び出すオンデマンド型サービスであることです。

シェアリングには、モノやサービスの稼働率を上げることで、社会全体の生産性を向上させる側面があります。従来の「モノを所有する」世界では、クルマの利用者はほぼ所有者に限られるため、稼働率も限定的でした。一方、「モノをシェアする」世界では、利用者は不特定多数なため、稼働率が向上します。

自動車の稼働率は、日本で2~3%、世界でも5%前後と言われています。この遊休資産であるクルマをシェアリングで稼働させることができれば、社会全体の生産性も底上げできるというわけです。

また、Ｐ２Ｐの取引が主体となるため、既存の参入障壁を打ち破るというディスラプティブ（破壊的）な側面もあります。各地でタクシー業界がウーバーに抗議行動を行っているのは、その表れの１つで、シェアリングサービスは、法規制や既存プレイヤーとの軋《あつ》轢《れき》、賛否両論の対象になりやすいのです。

ちなみに、ライドシェアと似て非なるものにカーシェアがあります。こちらは、事業者が保有するクルマをあらかじめ登録しているメンバーに貸し出す仕組みで、クルマ（カー）をシェアするサービスです。

◆ライドシェアの仕組み

次に、ライドシェアの仕組みについて具体的に見ていきましょう。

まず、ウーバーやディディなど、プラットフォームを運営する企業は、クルマを所有せず、運転手も雇用していません。その代わり、モノやサービスの提供者であるドライバー、タクシー会社などと、その購入者である乗客を仲介します。これが大まかな仕組みです。

乗客はスマホに専用アプリをインストールし、名前やクレジットカード情報、電話番号などを事前に登録しておきます。配車を依頼するときは、アプリを立ち上げ、近くにいるクルマを検索し、連絡を入れます。このとき、アプリにはドライバーの名前や車種、過去の評価などが表示されます。乗車し、目的地に着いてクルマを降りたら、登録済みのクレジットカードで決済します。

ドライバーは、配車の依頼をアプリ上で「承認（アクセプト）」することで受注します。承認前にわかるのは、乗車地までの距離や現地到着までの予測時間などで、承認すると乗客の名前や行き先が明らかになります。

料金は、たとえばサンフランシスコでのウーバーの利用料金は、タクシーの7割ほどとされていますが、ダイナミックプライシングで、需要が多い時間や地域では基準値よりも高くなる仕組みになっています。

乗客は降車後、アプリを通じてドライバーの運転技術や接客などを詳細に評価します。これが口コミになるため、評価が低いドライバーは乗客から敬遠されることになります。

図表34　ライドシェアの仕組み

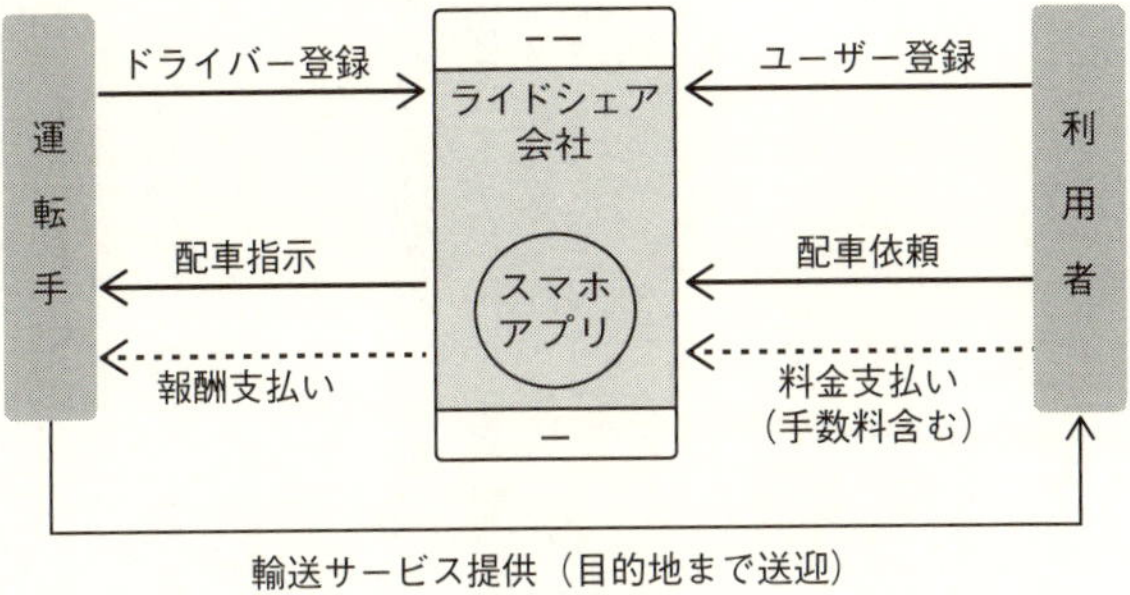

また、ドライバーも、乗客のマナーなどを評価することができます。

乗客にとってライドシェアがありがたいのは、配車から評価までをスマホで完結できる手軽さです。アプリを開いて目的地を指定すれば、料金の目安やルート、所要時間がわかり、あとはクルマを選んで配車を依頼するだけです。クレジットカードを登録しているため、財布を取り出す必要もありません。

世界中でライドシェアサービスが急拡大している要因の１つが、この乗客の利便性の高さにあります。

それでは、世界のライドシェアの市場規模はどのくらいなのでしょうか。楽天の三木谷浩史社長が代表理事を務める新経済連盟のレポートによれば、ライドシェアの世界全体の市場規模は２０１５年時点で約１兆６５００億円ですが、２０２０年までに倍増すると推計しています。つまり、ライドシェアは、３兆円市場に成長する見通しなのです。

◆なぜ次々とライドシェア企業へ投資を行ったのか？

ここで、ソフトバンクグループのライドシェア企業への投資を振り返ってみましょう。

最初に投資を行ったのは、インドでオラを運営するＡＮＩテクノロジーズに対してでした。２０１４年10月に、総額2億１０００万ドルの出資を行い、筆頭株主になります。

この投資を主導したのが、インド人のニケシュ・アローラ氏です。２０１４年9月にソフトバンクグループ入りしてすぐに、それまでに培っていたインド人脈を駆使して、投資をまとめました。

オラに続いて投資したのが、シンガポールのマイタクシーで、２０１４年12月に2億５０００万ドルを出資して筆頭株主になりました。マイタクシーは、その後、サービスブランド名であったグラブを社名にします。

インド、東南アジアの次にソフトバンクグループが投資を行ったのが、中国。２０１５年1月にアリババらと共同で6億ドルを出資した快的打車が、その1カ月後に滴滴打車と合併し、中国最大のタクシー配車サービス企業ディディ（滴滴出行）となります。
そして、ソフトバンクグループが、ウーバーの発行済み株式の約15％を77億ドルで買い取ることにウーバーと合意したのが2017年12月で、翌2018年1月に株式を取得し、筆頭株主となりました。

孫社長はなぜ、ここまで次々とライドシェア企業へ投資を行ったのでしょうか。それは、ライドシェア企業が次世代のモビリティの覇権を握ると考えたからだと筆者は見ています。

自動運転技術の研究開発は日進月歩ですが、自動運転が実現した際、最初に導入されるのはバスやタクシーといった商用車で、自家用車より先に自動運転車となることはほぼ間違いありません。

なぜなら、自動運転車は当初高コストとなるため、高い稼働率でそれを吸収できるライドシェアから入るのが定石と考えられているからです。完全自動運転車が完成しても、一般の人には手が出しにくい高価格となる可能性が高いのです。しかし、ライドシェアであれば、自動運転車が高価格でも事業として採算がとれると見込まれています。

自動運転車によるライドシェアが実現すれば、現在、ドライバーに支払っているコストがなくなるだけでなく、さらに効率的な配車と移動が可能になり、乗客のメリットが高まるだけでなく、ライドシェア企業の収益性も高まります。

つまり、ライドシェア企業が交通機関プラットフォーマーとなる可能性が高いと考えられるからこそ、孫社長は、世界のマーケットシェアの8割とも9割とも言われるまで、ライドシェア企業に投資を行ったというのが筆者の見方です。

孫社長は、4社合計の売上規模、取り扱い規模は2019年1－3月をもとに年換算すると、すでに11兆円を超えており、世界で1日当たり約7000万人が活用するまでになっていると言います。

もちろん、自動車メーカーも、自動運転技術を研究開発している企業も、交通機関プラットフォーマーを目指していますから、どの企業が交通機関プラットフォーマーとなるかは、まだ誰にもわかりません。

孫社長もそれは先刻承知していますから、トヨタとも提携しましたし、GMクルーズにも投資を行っています。

◆シェアリングエコノミーの代表的企業、ウーバーの筆頭株主に

それでは、ソフトバンクグループが投資を行っているライドシェア企業4社について、それぞれ詳しく見ていきます。

最初は、ライドシェア業界の雄、ウーバーです。ウーバーの正式な会社名は、ウーバー・テクノロジーズ。アメリカ・カリフォルニア州サンフランシスコに本社があります。創業は、2009年3月。創業者は、トラビス・カラニック氏とギャレット・キャンプ氏です。

ウーバーは、ライドシェアのみならず、シェアリングエコノミーの代名詞となっている企業です。しかし、創業者のカラニック氏が率いていた時代のウーバーは、「野蛮」な事業展開で知られており、安全管理責任や旅客運送法を回避する手法が批判され、世界中で提訴や行政処分を受けていました。法令違反もお構いなしの拡大戦略をとることで、企業価値7兆円という桁違いの成功を収めることができたとも言えそうですが、批判の声は絶えませんでした。

ライドシェア企業の本質は、白タクではなく、テクノロジー企業だと先述しましたが、

当初のウーバーは白タク的な無謀なやり方でシェアを広げてきたのです。

本業以外でも、従業員のセクハラ問題やドラッグの使用での解雇などが続きました。カラニック氏自身が、ウーバーのドライバーと運賃値下げを巡って口論する様子がネットに流出したこともあります。

「ウーバーを削除しよう」というハッシュタグがツイッター上に飛び交ったときは、約40万人がウーバーのアプリを削除しました。こうした不祥事の責任をとるかたちで、2017年6月、カラニック氏はついにCEOを辞任することになります。

現在、ウーバーを率いているのは、旅行サイト世界最大手のエクスペディアの元CEO、ダラ・コスロシャヒ氏です。1969年、イランで生まれ、1979年のイラン革命後、家族と共にアメリカに移住。2005年からエクスペディアのCEOを務め、21億ドルだった売上を2016年には87億ドルと、4倍超にまで伸ばした実績があります。

コスロシャヒ氏のキャラクターは、カラニック氏とは反対に穏やかで、CEO交代以後のウーバーは各国の法律や規制に合わせるかたちで事業を展開。反発されることが多かったタクシー業界とも手を組むことが増えています。

ソフトバンクグループが筆頭株主となってからのウーバーは、規模拡大から経営効率や生産性をより重視する経営へと舵を切り、中国、ロシアに続いて、東南アジア事業をグラブに売却するなど、苦戦を強いられてきた新興国市場からは撤退し始めています。

◆ウーバーは６四半期連続赤字で株価も低迷、鍵は自動運転の実現

また、ウーバーの主力事業はライドシェアですが、それ以外にも様々なサービスを提供しています。たとえば、２０１５年にオンデマンド配達サービスの「ウーバーラッシュ」、２０１７年には運送トラック配車サービス「ウーバーフレイト」をリリースしました。日本でも、タクシーの配車サービス以外に、登録しているレストランなどの料理を一般人である「配達パートナー」が運ぶ「ウーバーイーツ」を展開しています。

ウーバーのプラットフォームを使う月間アクティブユーザーは、63カ国で９１００万人にものぼっています（２０１８年末時点、２０１９年4月11日付ＩＰＯ目論見書『FORM S-1』より）。

特に指摘しておきたいのは、ウーバーもまた、他のライドシェア企業と同様、テクノロジー企業であり、「ビッグデータ×ＡＩ」企業であるという事実です。ウーバーは、機械

学習プラットフォーム「ミケランジェロ」を構築し、誰もがＡＩを活用できるよう、社内の開発環境を整備しています。

ＡＩ活用の１つの例が、「ウーバープール」です。これは、同じ方面に向かう他のユーザーと相乗りすることで、低料金で乗車できるサービスですが、このサービスを運営するには、正確な到着時間を予測して、どのユーザーを相乗りさせるか、スムーズに算出しなければなりません。ウーバーはここにＡＩを用いた独自の経路検索エンジンを活用しているのです。

ウーバーは、２０１９年5月にニューヨーク証券取引所に上場しました。初値は、公開価格45ドルを下回る42ドルで、初値で計算した時価総額は約７６０億ドル（約８兆円）。ただ、その後、株価は26ドル台まで約40％下落（同年11月）し、時価総額も約４５０億ドルに減少しました。これは、売上高と月間アクティブユーザー数は増加しているものの、同年9月期まで６四半期連続で最終赤字を計上していることに対して、投資家が懸念を抱いているためでしょう。

２０１９年11月6日に発表された、ソフトバンクグループの２０２０年3月期の第２四半期決算短信でも、ソフトバンク・ビジョン・ファンドの投資先であるウーバーの公正価値減少による未実現評価損失を計上したことが明記されています（金額については未公表）。

特に２０１９年９月期決算（１月から９月までの９ヶ月間）を見ると、売上高１００億７８００万ドルに対して売上原価52億８１００万ドル、販売管理費やR＆Dなどの営業費用１２４億２２００万ドルで、76億２５００万ドルの営業損失が出ています。売上原価には保険費用やデータセンター費用が含まれていますが、大きな部分を占めると思われるのがドライバーへのインセンティブなど人件費です。

ウーバーが現行のビジネスモデルのまま成長を続けるなら、変動費である人件費も伸び続けるでしょう。そうすると、原価率を下げてコスト構造を改善するのは難しいのではないでしょうか。また、現在ドライバーは個人事業主の位置付けですが、従業員扱いになれば人件費はさらに高くなることも予想されます。

そこで、期待されるのが自動運転です。ウーバーは、２０１５年から自動運転技術の研究開発に着手し、現在は自動運転部門をスピンアウトさせたATG（Advanced Technologies Group）で自動運転の研究開発や実証実験を進めています。

自動運転の事業化が実現すれば、まず、売上原価の大きな部分を占める人件費を大幅に削減することができます。自動運転では「ビッグデータ×ＡＩ」、クラウド・コンピューティング、データセンターなどが重要となってきますが、それらの費用は人件費に比べれば小さいうえ、固定費化されることで規模拡大に伴ってその単位コストも低下していくでしょう。

つまり、有人のドライバーから自動運転にとって代われば、コスト構造を圧迫する主な原因であった原価率を低くして、収益性を高めることができるのです。

さらに、ライドシェア企業の枠を超えてトランスポート・ネットワーク・カンパニーとして、ＭａａＳ（モビリティ・アズ・ア・サービス）によって大きな付加価値を生み出すという成長にも期待できます。ウーバーの収益性や成長性は、法制度の整備なども含めた自動運転の実現にかかっている、と言っても過言ではないのです。

一方で、ウーバーのプラットフォームと収益性・成長性の関係について、ネガティブな側面も指摘する必要があります。それは、ウーバーのプラットフォームは「規模の経済」が効きにくい構造になっているということです。

「規模の経済」とは、規模が大きくなればなるほどより低い単位コストでサービスを提供できるようになる、スケールメリットを活かした事業活動により成長を図ることができるというもの。

つまり、「規模の経済」を効かすことによって収益性・成長性が確保されていきます。プラットフォーマーは、その土台・基盤の上により多くの顧客を獲得し、より多くの商品・サービスを提供することで、「規模の経済」を効かせながら収益をあげ成長していきます。

ウーバーの主力事業のライドシェアは、グローバルに提供されるオンライン・サービスとは異なり、地域毎に提供されることになります。自動運転が実現したとしても、地域毎に見れば、事業規模や顧客数が限定されることで単位コストの低下が効きにくい、スケールメリットを活かしきれない状況となるのです。また、限られた地域で競争することにもなり、プラットフォーマーとしての総合力を十分には発揮できないようにも思えます。このような観点からも、ウーバーの収益性・成長性を見ていく必要があるでしょう。

◆三大IT企業から支援される中国市場の覇者ディディ

次は、世界最大の中国市場で圧倒的な存在となったディディ。その正式な会社名は、滴滴出行（ディディチューシン）で、中国の北京市に本社があり、創業は2012年6月です。創業者は程維（チェン・ウェイ）氏で、小桔科技（オレンジ・テクノロジー）を設立し、配車サービスアプリ「滴滴打車」を始めました。

2013年、ゴールドマンサックス出身の柳青（ジーン・リウ）氏がCOO（最高執行責任者）として入社し、翌年には社長となります。彼女はレノボ創業会長である柳伝志氏の娘ですが、レノボには入らず、ゴールドマンサックスに入社し、史上最年少でアジア太平洋地域の執行役員になります。ゴールドマンサックスでディディの担当となったのがきっかけで、程維CEOから直接ヘッドハンティングされて入社しました。

その後、テンセントの支援を受けていた滴滴打車と、アリババの支援を受けていた「快的打車」が合併し、社名が滴滴快的となり、2015年9月から現在の滴滴出行になります。

ソフトバンクグループが最初に出資したのは、アリババが支援していた快的打車でした。

また、２０１６年8月に、宿敵のライバルであったウーバーの中国事業を買収。あの傍若無人なウーバーに負けを認めさせ、中国市場から追い出すという偉業を成し遂げたあとは、中国の巨大ライドシェア市場は、ディディの独壇場となっています。

結果的に、テンセントが支援していた滴滴打車、アリババが支援していた快的打車、バイドゥが支援していたウーバーが１つになったことで、中国の三大ＩＴ企業から出資を受ける唯一の企業となりました。

このこともあり、筆者は、ディディが交通機関プラットフォーマーとなる可能性が十分にあると予想しています。なぜなら、都市デザインを変革するという使命感をもっているからです。ディディは、都市部で失われつつある交通システムを、シェアリングエコノミーを通じて補完するとともに、ライドシェアのプラットフォームを通じてありとあらゆるサービスを消費者に提供しようとしています。

これまでに蓄積してきた走行・移動のビッグデータを活用して小売や飲食へのコンサルティングサービスをすでに提供しているほか、「車内コンビニ」なども手掛け、ライドシェア企業がこれからサービスプロバイダーとして何ができるかを社会実験しています。

ディディでは、１日に2億キロメートルの走行データを収集し、４００億回のルート生成を行い、これらを約5000人ものエンジニアやデータサイエンティストが解析しています。AIによる需要予測の正確さは80%にもなるといいます。

2018年2月に正式発表された新しい交通システム「交通大脳」プロジェクトは、中国の交通管理当局と共同で行われ、自治体がもつ交通情報とディディが収集した交通データなどを統合してビッグデータを作成。これをベースにクラウドコンピューティングやAIを駆使することで、交通状況の予測と調整を行います。

単なるデータセンターではなく、データ中枢、分析中枢、コントロール中枢からなり、コントロール中枢はスマート信号機や監視カメラ、交通警察官の投入量までコントロールします。これまで20都市にスマート信号機を導入し、交通渋滞を約10%削減するといった実績をあげています。

日本においては、ソフトバンクとディディ・モビリティジャパンを設立し、2018年9月からタクシーの配車サービスを大阪で開始。その後、東京、京都、兵庫、福岡、北海道など16都道府県に広げています（2019年11月時点）。

日本以外にも、ブラジルやメキシコ、オーストラリアなどでもサービスを開始しており、中国を含めて世界各国での登録ドライバー数は3000万人以上、ユーザー数は約

5・5億人、1日の走行距離は前述したように約2億キロメートルにものぼります。これは世界最大規模で、ウーバーやグラブ、オラなどの移動サービス回数を足した数をディディ1社が凌ぐほどなのです。

「ソフトバンクワールド2018」に登壇した柳青社長は次のように述べています。

「この業界は、まだ揺籃期にあります。中国の消費者が車に支出する金額は1兆3000億ドルですが、Didiのネットワークを使った我々のプラットフォームで落としてくれるお金はその3パーセントに過ぎません。（中略）控えめに見ても、この5年間のあいだにトリップの数が年間100億回から500億回に伸びると思っています。（中略）

もっとも複雑で、厳しい市場である中国で、実際にAIテクノロジーを育てたということは、ほかの市場でもこれが使えるということであり、ほかのネットワーク同様に、この地球上のおよそ60パーセントの人口に、サービスを提供することができるようになります」（2018年8月9日掲載　logmiBiz　孫正義氏基調講演の中の柳青社長スピーチ「〝信号の変わるタイミングをAIで最適化すれば、渋滞はなくせる〟Didiが掲げる「交通プラットフォーム」思想とは」より）

いかがでしょうか。ディディは、中国で圧倒的なライドシェアのナンバーワン企業になりましたが、世界でもまた圧倒的なナンバーワンとなる可能性があるのです。

◆インドのオラと、東南アジアのグラブ

インドのバンガロールに本社があり、オラを運営するANIテクノロジーズの創業はディディよりも1年半ほど早く、2010年12月。ソフトバンクグループが投資を行ったのは、2014年10月で、2億1000万ドルを出資して筆頭株主になりました。

ANIテクノロジーズは現在、オラのサービス名でインド110都市とオーストラリアのシドニー、メルボルン、パースでも配車サービスを提供しています。インド市場では、ウーバーと人気を二分しており、熾烈な競争を行っています。

ソフトバンクグループにとっては、ライドシェア企業に対する最初の投資であったと同時に、モビリティ企業への最初の投資でもありました。主導したのがニケシュ・アローラ氏であったことは先述した通りです。

オラへの投資から2カ月後の2014年12月、ソフトバンクグループが2億5000万

ドルの出資を行ったのが、グラブに社名変更する前のマイタクシーでした。

創業者は、マレーシア人のアンソニー・タン氏とタン・ホーイ・リング氏で、２０１２年６月にマイタクシーを設立。マレーシアのクアラルンプールでタクシー配車サービスの提供を開始します。本社も当初はクアラルンプールでしたが、２０１４年にシンガポールに移し、東南アジアでのサービス展開を強化しました。

２０１３年８月にはフィリピンのマニラでグラブタクシーサービスの提供を開始し、同年10月にシンガポールとタイのバンコクで、２０１４年２月にベトナムのホーチミンで、同年６月にインドネシアのジャカルタで、同様のサービスを開始。この時点で、６カ国17都市でタクシー配車サービスを中心とした事業を展開していました。

ソフトバンクグループから出資を受けた２０１４年12月以後、さらに事業を拡大。２０１６年１月に社名をマイタクシーからグラブに変更します。

ソフトバンクグループは、同年９月に７億５０００万ドルを追加出資し、10月にはソフトバンクグループの投資部門にいたミン・マー氏がグラブのプレジデント（社長）に就任します。

さらに、２０１７年７月にディディらとともに20億ドルを追加出資。同年、ミャンマーのヤンゴンとカンボジアでもタクシー配車サービスを開始します。
そして、2018年3月、最大のライバルであったウーバーの東南アジア事業（カンボジア、インドネシア、マレーシア、ミャンマー、フィリピン、シンガポール、タイ、ベトナム）を買い取ったことで、ライドシェア企業として東南アジアで圧倒的なナンバーワンとなりました。

以上4社が、ソフトバンクグループが出資するライドシェア企業で、孫社長によれば、この4社で世界のライドシェアマーケットの8～9割になり、1日当たり約7000万人がライドシェアサービスを活用しています。そして、この4社すべての筆頭株主がソフトバンクグループなのです。

◆自動運転の頭脳「AI用半導体」の支配者エヌビディア

ソフトバンクグループが交通機関プラットフォーマーとなるための2つ目のポイントが、自動運転です。「完全」自動運転車は、AIだけで実現できるわけではなく、センサーやカメラ、ＧＰＳ（Global Positioning System＝全地球測位システム）、レーダーなど、様々な技術と組み合わせることなしには、到底完成しません。

そんななか、ソフトバンクグループが２０１６年12月に約３０００億円の投資を行ったのが、エヌビディアです。その後、ソフトバンク・ビジョン・ファンドに移管し、２０１８年10〜12月（２０１８年度第３四半期）に全株式を売却しました。

それがなぜなのか、筆者なりの見立てを述べる前に、まずエヌビディアが自動運転においていかに重要な企業なのかを見ていきましょう。

自動運転の実用化がスピードアップしている理由は、筆者が見たところ3つあり、１つが「ディープラーニング（深層学習）の進化」で、２つ目が「センサー技術の進化」、３つ目が「ＡＩ用半導体の進化」です。

ディープラーニングは、ＡＩが人間の指示なしに自律的に学ぶ方法のことで、それまでのマシーンラーニング（機械学習）の限界を超えるＡＩの学習方法として進化しています。

センサーは、自動運転車の「目」の役割を担う技術で、周囲の3次元画像データを取得するセンサーの進化も目覚ましいものがあります。

センサーが取得した3次元画像の処理をする演算装置が、「ＧＰＵ（Graphics Processing

Unit)」と呼ばれるAI用半導体です。一般的なCPU（中央演算処理装置）に比べて、大量の画像データを同時に処理するのに優れ、自動運転に不可欠な技術となっています。

このGPUを1999年に発明し、AIのディープラーニングへ初めて利用したのが、エヌビディアです。エヌビディアは、もともとグラフィック処理技術に優れていたのですが、その技術がディープラーニングに必要な並列演算・行列演算を処理する技術と共通していたため、AI用半導体としては、「エヌビディアのGPU以外に選択肢がない」と言われるほど、頭1つ抜けた存在となっています。

実際、エヌビディアのGPUを採用する自動車メーカーは、ドイツのダイムラー、フォルクスワーゲン、アウディ、アメリカのフォード、テスラ、日本のトヨタなど、そうそうたる顔ぶれです。

エヌビディアは、AI用半導体の分野で、「製品が優れている→有力プレイヤーが使用する→最先端分野を担う→プラットフォームとなる」という好循環サイクルをつくり出しています。この好循環サイクルによって、エヌビディアが供給するAI用半導体プラットフォームは、自動運転の「影の支配者」、デファクトスタンダードと言ってもいいほどの存在感があるのです。

◆なぜエヌビディアの全株式を売却したのか?

ＡＩ群戦略には「ユニコーン企業に投資する」という基本ルールがありますが、それに反してまで上場していたエヌビディアにソフトバンクグループが投資を行ったのには、大きく2つの理由があると考えられます。

1つは、エヌビディアに投資することで、自動運転に限らず、最先端テクノロジーに関する情報や提携する企業の情報など、多種多様な有益な情報をソフトバンクグループが得られるから。もう1つは、交通機関プラットフォーマーを目指すソフトバンクグループにとって、エヌビディアが戦略的に意義のある企業だったからです。

それでも全株を売却したのは、1つには投資を行っていた約2年の間にエヌビディアを通して得られる自動運転関連の情報は十分に得られたことと、より本質的な理由としては、エヌビディアのＡＩ用半導体というレイヤーの戦略的意義が下がったと孫社長が判断したからではないでしょうか。

このように考えたのが孫社長だけではなかったことは、株価を見ればわかります。２０

16年12月のエヌビディア株式の取得価格は平均単価105ドルで、2018年9月には281ドルまで上がりますが、その後は急落、同年12月末には134ドルまで下がりました。

ソフトバンクグループは、この急激に株価が下がった10～12月に株式を売却しましたが、株価下落の可能性を見越してデリバティブを活用した保険をかけていたため平均218ドルで売却でき、2018年12月31日時点で累計利益が約28億ドル出ています。エヌビディアの株価急落については、ソフトバンクグループの2018年度第3四半期決算では、40億ドルの営業損失という影響があった一方で、29億ドルのデリバティブ利益によって純損益レベルで損失幅を11億ドルにまで抑えました。孫社長は2019年2月6日の決算説明会では、これを「差し引きほとんど影響はなかった」と述べています。さらに、エヌビディア株式の売却完了の結果、平均単価105ドルの時に普通出資分7億ドルの株式を購入したのに対して、同33億ドルの累計回収額があったとしています。

孫社長は、株価下落によって損が出るどころか、きっちりと利益が出た投資実績を強調しました。また、エヌビディアを「AI革命をリードしていく会社の一つとして大変高く評価している」としながらも、株式を売却したのは、「いわば卒業だ」と述べました。

成長が鈍化して成熟したスターとなったら、AI群戦略から卒業してもらうという従来の主張を実践したにすぎないということなのでしょう。

次に、より本質的な売却理由を考えてみます。まず、エヌビディアが得意とするGPUというAI用半導体は、自動運転のレイヤーのなかでは最下層に位置し、その上にコンピューティングユニットというレイヤーがあり、さらにその上にハード、その上にソフトのレイヤーがあります。

エヌビディアは、AI用半導体メーカーからAIコンピューティング企業へと脱皮し、さらにソフト開発へと、AI用半導体からコンピューティングユニット、ハード、ソフトへとレイヤーを上に上に広げていく戦略をとっています。

しかし、エヌビディアはAI用半導体レイヤーでは最強であっても、自動運転のソフト開発のレイヤーには、グーグルを筆頭に強力なテクノロジー企業がいますし、ハード開発のレイヤーにも自動車メーカーがいて、それぞれ自分たちのレイヤーから他のレイヤーに進出することで交通機関プラットフォーマーの座を虎視眈々《こしたんたん》と狙っています。

確かに、CPUの雄インテルは、ソフトの覇者マイクロソフトのウインドウズと組んだ「ウインテル」連合でパソコンメーカーを駆逐《くちく》しましたが、それを皆が知っていることもあり、エヌビディアへの警戒感は強く、自動運転で同じようなことは起こりにくいと考えられます。

　孫社長が同じように考えたかは定かではありませんが、自動運転全体のレイヤーや、さらに大きな視野で交通機関プラットフォーマーを考えたとき、AI用半導体のエヌビディアにあまり戦略性を感じなくなった、あるいはAI群戦略における一定の役割を終えたと考え、株式を売却したというのが筆者の見立てです。

◆自動運転車で「事故ゼロ」「渋滞ゼロ」を目指すGMクルーズ

　ソフトバンクグループの自動運転分野に関する動きのなかで、エヌビディアの次に注目なのが、GMクルーズです。

　ソフトバンク・ビジョン・ファンドが、GMの子会社GMクルーズ・ホールディングスに22億5000万ドルを出資し、19・6％の株式を保有したのは2018年5月のことです。

　GMクルーズは、2013年10月、カイト・ボークト氏らがアメリカ・カリフォルニア州サンフランシスコに設立した自動運転技術を開発するクルーズ・オートメーションが、ＧＭに買収されて生まれました。

アメリカの自動車関連、航空宇宙関連の標準化団体ＳＡＥ（Society of Automotive Engineers）が定めるレベル４（高度自動運転）に相当する量産タイプの自動運転車「クルーズＡＶ」を２０１９年中に生産する準備が整ったとＧＭが発表したのが２０１８年１月。それから４カ月後にソフトバンクグループは投資を行ったことになります。

クルーズＡＶには、センサーとしてＬｉＤＡＲ（Light Detection and Ranging）５個、ミリ波レーダー21個、カメラ16個が搭載されています。

ソフトバンクグループは、このクルーズＡＶ事業に投資したわけですが、この投資により、ＧＭクルーズの企業価値は、約１１５億ドルになりました。

２０１６年３月にＧＭがクルーズを買収したときの金額は10億ドル相当と言われていますので、約2年間で企業価値が10倍以上になったということであり、ソフトバンクグループがそれだけＧＭクルーズの企業価値をはね上げたとも言えます。

その後も、ＧＭやソフトバンク・ビジョン・ファンドに加えて、ホンダなどからも出資を受け、２０１９年5月現在、ＧＭクルーズの企業価値は１９０億ドルに達しています。

一方、GMクルーズの親会社であるGMが進めているのが、レーダーや超音波センサー、カメラ、GPS地図データを活用し、自動ブレーキ、定速走行・車間距離制御装置、車線維持システムなどの複数の運転支援技術を統合した自動運転システム「スーパークルーズ」です。スーパークルーズは、すでに新型「キャデラックCT6」に搭載されています。

このように、GMは独自でも自動運転の技術開発、実装車の実用化を進める一方で、GMクルーズが開発を進めるクルーズAVによる自動運転タクシー事業を開始することも目指しています。

自動運転車を研究開発するのは、単にドライバーいらずのロボット自動車をつくるためだけではありません。より安全で、より交通事故の少ない、より交通渋滞の少ない社会を実現するためでもあります。

ソフトバンクワールド2018に登壇したGMのダン・アマン社長（当時、現・GMクルーズCEO）は次のように語りました。

「GMは将来的に、『ゼロの交通事故』『ゼロエミッション』そして『ゼロ交通渋滞』という世界が来ると思っているんです」「郊外の道で走っている自動運転車なら、みなさんも見たことはあると思いますが、私たちは（中略）非常に複雑な都市の中の、それも大都市圏の道路で開発しようとしているわけです」「私たちの目標は、安全に自動運転車を大規模に展開することで、世界を変えるということです。（中略）ＧＭクルーズチーム、そして我々のパートナーであるソフトバンクの３社で実現したいと思います」（２０１８年８月９日掲載　logmiBiz　孫正義氏基調講演の中のダン・アマン社長スピーチ「自動運転技術のビジネスチャンスはダウンタウンにある　ソフトバンクと手を組んだＧＭが目指す信号機のない世界」より）

◆ＳＢドライブは、自動運転バスサービスの実用化で先行

ソフトバンクグループには、ＳＢドライブという子会社があります。ＳＢドライブは、自動運転技術を研究開発する企業というよりは、自動運転を使ったサービスの開発や運営に取り組む企業と言えるでしょう。

社長の佐治友基氏は、ソフトバンクでスマホの販売戦略などを担当していましたが、２０１５年、29歳のとき社内で行われたビジネスアイデアコンテストに「自動運転技術を活

用した交通インフラ事業」の企画を提出。見事2位となり、事業化に向けて活動を開始し、2016年4月にSBドライブを創業しました。

SBドライブは、福岡県北九州市や鳥取県八頭町、静岡県浜松市などの自治体や交通事業者と組んだプロジェクトを多数手がけていますが、それらでは、東京大学生産技術研究所次世代モビリティ研究センターのベンチャー、先進モビリティ株式会社と連携して独自に開発する小型バスや自動走行システムを活用しています。

また、フランスのナビヤ製の自動運転シャトルバス「NAVYA ARMA（ナビヤ・アーマ）」も実証実験などに多用し、東京都内はもとより、北海道上士幌町や福島第一原子力発電所などでも走らせました。

さらに、2018年7月には、バイドゥが提供する自動運転システムプラットフォーム「アポロ」を搭載した自動運転バス「アポロン」の日本での活用に向けて協業することで、日本法人のバイドゥ・ジャパンと合意。SBドライブが開発に力を注いできた遠隔運行管理システム「ディスパッチャー」とバイドゥのアポロを連携させることで、自動運転バスの実用化を目指しています。

このように、SBドライブは今のところ、自動運転バスの実用化、特に決められたルートを走行するレベル4（高度自動運転）の自動運転バスサービスを、地方都市で実現していくことを第一に考えていますが、それについて佐治社長はこう語っています。
「自動運転という言葉の通り『運転が自動になる』だけなので、サービスとして成り立たせるためには当面、『運転以外』のところを乗客や交通事業者に育ててもらう必要があります。皆さんのイメージと少し違うかもしれませんが、実はバスの自動走行設定や毎日の点検、車内清掃など、結局ものすごく人手がかかるのが今の自動運転。それでも、バス業界からは、一刻も早く実用化を求められています。それほど大型2種免許のドライバーが不足しているのです」（2018年12月18日付け日経クロストレンド記事より）
SBドライブは、広い意味では自動運転の会社で、自動運転のテクノロジー開発も行っていますが、それよりもテクノロジーは他社から導入して、それを活用したサービスを日本国内、特に都市部よりも地方を強く意識して、モビリティサービス、MaaSのオペレーターを目指していると見ることができるでしょう。佐治社長は、こうも言っています。
「そもそも、自動運転の車両を保有する人と、運用・保守をしていく事業者は別である可能性もあります。例えば、バス会社が自動運転バスを保有せずにモビリティマネジメントや顧客サービスに力を注ぎ、一方で車両は投資物件として資産家やリース会社が保有するケースもあるのではないかと考えます。これは、不動産業界に似た構造です。自動運転車が利回りの良い投資物件であるためには、効率良く運用したり、質の高いサービスを提供したりするノウハウが大事になってきます。高いノウハウを持つ事業者が、コンビニなどのようにフランチャイズ展開する可能性も考えられるでしょう」（前掲記事）

非常に面白い考え方で、まさに既存のビジネスのやり方を再定義しています。本当にこうなるかはさておき、こうした過去にとらわれない発想でビジネスモデルを考えて実行していくことも、非常に重要なのではないでしょうか。

◆自動化、無人化、キャッシュレス化は時代の要請

自動運転というのは、運転を自動化、無人化することですが、こうした自動化、無人化の流れは、何も自動車、モビリティに限ったことではありません。

製造業はもちろんのこと、小売業やサービス業、金融業、農業など、あらゆる産業で自動化、無人化がどんどん広がっています。これはテクノロジーの進歩によって可能になっている側面がある一方、現在の社会的な要請、時代の要請によって進んでいる側面もあり

ます。

課題先進国の日本を見ればわかるように、少子高齢化による人口減少により構造的な人手不足が常態化する中、生産性を向上させるためには、自動化、無人化が必要不可欠です。

特に、地方の高齢化と、それにともなう人手不足はさらに深刻になりますから、自動運転バスサービスのような自動化、無人化なくしては、日常生活を送ることができなくなる可能性すらあります。

そして、高齢化や人手不足は、中国でもすでに進んでいますし、多くの先進国がこれから直面する問題でもあります。生産性の向上はどこの国にとっても喫緊の課題であり、そのために自動化、無人化があらゆる産業で求められるのです。

それに加えて、キャッシュレス化の波も避けては通れません。日本では、いまだにキャッシュレスが浸透していませんが、中国ではキャッシュレス化がどんどん進み、スマホ決済が当たり前となり、現金やクレジットカードが使えなくなってきています。中国では、このキャッシュレス化によって自動化、無人化がさらに促進されています。

繰り返しますが、こうした自動化、無人化、キャッシュレス化といった潮流は、時代の要請であり、モビリティに限らず、あらゆる産業でこれからさらに進んでいくのです。

◆日本はまだＭａａＳレベル１

ソフトバンクグループが交通機関プラットフォーマーとなるための３つ目のポイントが、ＭａａＳです。

前述したように、ＭａａＳはモビリティ・アズ・ア・サービス（Mobility as a Service）の頭文字からなる略語で、サービスとしてモビリティを提供すること。北欧フィンランドで生まれた概念です。

もう少し具体的に言うと、スマホのアプリ１つで、電車やバスなどの公共交通機関からタクシーやライドシェア、自転車シェア、飛行機、船など、あらゆるモビリティを最適に活用したルート検索が可能で、予約、決済、利用まで一気通貫で行えるサービスを指します。

これまでは、電車なら電車の、バスならバスの時刻表を見る必要があり、ライドシェアや自転車シェアも別々に予約する必要がありましたが、それらすべてをワンストップで行えるモビリティサービスが、ＭａａＳなのです。

ＭａａＳにも自動運転と同様にレベルがあり、スウェーデンのチャルマース工科大学の研究者が提案したものが一般的によく使われているので紹介しましょう。

＊レベル0：統合なし

それぞれの事業者が個別にサービスを提供している旧来の状態のことです。

＊レベル1：情報の統合

いくつかの交通手段の情報が統合され、出発地と到着地、日時などを入力すると、複数のルートを所要時間や料金などの情報とともに提供してくれるサービスで、ヤフーの乗換案内サービス（アプリ）やナビタイムジャパンの「NAVITIME」などが、このレベル1にあたります。

＊レベル2：予約・決済の統合

レベル1の情報の統合に加えて、予約や決済まで1つのプラットフォーム上で行えるサービスのことで、日本はレベル1のため、レベル2以後のサービスはまだありませんが、ディディやグラブは、一部地域でこのレベル2のサービスをすでに提供しています。

＊レベル3：サービス提供の統合

レベル2の予約・決済の統合に加えて、専用の料金体系や月額制で一定区域内の移動サービスが乗り放題になるなど、各事業者の個別サービスよりも高度な新しいサービスを受けられる段階のことです。

ＭａａＳを生んだフィンランドで、マース・グローバルというスタートアップ企業が開発したＭａａＳプラットフォーム「Ｗｈｉｍ（ウィム）」がこのレベル３のサービスを提供していると言われています。

＊レベル４：政策の統合

移動手段の事業者だけでなく、国や自治体の都市計画や政策も統合された都市交通の最適化が実現された理想のサービスのことですが、まだ世界的にも該当するサービスはないと言われています。スマートシティが実現すれば、レベル４と言えるでしょう。

ＭａａＳが現在広く注目を集めるのは、交通システムを大きく一変させる可能性があるからです。電鉄会社やバス会社、タクシー会社といった移動手段を提供する各事業者を統合してサービスを行う「ＭａａＳオペレーター」をどういった企業が担うのか、テクノロジーを駆使してどのような利便性の高いサービスが実現されるのか、世界的に注目が集まっています。

◆ＭＯＮＥＴでトヨタとやろうとしていることは何か？

ソフトバンクグループのＭａａＳ分野での動向として最大の注目点は、２０１８年10月、トヨタ自動車と共に設立したモネ・テクノロジーズ（MONET Technologies、以下ＭＯＮＥＴ）です。代表取締役社長兼ＣＥＯに就いたのは、ソフトバンクの通信事業を技術面で支えてきた宮川潤一氏。

では、ソフトバンクとトヨタは、ＭＯＮＥＴでどのようなＭａａＳを実現しようとしているのでしょうか。

最初に取り組んでいるのが、トヨタのコネクティッドカー情報基盤「モビリティサービスプラットフォーム」と、ソフトバンクの「ＩｏＴプラットフォーム」を連携させ、さらにサービサー（コンビニ、宅配、スーパー、医療など）とも連携を図り、自動車メーカーや運送会社がもつＭａａＳデータとも接続する「ＭＯＮＥＴプラットフォーム」をつくることです。

宮川社長が挙げるMaaS戦略の3本柱が、「既存交通の高度化（マルチモーダル）」「新たなライフスタイルの創出（マルチサービス）」「社会全体の最適化（スマートシティ）」。

これら3本柱を実現することで、MONETプラットフォームでは、既存の交通事業者同士の連携が図れるようになり、ユーザーは複数の交通手段を柔軟に組み合わせた高度で効率的な移動を簡単にできるようになります。

MONETプラットフォーム上では、サービサーも連携できますから、交通事業者とサービサー、サービサー同士でも新規需要に応じた新たなサービスを共創でき、さらに、駐車場の空き状況など、街のインフラ情報を組み合わせれば、街全体のモビリティの最適化を図ることもできます。

ただ、こうしたMaaSを実現するためには、次の4つのキーファクター、「様々なデータとの融合」「デマンド（利用者の環境）の理解」「自治体連携・まちづくり」「サービスの共創」が必要不可欠と言います。

「様々なデータの融合」としては、既存の人流データ、移動データ、人口分布データ、車両位置データ、交通渋滞データなどを統合し、「日本特有の交通環境をデータ化する」ことを目指しています。

「いつも停車時間の長い横断歩道があれば高齢者が多く通る道路であると予測する。車がゆっくりと走っていればそこが通学路だと認識する……。そうした移動速度やセンサーデータを統合したAI解析も『MONETプラットフォーム』で行っていきたい」（2019年5月21日掲載 ソフトバンクのビジネスWEBマガジンFUTURE STRIDE「MONET発、日本経由で世界のMaaSへ MONETサミット講演レポート 前編」より）

宮川社長は、２０１９年3月28日に開催された「ＭＯＮＥＴサミット」でこう述べました。

２つ目の「デマンドの理解」とは、利用者の環境を理解することで、たとえば、補助を必要とする人なのか、突発的な発作などで緊急性を要しているのか、インフルエンザなどの感染症にかかっているかなど、それぞれの利用者の状況まで理解して移動ルートの選択、提供を行うことができる頭脳をもったプラットフォームを目指しています。

３つ目の「自治体連携・まちづくり」では、すでに全国17自治体と次世代のモビリティサービスの提供について連携しており、約１５０の自治体とも連携を進めていると言います。

予想以上に自治体からの問い合わせが多いということは、新交通システムや新物流システムへの期待、それを実現してくれるであろうＭＯＮＥＴへの期待が大きいことの表れでしょう。

4つ目の「サービスの共創」としては、「MaaSの世界でどんなビジネスが社会から求められるのか、正直我々もすべてを予見できているわけではない」とし、仲間づくりの場として「MONETコンソーシアム」を2019年3月に設立。この設立段階ですでに、コカ・コーラやサントリー、JR東日本など、88社が参加しています。

また、同日、ホンダと日野自動車がそれぞれ約2・5億円をMONETに出資することを発表。さらに、いすゞ自動車、スズキ、SUBARU、ダイハツ工業、マツダの5社が、MONETに出資し、約2％の株式を取得することを6月に発表しました。

これにより、MONETプラットフォームには、日本の自動車メーカー8社の車両やモビリティサービスから得られるデータが連携されることになります。データが多くなればなるほど、それだけ高度なプラットフォームを構築できることになり、それがまた高度なサービスの提供にもつながります。

今後も、様々な日本企業が加わる可能性もあり、ソフトバンクとトヨタが「日本連合」でMaaS以降の世界のプラットフォーマーになるために、MONETを設立したことがわかるでしょう。

MONETサミットのなかで宮川社長は、MaaSが爆発的に普及する鍵は自動運転車

『eパレット（e-Palette）』である、とも述べています。eパレットは、2018年1月の「CES（Consumer Electronics Show）2018」で初公開された、MaaS専用の次世代EVのコンセプトカーです。

トヨタは、このeパレットを2020年の東京オリンピック・パラリンピックまでに走らせることを目指しており、どのようなサービスを実際に提供できるのか、筆者も注目しています。

最後にMaaSについて筆者の考えを述べておきたいと思います。

日本でのMaaSは、航空会社や鉄道会社からタクシー、IT企業まで、すでに異業種・多数乱戦の事業領域となっていますが、実証実験が行われている地域や事業者によって互換性がないUI（ユーザーインターフェース）が使用されていることも指摘されています。

MaaSでは様々な交通手段がつながることが求められているので、グループを組成し、複数のチーム間で競争が起き、勝者に集約されるという流れになるのでないかと予想されます。私は、MaaSに本当に価値が生まれるのは自動運転が社会実装されてからであり、本当に解決されるべきなのは地方の過疎地域での公共交通の衰退問題ではないかと考えています。これに自動運転バスなどで対応し、そこにＭａａＳが交通や様々なサービスをつなげるという流れが最も求められるところであると思うのです。「ラストワンマイル」を解決してこそのＭａａＳなのです。

◆「ＣＡＳＥ」は今や全産業の課題

「ＣＡＳＥ」という言葉も自動車やモビリティサービス関連の言葉として、ＭａａＳ同様に注目を集めていますので、最後に簡単に説明しておきましょう。

ＣＡＳＥは、「Connected（コネクテッド化）」「Autonomous（自動運転）」「Shared & Service（シェア化とサービス化）」「Electric（電動化）」の頭文字をとった、ダイムラーの造語で、２０１６年９月に行われたパリモーターショーで発表されました。現在、自動車産業が取り組んでいる４つのトレンドを見事に整理したものになっています。

「コネクテッド化」とは、ＩｏＴやクラウド技術の進化、通信速度の向上・大容量化などを背景に、クルマがありとあらゆるものと「つながる」ことを指します。クルマのスマート化と言い換えてもいいかもしれません。

「自動運転」は、これまでに述べてきた通りで、ソフトバンクグループも、ＧＭクルーズやＳＢドライブで、早期の実用化を目指しています。

「シェア化とサービス化」は、ライドシェアやカーシェアなどと、それらのサービス化のことで、これまで述べてきた通り、ソフトバンクグループは、ウーバー、ディディ、オラ、グラブの４社に投資を行っており、世界市場のおよそ８〜９割に影響力をもちます。

「電動化」は、電気で動く自動車、ＥＶのことで、ガソリン車からＥＶへのシフトはすでに始まっており、なかでも中国は積極的にＥＶ化を進めています。

ダイムラーは、自動車メーカーのこれからの中長期戦略としてＣＡＳＥを発表しましたが、今では、自動車に限らず、あらゆる産業で、コネクテッド化、自動化、シェア化、サービス化、電動化が進んでいます。その意味では、ＣＡＳＥは、全産業に大きな影響を与えるまでのコンセプトになったと言えるでしょう。

コネクテッド化で言えば、クルマがインターネットでつながるだけでなく、ＩｏＴや５Ｇによって、クルマの部品同士、クルマの部品と道路、道路と信号機など、ありとあらゆるものがつながる時代が到来しようとしています。

中国杭州には、「アリババパーク」と銘打たれたスマートシティがあり、筆者は2019年3月と7月にそこを訪れました。なかには、アリババ本社、アリババ社員の住居、近未来ホテル、最先端商業施設などがあるのですが、ここでは、本当にありとあらゆるものがつながっており、電動化、自動化による無人化、キャッシュレス化が徹底的に行われていました。

アパレルショップでは、「バーチャル・フィッティング・システム」が備えられており、いろいろなコーディネートが提案され、気に入った商品はオンラインのネット空間で購入。商品は自宅に送られるので荷物がかさばることも、レジに並ぶ必要もありません。

ホテルのロビーでも、設置された端末やスマホで自分の顔を撮影し、専用アプリで決済すればチェックインが完了。エレベーターも部屋に入室するのも顔認証で、ルームサービスを頼むとロボットが品物を運んできてくれます。ホテルのバーでカクテルをつくるのもロボットバーテンダーでした。

また、ゲートを通過するだけで見られるチケットレス映画館、無人のカラオケ店などもありました。

シェアリングサービスに至っては、世界的な価値観になりつつあります。地球温暖化はグローバルな問題であり、CO_2（二酸化炭素）削減は待ったなしです。大切なのは、サステナビリティ（持続可能性）であり、そのためのシェアリングサービスと考えると、これも自動車に限ったことではなく、全産業が「所有から利用へ」の流れのなかにあります。

電動化の電気も、サステナビリティを考慮すれば、石炭や石油などの旧来のエネルギーで発電するのではなく、再生可能な自然エネルギーで発電することが重要になっています。

このようにＣＡＳＥは今や、自動車産業に限った中長期戦略ではなく、全産業が取り組まなければならない課題になったと言っても過言ではないでしょう。

特に、ソフトバンクグループの産業政策の３つ目の柱、エネルギー産業においてもＣＡＳＥが不可欠となっているのです。これについては、次節で詳しく見ていくことにしましょう。

④エネルギープラットフォーマー

◆エネルギー業界でも起こる「産業の再定義」

ソフトバンクグループが、通信、モビリティと並んでプラットフォーマーを目指しているのが、エネルギー分野です。情報革命、モビリティ革命に続いて、エネルギー革命にも取り組んでいくというのが、ソフトバンクグループの産業戦略です。

エネルギー分野においても、他の産業分野と同様、重要なテクノロジーとなるのは、IoTであり、ビッグデータやAIです。各種の情報をデジタル化させた電力のことを「デジタルエネルギー」と呼ぶようにもなってきています。

これまで電力会社は、電力の「製造業」や「流通業」に従事してきましたが、デジタル化によって「情報産業」に進出することになると予想されています。

また、エネルギー業界で進むのはデジタル化だけではありません。石炭や石油などの化石燃料を使わない「脱炭素化」も間違いなく進みます。２０１５年に採択されたパリ協定では、産業革命前からの世界の平均気温上昇を「２度未満」に抑え、平均気温上昇「１・５度未満」を目指すために、各国がCO_2などの温室効果ガスを削減することを決めました。

そして、脱炭素化を進めるために、太陽光や風力、水力、地熱などの再生可能な自然エネルギーを活用した発電へシフトすれば、発電の「分散化」も進みます。

日本を代表するエネルギー企業である東京電力は、すでにこうした変化を捉え、エネルギーのデジタル化後にやってくる世界についての分析・検討を行っています。

「変化の行きつく先は、電力会社から『小売』という事業が縮小し、究極的にはなくなるということです。（中略）消費者は電気を買うのではなく、さまざまな機器が提供する体験・成果を買うようになり、そうした体験・成果を提供する事業者（中略）が、電力販売会社の一義的な顧客になるでしょう」（『エネルギー産業の２０５０年 Utility3.0へのゲームチェンジ』伊藤剛・岡本浩・戸田直樹著、竹内純子編著／日本経済新聞出版社）

端的に言えば、電力を販売するエネルギー企業も他の産業の企業から攻め込まれるだけではなく、自らも他の融合しつつある産業に攻め込んでいくことになるということです。

実際、トヨタやソフトバンクはすでに電力事業に進出し始めていますし、逆に電力会社が他の産業に進出する未来もすぐそこまで来ています。

「産業の再定義」は、エネルギー業界でも進行中ですが、そのなかで、ソフトバンクグループは、どのようにエネルギー革命を起こし、エネルギープラットフォーマーとなろうとしているのでしょうか。

◆自然エネルギーのエコシステム構築を目指すSBエナジー

孫社長率いるソフトバンクグループは、情報、モビリティ、エネルギーの3分野に特にこだわりをもっていますが、なぜこの3分野なのかと言えば、この3分野は切っても切れないほど強い関係性があるからです。

情報通信は、間もなく5Gの時代を迎えますが、そうなれば、「超高速」「大容量」「超低遅延」「多数同時接続」「高信頼」が実現されます。こうした通信環境が整うことで「人間が運転するよりも安全な自動運転車」が初めて実用化できます。そして、自動運転車は、半導体消費が大きく、電力消費も膨大になりますから、クリーンエネルギーのエコシ

図表35　次世代自動車産業を中核とするクリーンエネルギーの新たなグランドデザイン

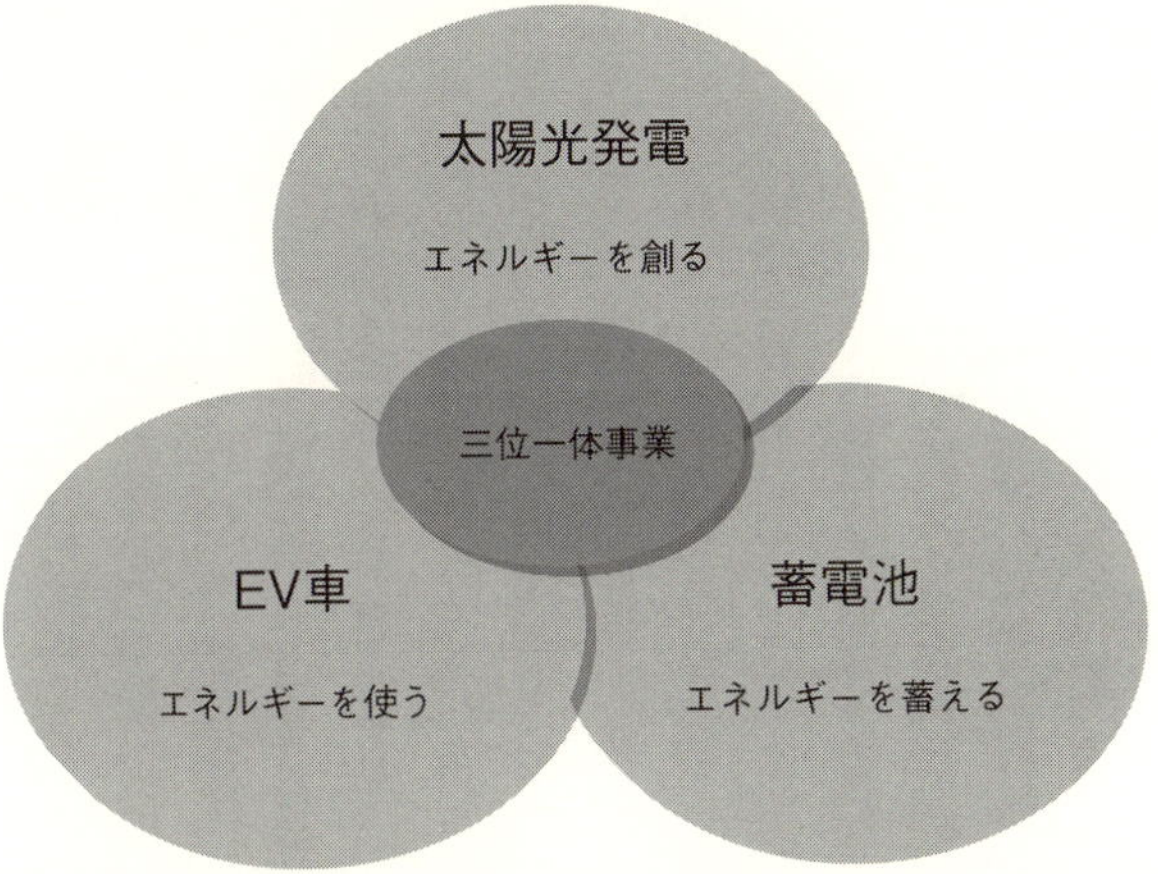

ステムが求められるようになるのです。

テスラのイーロン・マスクは、ＥＶを実用化して販売することが目的ではなく、「エネルギーを創る（太陽光発電）」「エネルギーを蓄える（蓄電池）」「エネルギーを使う（ＥＶ車）」という三位一体の事業構造によって、クリーンエネルギーのエコシステムを構築することこそが真の目的だと述べています（図表35）。

ソフトバンクグループも似た考えをもっており、それを「ビッツ・ワッツ・モビリティのゴールデントライアングル」と表現しています。ビッツが情報革命、ワッツがエネルギー革命、モビリティがモビリティ革命と捉えると、産業戦略と

図表36　ソフトバンクグループが描く「ビッツ（Bits）×ワッツ（Watts）×モビリティ（Mobility）」

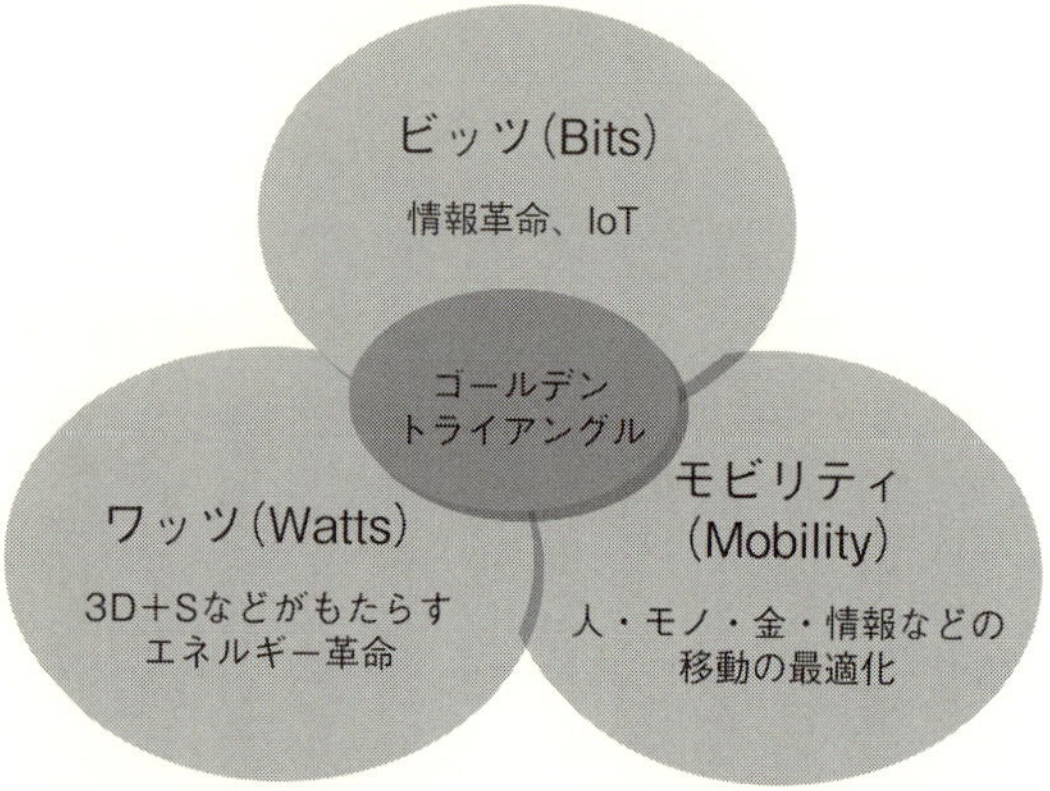

出典：ＳＢエナジー代表取締役社長の三輪茂基氏の「REvision2018」での講演資料をもとに筆者作成

合致しています（図表36）。

このビッツ・ワッツ・モビリティのゴールデントライアングルで、再生可能な自然エネルギーのプラットフォーマー、サービスプロバイダーを目指して、２０１１年10月に創設されたのが、ＳＢエナジーです。

ＳＢエナジーでは、自然エネルギーによる発電事業をワッツ事業、ＡＩやＩｏＴと自然エネルギーの組み合わせによるエネルギープラットフォーム構築事業をビッツ事業、ＥＶなどの蓄電システムと自然エネルギーの組み合わせによるサービス事業をモビリティ事業と位置づけ、この３つをコアビジネスとして事業を展開しています。

ワッツ事業では、自然エネルギーを活用した発電事業を国内外で行うだけでなく、太陽光や風力といった変動電源に加えて、バイオマスや水力、地熱などを組み合わせることで、電力の需要に合わせた電力供給を行うことができる発電事業者を目指しています。

ビッツ事業では、電力の需要と供給を適切にマッチングするためにＡＩやＩｏＴを活用。さらなる自然エネルギーの導入と、安定した電力インフラの運用の両立を目指しています。

また、経済産業省が主導する「バーチャル・パワー・プラント（ＶＰＰ）構築実証事業」のアグリゲーター（電力会社と需要者の間にたちバランスをうまくコントロールする事業者）に選ばれ、２０１６年から長崎県壱岐市で実証実験を開始。その後、全国へと実証範囲を拡大しています。ちなみに、ＶＰＰとは、自然エネルギー発電所をはじめとする分散電源や蓄電池、ＥＶ、ヒートポンプなどをＩｏＴで管理し、１つの発電所のごとく制御して電力系統を調整するソリューションです。

モビリティ事業では、ＥＶのバッテリーなどの蓄電システムを利用したビジネスモデルを構築することを目指しています。自然エネルギーによる発電は、天候によって発電量が変化するため、調整力として蓄電システムが不可欠ですが、蓄電システムであるEVのバッテリーを活用すれば、エネルギーのタイムシフトと、それを用いた輸送のパラダイムシフトが可能になるというわけです。

このように、ワッツ事業、ビッツ事業、モビリティ事業は、常に相互に連携しており、3つの事業がシナジーを生み出すことで自然エネルギーのエコシステムとなるのです。

◆モンゴルのゴビ砂漠、インド、サウジにも進出

「2011年3月11日の東日本大震災とそれに続く福島第一原子力発電所の事故により、われわれは真剣に私達自身のエネルギー問題とその選択に直面しております。私は、自然エネルギーの普及は人々の安心・安全で豊かな社会の実現に不可欠であるという信念に基づいて、自然エネルギーの普及促進を、政策やビジネスモデルの提言、または幅広いネットワーク作りという視点から、少しでも支援していくべく、自然エネルギー財団の設立を決意いたしました」（自然エネルギー財団のコーポレートサイトより）

こう述べたのは、2011年8月に自然エネルギー財団を設立し、自ら会長にも就任し

った孫社長です。３・11から5カ月後にこの財団をつくり、7カ月後にSBエナジーをつくったスピードは、さすがと言うほかありません。

この時点では、「なぜ携帯電話のソフトバンクがエネルギー事業をやるの？」と疑問に思った人も多かったと思いますが、孫社長は日本のエネルギー事業に危機感をもつとともに、未来を見据えてエネルギー事業に参入したのです。

その後も、２０１２年8月に電力の小売り事業を行うSBパワーを、２０１３年5月にはアメリカのブルームエナジーと燃料電池事業を行うブルームエナジー・ジャパンを設立しています。

SBエナジーの日本国内での発電容量は、現在建設中のものも含めて、太陽光41サイト、風力2サイトの合計43サイトで約６６０メガワットに達しています（２０１８年10月1日現在）。

ブルームエナジー・ジャパンでは、独自技術を使った自律分散型発電の新たなシステム、エナジーサーバーの企業や公共施設などへの導入を進めています。

SBパワーは、SBエナジーが発電した電力に加えて、それ以外からも電力を調達し、販売委託先であるソフトバンクを通して法人に販売。２０１６年4月の電力小売り自由化後は、「自然でんき」や「おうちでんき」の名で一般家庭にも販売しています。

海外では、SBエナジーが、モンゴルのゴビ砂漠に自然エネルギー開発のための土地をトータルで3670平方キロメートル保有。太陽光と風力による発電ポテンシャルは、15ギガワットを超え、一部地域では実証研究がすでに始まっています。

インドでは、3つの太陽光発電プロジェクトを進め、約4ギガワットの発電を行っています。驚くべきはその売電価格で、最も安価なものでは3・8セント／kWhとなっています。

サウジアラビアでの太陽光発電開発についても、2018年3月に覚書を交わし、2030年に200ギガワットの発電を目指してファーストプロジェクトの協議を行っています。

自然エネルギー財団は、世界の多くの国や地域ではすでに自然エネルギーが基幹電源であり、2030年には電力の40~50%を自然エネルギーで供給することを目指していることを引き合いに出しながら、「日本政府の2030年目標は22~24%という消極的なもの」と警鐘を鳴らしています。このままでは、世界の潮流から取り残されてしまう。ソフトバンクグループが自然エネルギー発電に乗り出した背景には、そんな危機感もありそうです。

◆「アジアスーパーグリッド構想」とは何か？

ソフトバンクグループは、国際的な自然エネルギーの普及の枠組みにも積極的に参加しており、インドのモディ首相が会長を務めるISA（International Solar Alliance＝国際太陽光連盟）では、孫社長が企業イノベーション・タスクフォース（Global Leadership Task Force of Corporates on Innovation）の議長を務めています。

このISAには、太陽光資源が豊富な国を中心に約120カ国が参加を予定しており、2030年までに1兆ドル以上の投資と、太陽光発電1000ギガワット以上の開発を目標にしています。

また、2018年7月に行われた第31回アフリカ連合首脳会議において、孫社長はソフトバンク・ビジョン・ファンドを通じて、アフリカの太陽光発電開発に対して大規模投資を検討する意向を表明しました。

2018年7月に設立された日本気候変動イニシアティブにも、ソフトバンクグループとSBエナジーが創立メンバーとして参画しています。

こうした国内外における自然エネルギーの普及にソフトバンクグループが積極的なのは、2011年9月に開催された自然エネルギー財団の設立イベントで、孫社長が発表した「アジアスーパーグリッド構想」を実現したいという思いがあるからです。

アジアスーパーグリッドとは、アジア各地に豊富に存在する太陽光や風力、水力などの自然エネルギー資源を、各国が相互に活用できるようにするため、各国の送電網を結んでつくりだす国際的な送電網のことです。

ヨーロッパでは、100年ほど前から各国が送電網を結んできましたが、近年、自然エネルギーの導入拡大にともない、国際送電網の整備がさらに活発に進められています。これに対して東アジアでは、中国やモンゴル、ロシアなどの間に限定的な送電網があるだけです。

アジアスーパーグリッド構想では、日本や韓国、中国、ロシア、モンゴル、東南アジア諸国、インドといった国々の送電網を結び、国際送電網を整備することを目指しています。

SBエナジーの三輪茂基社長は、アジアスーパーグリッドを実現するためには、「技術」と「経済性」「政治・法律・規制」の3つが鍵になると語り、技術的には実現可能であり、経済性も十分に見込めるが、各国の政府間協議によるルールづくりが必要で、これがどうなるかにかかっていると言います。

三輪社長の「アジア国際送電網研究会 第2次報告書」発表シンポジウム（2018年7月開催）での講演資料によれば、中国の国家電網公司（SGCC）、韓国電力公社（KEPCO）は、蒙中韓日プロジェクトの枠組みのもと、中韓2国間の国際送電網の連係を進めるなどの覚え書きを、2017年12月に交わしました。また2018年6月には、韓国電力公社とロシアの電力会社ROSSETIが、電力系統連携に向けた共同研究やロシアの天然資源の共同開発・研究、配電網の試験事業などの研究で覚書を締結しています。

さらに少し前の2016年には、中国国家電網公司とロシアのROSSETIが、合弁会社を設立し送電網事業を展開する協議書に署名しました。協力範囲は、電力取引や送配電網に対する投資にまで及んでいます。

このように、各国は官民一体で国際送電網の連系を推進していますが、残念ながら日本ではほとんど進んでいません。

三輪社長は、日本から見たアジアスーパーグリッドの意義として、次の点を挙げています。

・再エネの開発推進、普及拡大と出力変動の平滑化

・広域運用による電力安定供給の向上
・電力市場への競争原理の導入・需給パターンの差異利用による経済効率性の向上
・日本の省エネ、クリーン技術の海外輸出
・2国間排出クレジットの活用機会の増加
・エネルギー安全保障の確保と北東アジアの平和安定
(「アジア国際送電網研究会 第2次報告書」発表シンポジウムにおける三輪茂基氏の講演資料「ソフトバンクの自然エネルギー事業とアジアスーパーグリッド」2018年7月23日より)

どれも、これからの日本のエネルギー産業にとってだけでなく、アジア各国の政府、国民、企業にとっても非常に重要です。

第6章

GAFA×BATHと比較分析する

◆分析することの本質は比較すること

分析することの本質は比較することです。企業の競争戦略分析においては、競合他社や類似企業と比較分析することが重要です。競合他社と比較することで、分析していきたい対象企業の強みや弱み、その企業らしさや特徴などがより明確になってきます。

本書においては、米中メガテック企業であるGAFA×BATH（グーグル、アップル、フェイスブック、アマゾン、バイドゥ、アリババ、テンセント、ファーウェイ）や、世界的に著名な投資家であるウォーレン・バフェット氏率いるバークシャー・ハサウェイと比較分析を行っていきます。

◆GAFA×BATH＝米中メガテック企業との比較分析

それではまず、ソフトバンクグループとGAFAやBATHという米中メガテック企業との比較分析をしていきたいと思います。

まず現時点では、ＧＡＦＡとＢＡＴＨが、自社で直接的にグローバルなプラットフォームやエコシステムを構築しているのに対して、ソフトバンクグループはグローバルではまだ間接的にしかプラットフォームやエコシステムを構築できていません。

もちろん、ソフトバンクグループも日本国内では通信事業やＥＣ事業で、広い意味でのプラットフォームを構築しており、日本企業のなかではプラットフォーム化をいち早く進めている企業の１つです。しかし、米中のメガテクノロジー企業に匹敵するようなグローバルなプラットフォームやエコシステムは、まだ構築できていません。

ＡＩ群戦略では、投資先であるパートナー企業の筆頭株主になることには強くこだわっていますが、50％以上の株式を握ってその企業を管理下に置くことにこだわりはありません。そのため、ＡＩ群戦略として、群として見れば間接的にプラットフォームやエコシステムを構築できていますが、ＧＡＦＡ、ＢＡＴＨのような直接的なプラットフォームやエコシステムは、現状では構築できておらず、ギャップがあります。

もっとも、すでに産業戦略の章で述べた通り、ベストケースシナリオで事業が進展していけばおそらく２０２５年頃には、通信プラットフォーム、交通機関プラットフォーム、エネルギープラットフォームを構築し、これら３つのプラットフォームを様々につなぐこ

図表37　米中メガテック企業との時価総額比較（2019年11月23日）

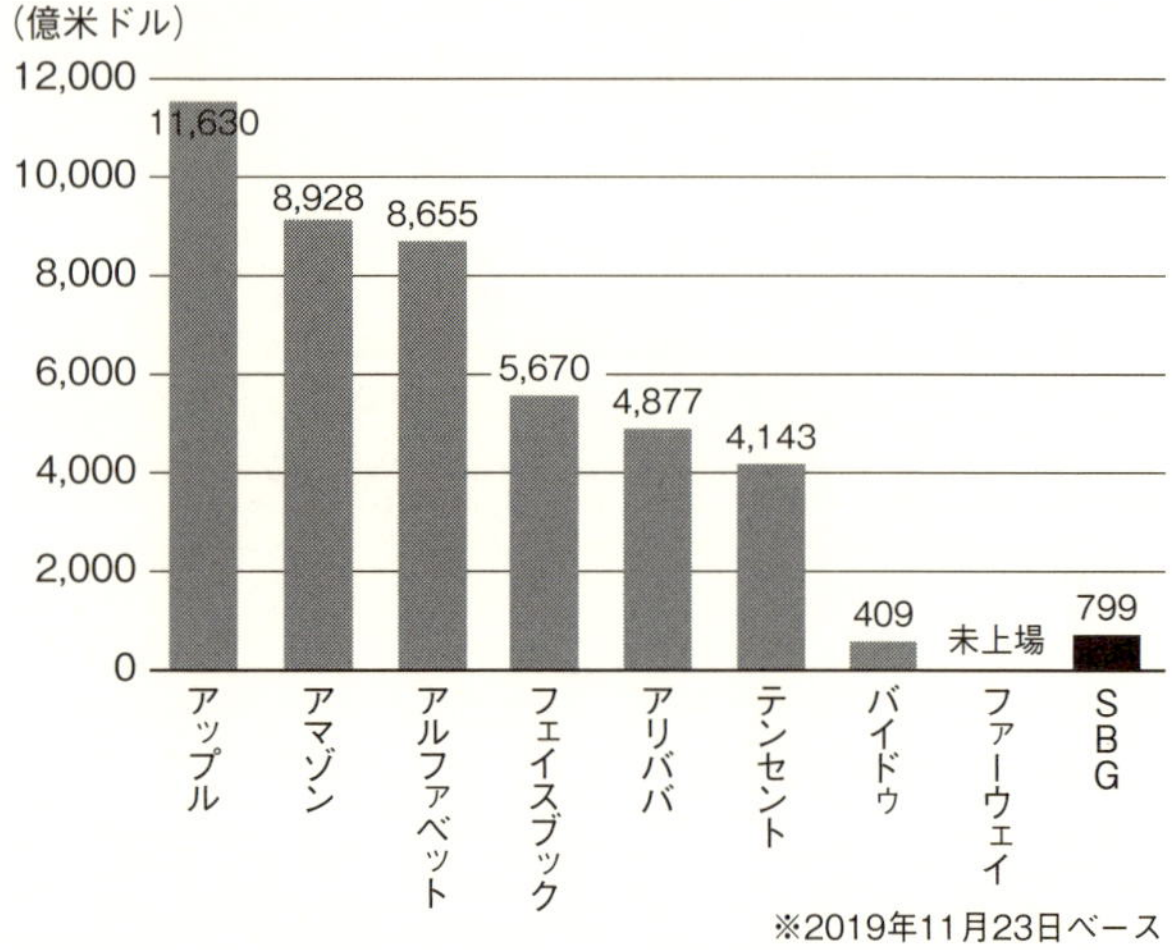

出典：ブルームバーグマーケット情報より

とで産業プラットフォームを構築するのではないかと、筆者は予測しています。

図表37は、GAFAとBATとソフトバンクグループの時価総額を比較したものです。これを見ると、GAFAがいかに巨大であるかということと、アリババとテンセントがそれに近づきつつあることがわかります。一方、バイドゥは相当に小さく、ソフトバンクグループ（SBG）もこうして米中メガテック企業と比較すると小さく見えます。

次の図表38は、アリババの時価総額とアリババの時価総額のうちソフトバンクグループが保有する分、ソフトバンクグループの時価総額の3つを比較したもの

図表38　アリババの時価総額とSBGの時価総額

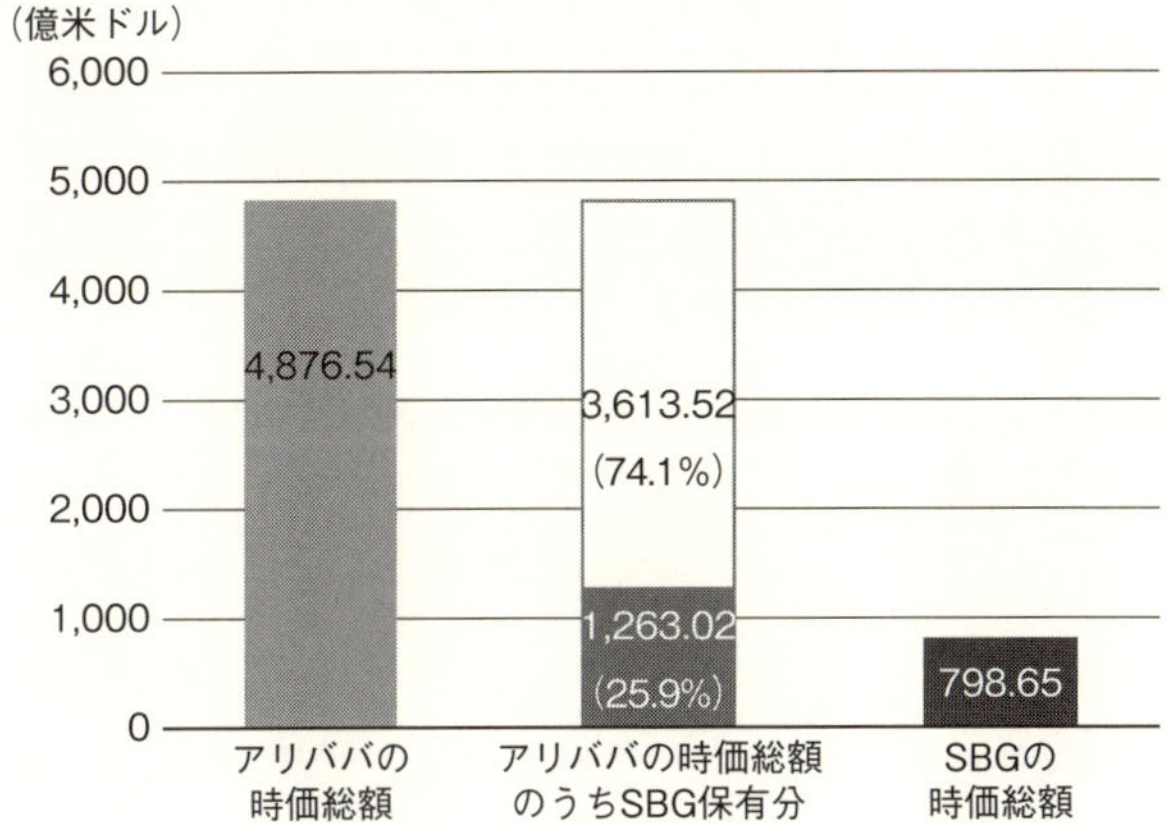

※2019年11月23日ベース

出典：ブルームバーグマーケット情報、アリババのアニュアル・レポートより

です。

ソフトバンクグループは、アリババの発行株式のうち25・9％を保有しています。その持ち分は約13・5兆円になりますが、ソフトバンクグループの時価総額はそれを約5兆円も下回っています。

本来であれば、アリババの持ち分にソフトバンクグループの事業価値が加わり、ソフトバンクグループの時価総額が13・5兆円以上になるはずです。しかし、そうなっていません。つまり、相当極端なコングロマリット・ディスカウントになっているということです。コングロマリットとは、巨大複合企業グループのことで、グループの各企業を単体で評価するよりも市場の評価が低下している状態をコングロマリット・ディスカウントと言います。

このように、単独の企業グループとしては現時点では米中メガテック企業には時価総額の面で見劣りするソフトバンクグループですが、２０１９年11月に飛び込んできたヤフーとＬＩＮＥの経営統合のビッグニュースは、日本勢のこれからの挽回が期待できるものとして評価されます。

第2章でも述べた通り、ソフトバンクグループはアリババを、ＬＩＮＥはテンセントをベンチマークしてきたなかで、中国二大メガテック企業にはユーザー数や時価総額では現時点で見劣りするものの、同二大企業が経営統合するような事業シナジーを有する日本勢2社の組み合わせは極めて強力。

本書で述べてきたソフトバンクグループの産業戦略がＬＩＮＥとも経営統合されて展開されていけば、日本発で海外にも通用するプラットフォーム企業となる可能性は小さくないと分析されます。

◆なぜ営業利益率は高く、総資産回転率は低いのか？

縦軸に売上高営業利益率、横軸に総資産回転率をプロットして分析する手法を私は「ＲＯＡマップ」と呼び、コンサルティングで当該企業を初めて分析する際に使っています。３１５ページの図表39は、ＧＡＦＡとＢＡＴＨ、ソフトバンクグループの９社を、その「ＲＯＡマップ」で図示したものです。

この手法を私が重視するのは、これが「定量×定性」分析、そして「収益構造×事業構造」分析の接点となるものだからです。ＲＯＡマップ自体は、財務分析という定量分析ですが、収益構造や事業構造という当該企業の経営戦略の結果が織り込まれており、定性分析のツールであるとも言えるのです。なお、ＲＯＡとは「総資産利益率」のことで、投下した資産によりどれだけの利益を生み出したかを表しており、効率性と収益性が反映されます。ＲＯＡは一般に、「当期純利益÷総資産」で導き出されます。

このマップの横軸は総資産回転率＝「１年間に資産が売上げとして何回転したか」です。この数値は、「売上高÷総資産」で求められ、資産がどれくらい有効活用されているかを示します。

一般的には、商社や小売業のような販売や販売仲介型の業種は高くなり、鉄鋼・金属・

化学といった重厚長大型の業種は低くなります。つまり、設備が軽微なほうが総資産回転率は高くなる傾向があるのです（一方で、利益率は低くなる傾向があります）。

これは業界のなかでも同じことが言えます。たとえば日本の介護業界で言えば、総資産回転率は、設備投資（土地や建物、さらにはその他の有形固定資産）が必要となる有料老人ホーム企業は低く、デイサービス企業、そして在宅サービス企業の順に高くなっています。

マップの縦軸は売上高営業利益率（「営業利益」は各社の「Operating Income」もしくは「Operating Profit」を使用）で、「営業利益÷売上高」で計算します。営業利益率には、当該企業の市場ポジションや意思が投影されています。一般的には生産性の高い業種や企業のほうが高くなる傾向があります。

先に説明したように、ROAは一般に「当期純利益÷総資産」で計算しますが、私は本業による利益である営業利益を用いて「営業利益÷総資産」で計算するほうが実態をつかみやすいと考えています。そこでROAを「営業利益÷総資産」とすると、これは「総資産回転率（売上高÷総資産）」×「売上高営業利益率（営業利益÷売上高）」に分解できます。ROAマップは、これを可視化したものです。

図表39　GAFA×BATHとSBGのROAマップ

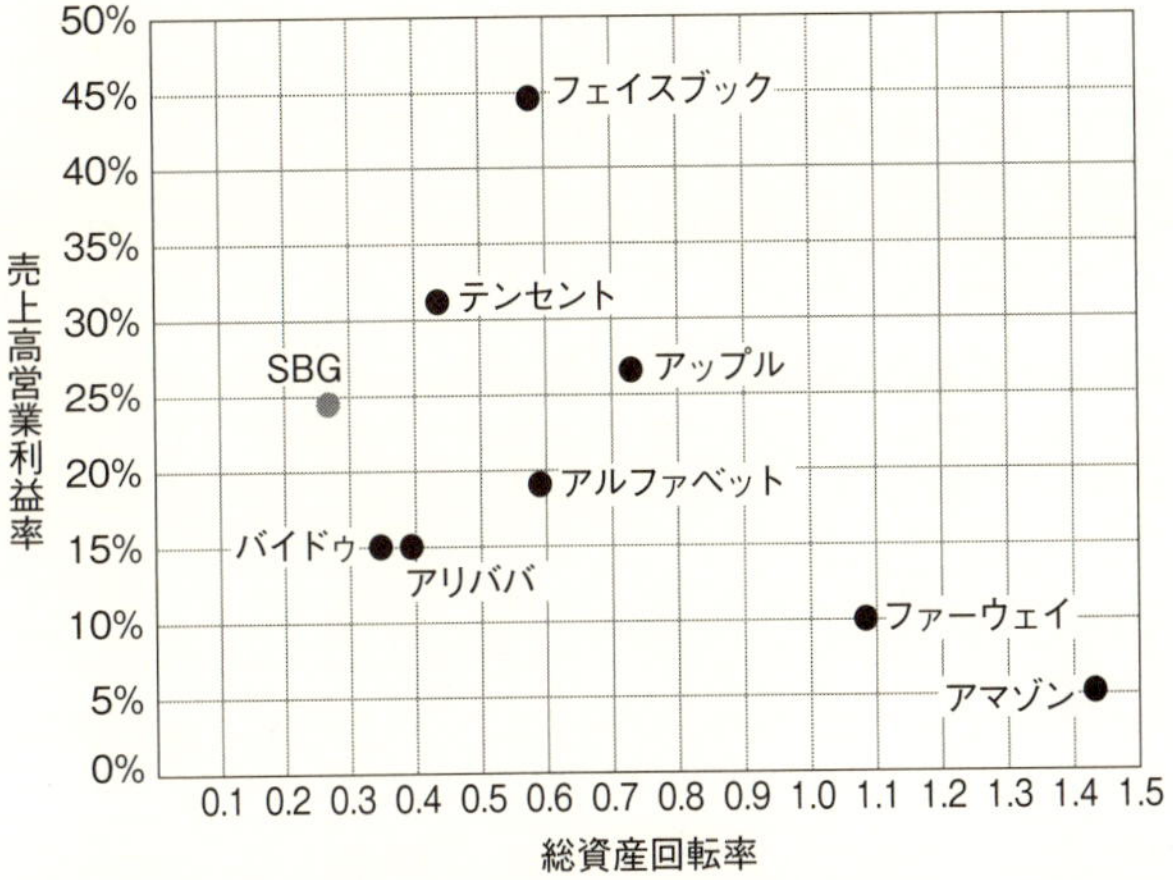

項目	総資産回転率	売上高営業利益率	ROA
アップル	0.73	26.69%	19.39%
アマゾン	1.43	5.33%	7.64%
アルファベット	0.59	19.24%	11.31%
フェイスブック	0.57	44.62%	25.60%
アリババ	0.39	15.15%	5.92%
テンセント	0.43	31.23%	13.50%
バイドゥ	0.34	15.19%	5.22%
ファーウェイ	1.08	10.16%	11.00%
SBG	0.27	24.51%	6.52%

注：アップルの対象会計年度は2017年10月1日～2018年9月29日。
　　アリババとSBGの対象会計年度は2018年4月1日～2019年3月31日。
　　その他企業の対象会計年度は2018年1月1日～2018年12月31日。

ソフトバンクグループは、売上高営業利益率は24・5%と4番目です。上位のフェイスブックとテンセントは、ソーシャル・ネットワーキング・サービス（SNS）事業の利益率が高く、アップルも営業利益率が高いことで有名です。その次に位置するわけですから、ソフトバンクグループの営業利益率も他社と比較して相対的に高いと言えるでしょう。

ただ、ここで注意しておかなくてはいけないのは、2018年度決算ではソフトバンクグループの営業利益の約半分がソフトバンク・ビジョン・ファンドからの未実現利益であった点です。

ソフトバンクグループは、国際会計基準に則って未実現利益（評価益）を営業利益として計上しています。それ自体はルール上当然のことなのですが、前にも指摘した通り、リーマンショック時のようにマーケットが大きく崩れると、投資先企業の株価も下がりますから、現在の営業利益が営業損失に反転してしまう恐れもあるわけです。これが実際に顕在化したのが序章でも述べた2019年7－9月期連結決算だったのです。

2018年度時点では、高い営業利益率ですが、株価は非常に変動性が高いため、それが今後も継続できるとは限らず、営業利益率の安定性は乏しいと判断できます。

これに対して他の8社は、実業を行っている事業会社であるため、営業利益は実現した利益であり、株価ほど変動性は高くありませんから安定的に推移します。

GAFA、BATHが自分たちで製品やビジネスモデルつくり込むことにこだわりがあるのに対して、ソフトバンクグループはそれよりも事業拡大のほうにこだわりがあり、これがGAFA、BATHとソフトバンクグループとの決定的な違いです。

そして注目すべきは、ソフトバンクグループの総資産回転率が一番低い点です。総資産回転率は、分母が総資産で分子が売上高。売上高が大きければ大きいほど、総資産回転率も大きくなります。

ソフトバンクグループの場合、投資先の株価を時価評価し、購入価格を上回った部分が営業利益として計上されますが、売上高は増えません。投資事業はそのビジネスモデル上、売上高は伸びないので総資産回転率は低くなってしまうのです。

結果、GAFAとBATHに比べて総資産回転率が一番低く、営業利益率のボラティリティーは高い。これがソフトバンクグループの特徴だと言えるでしょう。

ソフトバンクグループは、「営業利益率が高い」のではなく、「そのボラティリティーが高い」企業であると評価すべきなのです。

◆ソフトバンクグループ、アマゾン、アップルの違い

次ページの図表40は、ソフトバンクグループとアマゾン、アップル3社の「5ファクターメソッド」――「道」「天」「地」「将」「法」による分析を比較したものです。

ソフトバンクグループの「道」、ミッションは「情報革命で人々を幸せに」。孫社長は株主総会や決算説明会でも、このミッションでプレゼンテーションを締めることが多々あります。このミッション実現のために、ソフトバンクグループがあるのです。

アマゾンのミッション、ビジョンは、「地球上で最も顧客第一主義の会社」。アマゾンにとっては、一般の消費者に限らず、販売者、デベロッパー、企業・組織、コンテンツクリエイターも顧客です。顧客は第一に低価格と品揃えを求めるという認識のもと、ミッションを実現することを目指しています。

アップルは、ミッションを明示していませんが、ブランド観は明確です。アップルの「自分らしく生きることを支援する」ことへの強いこだわりは、使命感と呼んでもよいほどで、「自分らしくする」「革命を起こす」が、アップルの「道」だと言えるでしょう。

図表40　ソフトバンクグループvs.アマゾンvs.アップルの比較

項目	ソフトバンクグループ	アマゾン	アップル
道	情報革命で人々を幸せに	「地球上で最も顧客第一主義の会社」	「自分らしくする」「革命を起こす」
天	情報革命	カスタマーエクスペリエンス向上の機会	「自分らしくする」「革命を起こす」ための機会
地	アジア、中国、インド グローバル展開	「エブリシングストア」から「エブリシングカンパニー」へと成長	プラットフォームやエコシステムの構築
将	「AI起業家集団」	リーダーシップ14カ条	スティーブ・ジョブズの右脳型カリスマ経営からティム・クックの左脳型オペレーション経営への転機
法	AI群戦略	アマゾン本体×AWSによる各種のプラットフォーム構築	ハード、ソフト、コンテンツ、クラウド、直営店等の事業展開

「天」は「道」と関連しており、ソフトバンクグループにとっての「天」は、情報革命のための機会であり、ＡＩやＩｏＴなどのテクノロジーの進化を絶好の機会と捉えています。

アマゾンにとっての「天」は、カスタマーエクスペリエンスを向上させるための機会であり、テクノロジーの進化・発展をビジネスの好機と捉えて、すべてビジネスにつなげていっています。

アップルにとっての「天」は、人がおのおのの視点をもち、自分らしく生きることを支援する機会であり、最先端テクノロジーによってアイフォンなどの既存製品を進化させるだけでなく、他社にない新製品を生み出そうとしています。

ソフトバンクグループの「地」の利はアジアにあり、中国やインド、東南アジアからグローバル展開を行っています。

アマゾンの「地」については、本のECから事業をスタートしましたが、今では物流企業でもあり、テクノロジー企業でもあり、宇宙事業への展開も視野に入れています。「エブリシングストア」から「エブリシングカンパニー」へと成長した、とも言えるでしょう。

アップルにとっての「地」は、アイフォンなどによるプラットフォームの構築、そのプラットフォームを中核としてのエコシステムの確立というビジネスモデルです。

筆者が解説を執筆した『NOKIA　復活の軌跡』（リスト・シラスマ著、渡部典子訳／早川書房）には、アップルのスティーブ・ジョブズ氏が、当時のノキアの会長に対して、「あなたの会社はもはや競合ではない」と言い放ったという一説があります。

これは相当に強烈な発言ですが、その主旨は、ノキアはデバイスメーカーだけれども、我々アップルはもはやデバイスメーカーではなく、プラットフォーマーであり、エコシステムまで構築している企業だ、ということでしょう。当時から、プラットフォーム、エコシステムに対する意識が非常に強かったことが窺《うかが》えます。

ソフトバンクグループの「将」、リーダーシップとして、現時点で一番象徴的なのは、「ＡＩ起業家集団」で、ＡＩのそれぞれの分野の起業家を束ねて集団にしているところに特徴があります。当然、孫社長がその中核であることは言うまでもありません。

アマゾンの「将」は、「リーダーシップ14カ条」で、全社員に対してセルフリーダーシップを求めている点が象徴的です。ジェフ・ベゾス氏のビジョナリー・リーダーシップも大きな特徴です。

アップルの「将」としては、ジョブズ氏の「右脳型カリスマ経営」から、ティム・クック氏の「左脳型オペレーション経営」への転換が象徴的です。

ソフトバンクグループの「法」としては、やはり「ＡＩ群戦略」が最大の特徴でしょう。ソフトバンク・ビジョン・ファンドが収益の中核となっています。

アマゾンの「法」は、「アマゾン本体×ＡＷＳ（アマゾン・ウェブ・サービス）」を基盤としたＥＣサイトやコンパクト・スマート・スピーカー「アマゾン・エコー」などによって各種のプラットフォームを構築するというものです。

アップルの「法」は、ハード、ソフト、コンテンツ、クラウド、直営店などの事業展開を同時に行っている点が、事業構造、収益構造の仕組みの中核です。

3社に共通するのは、テクノロジー企業であり、テクノロジーに思い入れがある点ですが、テクノロジーにどんな特徴を掛け合わせているかは違います。ソフトバンクグループは「テクノロジー×金融財務」、アマゾンは「テクノロジー×カスタマーエクスペリエンス」、アップルは「テクノロジー×デザイン」と分析できます。

◆創業者に共通する「超長期思考」

これは経営者に限りませんが、「大胆なビジョン」――非常に大きく、超長期的な目標を立てることには大きな意義があります。なぜなら、大胆なビジョンを考えようとすると、思考のリミットが外れ、ワクワクするような大きな目標を立てることができるからです。スケールの大きな超長期思考のトレーニングになるのです。

また、超長期目標は、「成長×貢献」の目標となり、目標とビジョンやミッションが一致することにもつながります。目標をもつ勇気が、進化する力、未来を創る力にもなります。

孫社長は、超長期目標として「３００年成長する企業」を目指しており、そのための「新30年ビジョン」をつくったのは、すでに述べた通りです。

これに対して、アマゾンのベゾス氏は、「1万年時計」に投資を行い、1万年時計を実際につくっています。超長期思考で、1万年先まで見据えているのがベゾス氏なのです。

ジョブズ氏は、こうした超長期目標については、残念ながら語りませんでした。非常にビジョナリーな彼のことですから超長期目標をもっていたかもしれませんが、後年においては、病気のせいでもあるのかそれが語られることはありませんでした。

ジョブズ氏は、有名なスタンフォード大学の卒業生に向けたスピーチで、「もしも今日が人生最後の日だとしたら、今日やろうとしていることをやりたいと思うだろうか」と毎朝鏡を見て自問してきたと語っています。こうした考え方が彼にとっては超長期目標に代わるものだったのかもしれません。

ちなみに、アリババの創業者であるジャック・マー氏は、「１０2年続く会社にしたい」と述べています。なぜ、１０2年なのかと言うと、アリババを足掛け3世紀、前の世紀の最後の1年と現世紀１００年と次の世紀の最初の1年で最低でも１０2年続く会社にしたいのだそうです。彼もまた、超長期思考の創業者であったことが、このことからもわかるでしょう。

◆孫正義、ジェフ・ベゾス、スティーブ・ジョブズの違い

ソフトバンクグループ、アマゾン、アップルの創業者である、孫社長、ベゾス氏、ジョブズ氏の3人をさらに比較してみましょう。次ページの図表41は、孫社長とベゾス氏、ジョブズ氏を6項目で比較したものです。上から順に見ていきましょう。

まず1項目めの「ミッションの対象」ですが、それぞれ自分のミッションの対象がどこにあるのか。孫社長は「社会的価値」を生み出すことに、ベゾス氏は徹底して「顧客」に、ジョブズ氏は「新たなライフスタイル」を提示することにミッションの対象があります。

2項目めの「こだわり」は、それぞれ何に一番こだわっているのか。

孫社長は「No.1になること」に徹底的にこだわっていて、No.1になれない分野では事業

図表41　孫正義vs.ジェフ・ベゾスvs.スティーブ・ジョブズの比較

項目	孫正義	ジェフ・ベゾス	スティーブ・ジョブズ
ミッションの対象	社会的価値	顧客	新たなライフスタイル
こだわり	No.1になること	顧客	デザイン
ディスクロージャー度	積極的	消極的	秘密主義
ビジョンの期間	超長期	超長期	長期
ビジョンの主な範囲	グローバル	宇宙	グローバル
創造と変革	変革（自分でイノベーションにはあまりこだわらない）	創造と変革	創造と変革

を行おうとしません。この点で非常に明快なのは、グーグルの事業領域は絶対やろうとしない点で、たとえば、グーグルがやろうとしている自動運転のＯＳ分野へは参入していません。

ベゾス氏のこだわりは、一貫して「顧客」です。ベゾス氏は長年にわたり、消費者には３つの重要なニーズがあり、それは「低価格」「豊富な品揃え」「迅速な配達」だと言っています。だから、「より低価格」に、「より豊富な品揃え」に、「より迅速な配達」になるようにテクノロジーを駆使してきました。

しかし、これら３つのニーズに対して顧客が満足することはありません。「もう十分に安くなった」「これ以上の品揃えはいらない」「商品の配達は今のままでいい」などとは言わないでしょう。ベゾス氏は、昔も今も10年後も消費者が求めるこれら三つのことは変わらない、と長年言い続けています。

ジョブズ氏のこだわりは、やはり「デザイン」で、次のように語っています。

「デザインはただの見た目やフィーリングじゃない」「デザインこそ、ものの仕組みすべてだ。世界で一番優れたものを作りたい。我々はそういう人たちを雇うのだ」「墓場で一番の金持ちになっているかなんてどうでもいい」（『スティーブ・ジョブズ グラフィック伝記』（ケヴィン・リンチ著、林信行監修、明浦綾子訳／実業之日本社）

ジョブズ氏にとってのデザインは、私たちが考えているデザインという概念よりも、相当に広く深い意味があることがわかります。仕組みにおいても、プラットフォームやエコシステムにおいてもデザインを強く意識してこだわりました。

もちろん、最終的には製品のデザインがシンプルでミニマルであることにも強くこだわったことは言うまでもありません。ジョブズ氏がアイポッド（iPod）担当のデザイナーらにデバイス上のボタンを減らすよう指示を与えたのは有名で、これが製品の代名詞となる「スクロールホイール」の実現につながりました。

◆「秘密主義はパワーだ」と語ったジョブズ

3項目めは「ディスクロージャー度」。自分のこと、自社のことをどこまで開示して話すのか。これは三者三様で違いが明らかです。

孫社長は、「大ボラ」を吹いて、自分や自社の目標、野望を公言して、有言実行してきました。ですから、ディスクロージャーについては極めて「積極的」。目標や野望を定性的かつ定量的に、数値まで開示しています。これは孫社長ならではで、非常に特徴的です。

ベゾス氏、あるいはアマゾンは、ディスクロージャーには相対的に「消極的」です。最低限のことは明らかにし、情報公開を行いますが、必要以上に話すことはありません。

ジョブズ氏はディスクロージャーにおいてはそれ以上に消極的で、「秘密主義」で有名でした。「秘密主義はパワーだ」とすら語っており、アップルでは秘密主義が宗教のように信仰されていました。社内において部門同士はそれぞれ孤立環境に区分けされていましたし、互いのプロジェクトに干渉しないのが基本ルールでした。

世界中のメディアに対しても、新製品の情報を封印しておくことで関心を集め、マーケティング戦略として発表会への期待を高める効果などがありました。

4項目目は「ビジョンの期間」。それぞれのビジョンを達成するまでの期間をどれくらいと考えているか。孫社長は先ほども述べた通り、「300年成長する企業」を目指して「新30年ビジョン」を作成しましたから、「超長期」と言えるでしょう。

ベゾス氏は、1万年時計ですからさらに「超長期」。3人のなかでは一番長い期間まで見据えています。ベゾス氏はブルーオリジンを設立し、宇宙事業を行っています。同様に宇宙事業を行っているテスラの創業者イーロン・マスク氏もそうなのですが、このままでは地球が滅亡してしまうから、その前に火星に人類を送ろうといったことを真剣に考えています。

ジョブズ氏も「長期」ですが、2人と少し違うのは目標を掲げることよりも1日1日を充実させることに重点を置いていた点です。特に、すい臓がんで死の宣告を受け、手術を受けて何とか生還してからは強く死を意識していたと思います。

だからこそ、先ほども紹介したスタンフォード大学のスピーチで、「時間は限られているのだから、他人の人生を生きて時間を無駄にしてはいけない」と卒業生に語り、最後に

「Stay Hungry, Stay Foolish（ハングリーであり続けろ、愚か者であり続けろ）」と言ったのだと思います。

5項目めは「ビジョンの主な範囲」。ビジョンとして、どこまで見据えているか。孫社長も宇宙事業や衛星の開発などにも投資を行ってはいますが、「主な」というほどではありません。ビジョンの主な事業領域、ドメインは「グローバル」。やはり地球のなかです。日本から始まって、中国、インドから広くアジアに、そしてグローバルに投資を行って事業を展開しています。

ベゾス氏は「宇宙」まで見据えて、ブルーオリジンで宇宙事業まで手掛けており、ビジョンの主な範囲としては、ベゾス氏一人が突き抜けています。

ジョブズ氏も「グローバル」ではありましたが、宇宙事業については考えていたかもしれませんが事業展開は行いませんでした。

6項目めは「創造と変革」。自分でものをつくることにこだわるのか、そうではないのか。孫社長は「変革」で、ベゾス氏とジョブズ氏は「創造と変革」。

ベゾス氏とジョブズ氏が、自分たちで製品やサービスをつくりあげ、それらを変革していくことに強い思い入れがある一方、孫社長は自分でつくることよりも事業を拡大することにこだわりがあり、投資をして投資先の製品やテクノロジー、ビジネスモデルをソフトバンクグループに導入すればいいと考えています。ここが決定的に違うところです。

◆バークシャー・ハサウェイ、アルファベットとの違い

次に、ソフトバンクグループを持株会社、投資会社として見た場合についても、類似する企業2社と比較してみましょう。1社は、世界的に著名な投資家であるウォーレン・バフェット氏率いるバークシャー・ハサウェイ、もう1社がグーグルの持株会社であるアルファベットです。

バークシャー・ハサウェイは、保険事業で得た保険料収入のうち保険料支払い準備金を差し引いた金額「フロート」を投資事業へ投入しているため、株式会社の形態をとった「投資ファンド」と呼ばれています。

バークシャー・ハサウェイの投資先は、大きくは事業投資と株式投資の2つに分けられます。事業投資は、実際にその事業を行って成長させたり、他の事業とのシナジーを生み

出すなど事業上の目的があるのに対して、株式投資は、株式の売却益などを得ることが最大の目的です。事業投資家をストラテジック・スポンサー、株式投資家をフィナンシャル・スポンサーと呼びますが、バークシャー・ハサウェイはその両方なのです。

ただ、連結決算で売上高として計上されるのは事業投資だけで、保険事業や鉄道事業、エネルギー・電力事業、製造事業、小売り事業など多種多様です。株式投資先としては、アメリカン・エキスプレスやバンク・オブ・アメリカ、アップル、コカ・コーラなどが含まれており、これら銘柄の評価損益などは投資事業の営業損益として計上されます。

バークシャー・ハサウェイの投資で特徴的なのは、バフェット氏が「わかるもの」に限られる点です。ビジネスや事業内容、製品、サービスがよく理解できるものにしか投資を行いません。

また、ブランド力があり、長期的な成長が見込めて、株価が割安な企業に投資する「バリュー投資」である点も大きな特徴の１つです。たとえば、２０１８年12月末時点でコカ・コーラの発行済株式の９・４％にあたる４億株を保有し筆頭株主になっていますが、最初に保有を開始したのは１９８８年にさかのぼります。

ソフトバンクグループとバークシャー・ハサウェイは、事業投資と株式投資の両方を行っていますが、ソフトバンクグループはソフトバンク・ビジョン・ファンドを含めて事業投資に重きが置かれているのに対して、バークシャー・ハサウェイは株式投資に重きが置かれている点が大きな違いです。

逆に両社の共通点は、ファンドマネージャーにあたる孫社長もバフェット氏も投資先企業の経営者をよく見て投資判断を行っている点です。もちろんこれは2人に限ったことではなく、投資の世界ではよく言われることでもあります。

バークシャー・ハサウェイは、ソフトバンクグループとの競争優位の違いを2019年7－9月決算で見せつけました。1月から9月までの9カ月間で純利益は約520億ドル（約5兆6300億円）に達し、同社は「世界で最も利益を上げている上場企業」となったのです。

さらに手元現金は1280億ドルとこれも過去最高を記録（2019年11月3日付けブルームバーグ記事より）。時価総額のグローバルランキングでも5372億ドルで、世界第6位（日経ヴェリタス2019年11月17日号）。

図表42　持株会社３社の比較

	ソフトバンクグループ	バークシャー・ハサウェイ	アルファベット
投資スキーム	ソフトバンクグループの100%子会社SB Investment Advisers（UK）Limitedがリミテッドパートナーシップによるファンド「ソフトバンク・ビジョン・ファンド」を組成、ファンドから株式投資を実行	連結事業の保険事業（“collect-now, pay-later model”）で得た保険料収入のうち、保険料支払い準備金を差し引いた金額（=Float）を投資事業（株式投資・デリバティブ）へ投入 ＊株式会社の形態をとった「投資ファンド」	連結事業の「Other Bets」事業として、自動運転、ライフサイエンス、再生エネルギー、AI/ディープラーニング、ドローン、ロボティクス、地熱、クリーン燃料などのR&D、企業、投資キャピタルへ事業投資
投資手法	➢グロース投資・ユニコーン投資 ➢AIに特化する ➢事業シナジーの創出 ➢「ＡＩ群戦略」に基づき交通、物流、金融、医療、不動産、テクノロジーなどの分野へ投資 ➢「ソフトバンク・ビジョン・ファンド」からの投資先は非連結（アームを除く）	➢成長性が見込めブランド力をもつ割安な銘柄に長期投資するバリュー投資 ➢金融、航空、アップルなどを中心に投資 ➢ウォーレン・バフェットCEOが「わかるもの」への投資 ➢投資事業としての投資先は非連結・一部持分法適用会社	➢未来への実験的投資 ➢R&Dプロジェクトからの事業化 ➢「Other Bets」事業は連結
ミッションなど	➢「情報革命で人々を幸せにする」 ➢「AI群戦略で情報革命を牽引」 ➢「AIはあらゆる産業を革新する」	➢すべての事業を1つに集中させることによって、企業価値を最大化する ➢“Focus on the Forest – Forget the Trees”	➢「世界中の情報を整理し、世界中の人々がアクセスできて使えるようにする」 ➢「AIの民主化」 ➢技術を利用して人々の生活を改善する

決算説明会において孫社長は自らバークシャー・ハサウェイをＡＩ群戦略との比較の対象にしていますが、現時点では多くの点において前者が優れた実績を残していると評価されるのです。

アルファベットの投資は基本的には事業投資であると考えられ、「未来への実験的投資」と呼んで、自動運転のウェイモや次世代技術の研究開発を専門に行うエックス（Ｘ）、スマートシティ構築を目指すサイドウォーク・ラボなどに投資を行っています。

サイドウォーク・ラボは、「人中心で未来志向の都市デザインと最先端テクノロジーを結び付けることで、人々の都市生活を向上させること」をミッションにしています。2019年6月に発表したカナダ・トロントのスマートシティ開発計画「サイドウォーク・トロント」のマスタープランによると、モビリティ、居住・建物、公共の場、社会インフラ、オープンデジタルインフラなどにイノベーションを取り入れることで、より価格が手頃で、より環境的に持続可能で、人により多くの機会をもたらすような都市をつくるとされています。

こうした事業投資は、グーグル事業に対して「アザー・ベッツ（Other Bets）」事業と呼ばれています。

アルファベットの投資方針は、研究開発から事業化して収益化するというもので、ウェイモはようやく事業化されました。

アルファベットの売上高の99％以上がグーグルからもたらされていますので、投資の原資はグーグルの広告事業から得られるキャッシュということになります。

グーグルという絶対的な収益基盤がある一方で、未来への投資である投資先企業の事業化、収益化がなかなか進まないことが懸念されているのが、アルファベットの投資事業です。もちろん、投資先にはウェイモのように１００％投資することでコントロール下に置いている企業もあれば、スタートアップ投資として少数株主の企業もあります。

ソフトバンクグループはアルファベットを参考に、アルファベットはバークシャー・ハサウェイを参考に持株会社化したと言われています。

◆比較分析から見えてきたソフトバンクグループの特徴

比較分析から見えてきたソフトバンクグループの特徴とは何でしょうか。

まずミッションは社会価値追求型であり、№１であることに強いこだわりをもっていること、ＡＩ群戦略においては、投資先へのマジョリティー出資にはこだわりをもっていないことなどが大きな特徴として指摘できるでしょう。

企業の性格としては、定性的かつ定量的にも投資会社であることがわかりました。その一方で、子会社のソフトバンクは強力な営業力と実行力をもっており、タイムマシン経営により、海外投資先の事業を早期のうちに国内で事業化することに長けています。

また主には投資先を通じてとはいえ、テクノロジー会社としての側面ももっています。

そして最も特徴的なのは、金融財務戦略に長けたファイナンス会社であるという側面です。つまりは、主には「投資会社×事業会社×テクノロジー会社×ファイナンス会社」という4つの性格を有しているのが、ソフトバンクグループの特徴であると考えられます。

そして最後に指摘しておきたいのは、「世界で最も利益を上げている上場企業」であるバークシャー・ハサウェイとの鮮明な相違点です。膨大な純利益と営業キャッシュフローを生み出し、膨大なキャッシュを保有する同社。日本では投資会社というイメージが強い一方で、実際にはリアルビジネスとして保険、鉄道、電力・エネルギー、製造、小売り、サービスなどでしっかり現金を生み出している手堅さがある企業。時価総額が世界第6位という点においても、逆レバレッジや財務上のリスク顕在化を防いでいくためにも、私はソフトバンクグループが本来、最も参考にするべき企業ではないかと考えているのです。

最終章

シナリオ分析で探るソフトバンクグループの近未来

◆近未来シナリオ分析の意義

本章では、シナリオ分析やシナリオプランニングの手法を使って、ソフトバンクグループの近未来シナリオ分析を行っていきたいと思います。

シナリオ分析やシナリオプランニングとは、1970年代に石油メジャーであるロイヤルダッチシェルが活用し始めたことで有名になった経営手法であり、私自身もMUFG（当時の三菱銀行）時代、LNG基地や製油所等の海外大型エネルギープロジェクトのファイナンスを担当していた際に実際に活用していました。

担当していた数千億円規模にも及ぶエネルギープロジェクトにおいては、たとえばプロジェクト対象国であったタイ、インドネシア、マレーシア等における国家成長のシナリオ、原油価格変動のシナリオ、都市化や人口動態のシナリオなどについて分析を行いました。

現在でも、大企業向け戦略コンサルティングにおいて、中期経営計画策定の前提として、あるいは重要プロジェクトの中長期計画策定の際などで活用しています。

分析の性格が強い「シナリオ分析」といった場合には、近未来における複数のシナリオを策定して、それぞれのシナリオにおいてどのようなことが起き得るのかを分析していきます。計画や実行に重点を置く「シナリオプランニング」といった場合には、それぞれのシナリオにおいてどのような戦略で対応していくのかという、行動によりフォーカスした活用となります。単一で特定の未来を予測するのではなく、複数の近未来シナリオを想定していくことがシナリオ分析の大きな特徴です。

◆「NOKIA　復活の軌跡」最大の秘訣はシナリオプランニング

私は、2019年7月に刊行されたノキア現会長であるリスト・シラスマ氏の著作『NOKIA　復活の軌跡』（渡辺典子訳／早川書房）の解説章を担当し、講談社のオンラインメディア「現代ビジネス」の企画で同氏と対談も行いました。

シラスマ会長は、「NOKIA　復活の軌跡」最大の秘訣はシナリオプランニングであると語っており、同書ではかなりのボリュームを割いてシナリオプランニングの実際が書かれています。

「シナリオ・プランニングを使えば、重要なことを見落とす可能性を最小限に抑え、最終的

図表43　近未来シナリオ分析の意義

1. 非連続の大きな環境変化を想定した経営を行うこと
2. 近未来シナリオに大きな影響を与える重要因子を想定しておくこと
3. 非連続の大きな環境変化に対して複数のシナリオを想定しておくこと
4. それぞれのシナリオが起きたときに、どのような戦略や対応を取ることが適切か予め検討しておくこと
5. 近未来シナリオと対策の見える化を行っておくこと
6. 中長期的かつ大局的視点で環境変化への意識を高めておくこと
7. 非連続の大きな環境変化に先行して気づき、意思決定や行動のスピードを高めておくこと
8. 大胆で斬新な事業戦略や商品サービスを開発していくこと

にどのシナリオになったとしても準備万端で臨める可能性を最大化することができる」（同書第11章「プランB、そしてプランC、プランDもある」より）

シラスマ会長は、直接お会いした際にも、「シナリオプランニングは未来について考える方法に規律をもたらすメソッドで、大きな問題を扱いやすい単位に分解し、それぞれ個別に対処するツール」と表現していました。

同書では、シラスマ会長がノキアの携帯事業をマイクロソフトに売却した際や、その他重要なM&A取引において、実際にどのようにシナリオプランニングを活用して意思決定を行ってきたのかが詳しく述べられており、シナリオプランニングの実務書としてもお勧めします。

なお、本書では、ソフトバンクグループを対象

として近未来シナリオを考察していくことを目的としているため、以降は近未来シナリオ分析という呼称を使っていきます。また新書という制約上、シナリオ分析の重要部分についてのみの紹介となることはご了承ください。図表43に近未来シナリオ分析の意義をまとめましたので、参考にしてみてください。

◆近未来シナリオ分析の全体構造

近未来予測分析では、後述するＰＥＳＴ分析等の手法を使って分析対象となる業界や企業を巡る環境分析を行っていきます（環境分析）。それを踏まえて業界や企業に大きな影響を与える重要因子を抽出していきます（重要因子分析）。そして最終的に最も重要なドライビングファクターを複数選択したうえで、複数の近未来シナリオを策定していきます（近未来シナリオ分析）。そして最後に各シナリオに対して、対象企業における競争戦略や事業戦略を策定していきます（戦略策定）。

私は、日本企業の経営戦略において課題となっていることが、以下のように、そのまま近未来シナリオ分析の必要性の背景になっていると考えています。

図表44　近未来シナリオ分析の全体構造

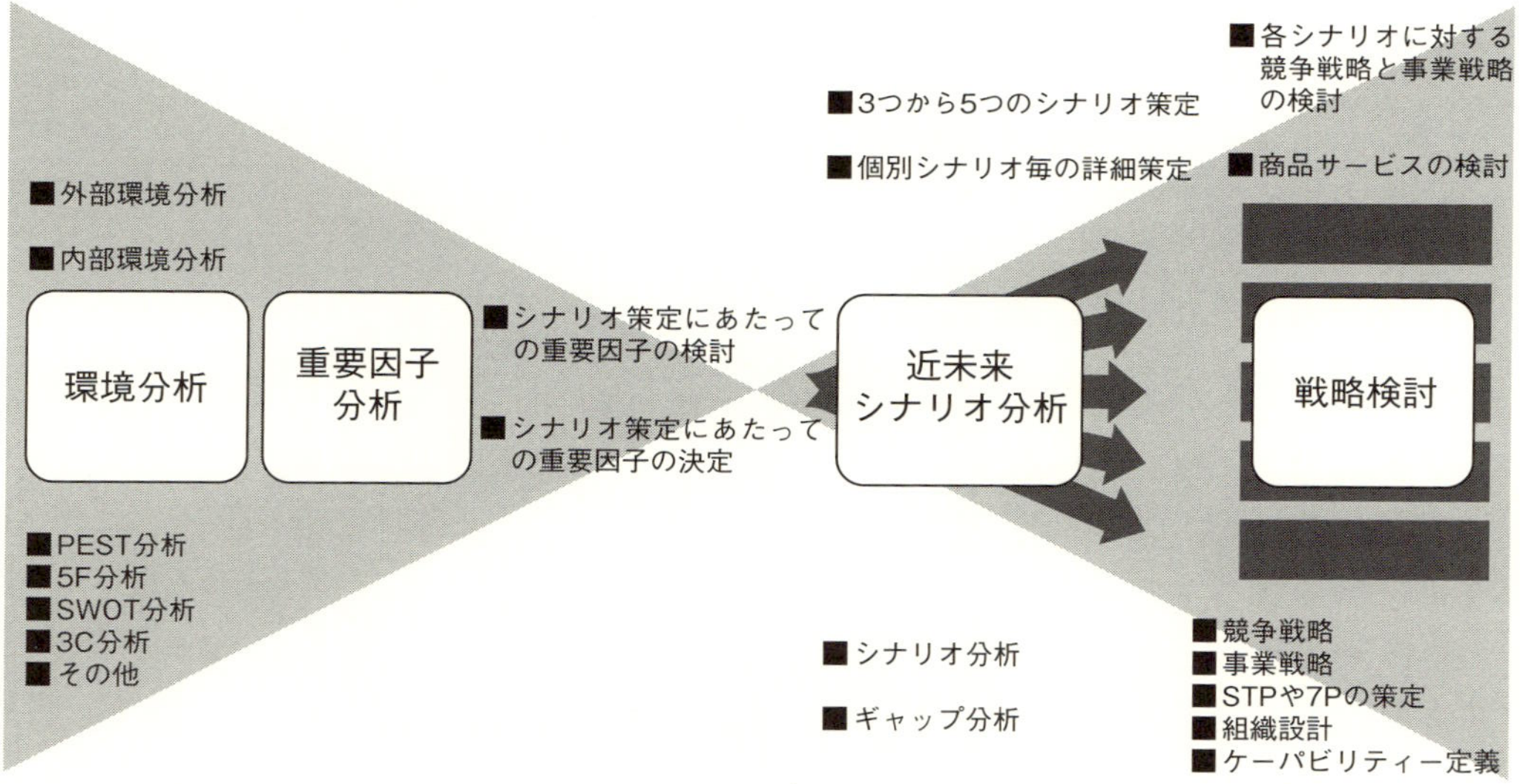
■外部環境分析
■内部環境分析
環境分析
重要因子分析
■PEST分析
■5F分析
■SWOT分析
■3C分析
■その他
■シナリオ策定にあたっての重要因子の検討
■シナリオ策定にあたっての重要因子の決定
■3つから5つのシナリオ策定
■個別シナリオ毎の詳細策定
近未来シナリオ分析
■シナリオ分析
■ギャップ分析
■各シナリオに対する競争戦略と事業戦略の検討
■商品サービスの検討
戦略検討
■競争戦略
■事業戦略
■STPや7Pの策定
■組織設計
■ケーパビリティー定義

●実際には非連続の大きな環境変化のなかにあって、環境変化に対する予測や見方が社内で統一されていないこと
●現状からの連続的で無難かつ単一の予測に基づいた経営計画になっていること
●売上・利益等の計数や環境変化への柔軟性に乏しい戦略や経営計画に終始していること
●中期経営計画は策定したものの、環境変化によって毎期に前提が変動してしまい、計画の修正を余儀なくされていること
●毎年の計画の策定と修正に大きなコストがかかっていること
●悲観的シナリオ・最悪シナリオを経営陣が直視していないこと
●企画部門と現場では、計画未達について「戦略の責任vs.実行力の責任」と責任の押し付け合いが起きていること

私は、日本企業の中期経営計画においては、単一の近未来予測から計画を策定していることがほとんどであると観察しており、柔軟性や実行性に乏しい大きな要因になっていると考えているのです。

◆ソフトバンクグループ近未来シナリオ分析

それでは実際にソフトバンクグループを題材とした近未来シナリオ分析を行っていきたいと思います。

環境分析については、実際にはＰＥＳＴ分析、業界構造分析、ＳＷＯＴ分析、３Ｃ分析等を実施していきますが、ここではＰＥＳＴ分析の概要を示していきます。

ＰＥＳＴ分析とは、政治、経済、社会、技術の視点から、国、産業、企業、人のそれぞれにもたらす変化を分析するものです。様々な要因のなかから、ここでは以下の内容を重要な例示として挙げました。

Politics 政治：米中新冷戦、地球温暖化対策、閉じる大国・開くメガテック企業
Economy 経済：世界的な低成長、ＩＴバブル懸念、シェアリングエコノミー
Society 社会：価値観の多様化や変化、ＳＤＧｓ、クリーンエネルギー
Technology 技術：ＡＩ・ＩｏＴ・ビッグデータ、自動化・ロボティクス、通信５Ｇ

図表45　ソフトバンクグループ近未来シナリオ分析の全体構造

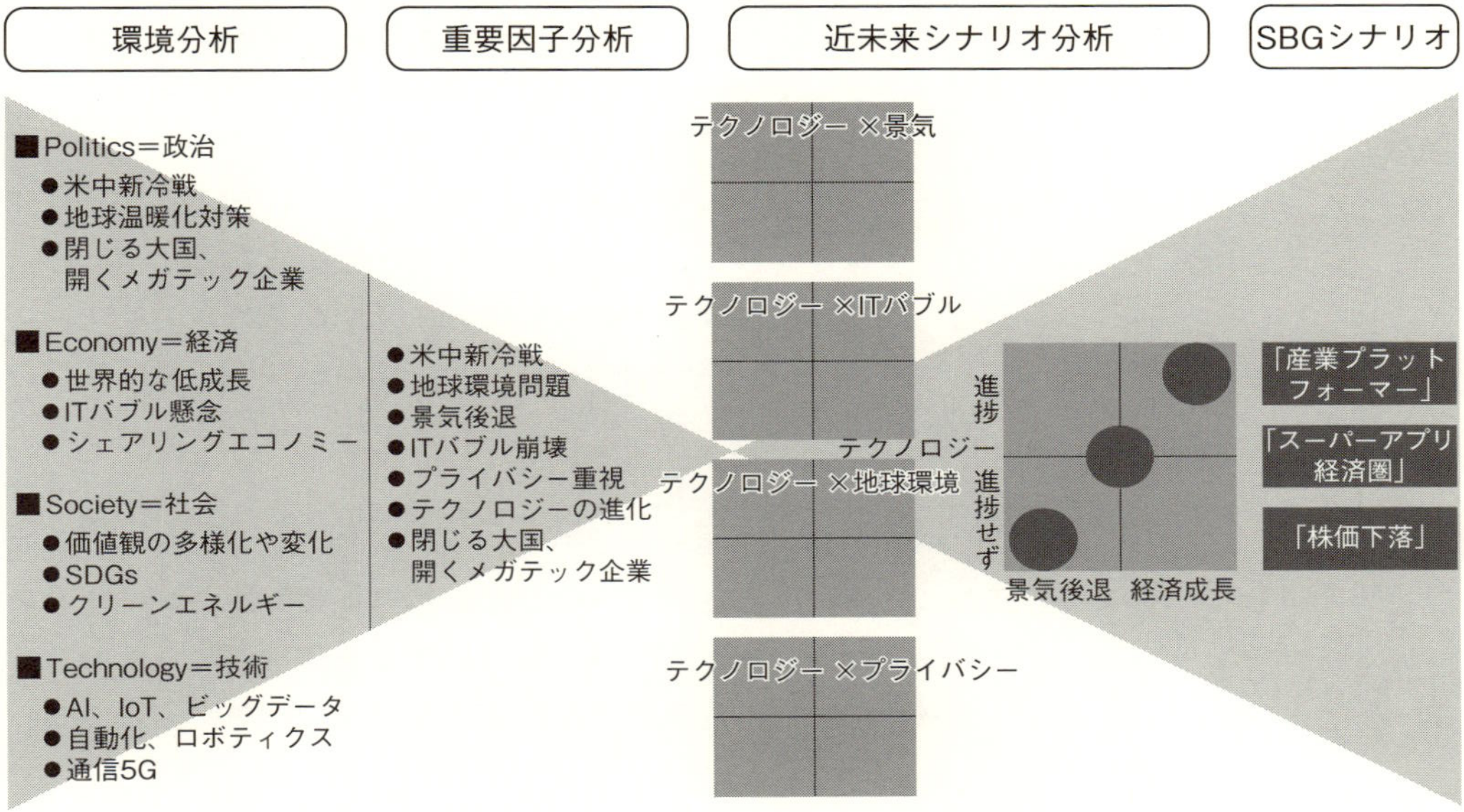
環境分析
重要因子分析
近未来シナリオ分析
SBGシナリオ
■Politics＝政治
●米中新冷戦
●地球温暖化対策
●閉じる大国、開くメガテック企業
■Economy＝経済
●世界的な低成長
●ITバブル懸念
●シェアリングエコノミー
■Society＝社会
●価値観の多様化や変化
●SDGs
●クリーンエネルギー
■Technology＝技術
●AI、IoT、ビッグデータ
●自動化、ロボティクス
●通信5G
●米中新冷戦
●地球環境問題
●景気後退
●ITバブル崩壊
●プライバシー重視
●テクノロジーの進化
●閉じる大国、開くメガテック企業
テクノロジー ×景気
テクノロジー ×ITバブル
テクノロジー ×地球環境
テクノロジー ×プライバシー
テクノロジー
進捗
進捗せず
景気後退
経済成長
「産業プラットフォーマー」
「スーパーアプリ経済圏」
「株価下落」

重要因子分析とは、シナリオ策定にあたって大きな影響力をもつファクターを選定する作業です。実際には100以上の因子を複数組み合わせたりして分析していきますが、ここでは、米中新冷戦、地球環境問題、景気後退、ITバブル崩壊、プライバシー保護等の規制、テクノロジーの進化などを重要因子として選定しました。

次に近未来シナリオ分析に入っていきます。シナリオ分析においては、「近未来がどうなるか」を予測することよりも、「近未来がどのようになり得るか」「その場合にどのようなことが起こり得るか」を考察することに注力します。

そして、特に近未来を動かす原動力となるようなドライビングフォースを抽出し、そのなかでも根源的分岐点となるような重要因子を使ってマトリックス分析を行っていきます。

私は、ソフトバンクグループの近未来シナリオにおいては、たとえば同社が注力しているテクノロジーの進捗状況に対して、国内外の景気動向、ITバブル発生及び崩壊の可能性、地球環境問題の進捗状況、プライバシー保護等の規制状況などが重要なドライビングフォースになっていると分析しています。

より具体的には、ソフトバンクグループでは、ウーバーやディディなどのライドシェア企業に多大な投資を行っていることから、テクノロジーのなかでも、特に自動運転技術の進化や社会実装のスピードに対して、サステナビリティやシェアリングの価値観の変化が、同企業群の時価総額を動かす大きな要因になると分析しています。それは自動運転が社会実装されたタイミングにおいては、商業車として対応できるライドシェア企業が既存のプラットフォームやビッグデータを活かして収益化しやすく、各種プレイヤーのなかでも最も有利になると考えられているからです。

「不動産会社なのか、テクノロジー会社なのか」が問われているウィーワークについて考察してみると、景気動向やそれにより大きな影響を受ける不動産マーケットの動向などが重要因子であると考えられます。

同社をサブリース会社として見るとき、そのビジネスモデルは、「スペースを借り上げることによって契約期間中は賃料を支払わなければならない」という債務を負う一方で、「いかにそのスペースに付加価値をつけてより高い賃料で貸し出すことができるのか」というシンプルな構造に集約されることがわかります。

そのスペースの転貸にあたって稼働率が悪く収入が低ければ、当然債務問題が発生します。特に、ウィーワークは長期リースでスペースを借り上げて、改装、付加価値を付けたうえで最短1カ月単位で貸し出すというビジネスモデルであり、景気後退局面では債権債務のミスマッチ問題や不稼働リスクはより高まることが懸念されていることが上記要因を抽出した理由となっています。

このようななかで、本書においては、「テクノロジーの進捗スピード×経済成長の動向」の2軸をソフトバンクグループの近未来シナリオ分析の中核に据えることにしました。ここでのテクノロジーとしては、先に述べた通り、AI・IoT・ビッグデータ、自動化・ロボティクス、通信5Gなどが重要なものとなります。また経済成長の動向としては、米国の景気後退、ITバブルの発生や崩壊などが重要です。

これらのテクノロジーについて、同社が想定しているようなスピードで社会実装され、国内外の経済成長も順調に進捗していくシナリオ（シナリオ1）においては、ソフトバンクグループは第5章で述べたような「産業プラットフォーマー」として成長していくことが期待できるのではないかと考えられます。ソフトバンクグループにとっては、ベストケースに近いような理想的な展開です。

このシナリオでの事業展開予測は同章を参考にしてみてください。ウーバーやディディは、自動運転の世界が実現した暁には、トランスポート・ネットワーク・カンパニーとなり、ＭａａＳ（モビリティ・アズ・ア・サービス）によって大きな価値を生み出すことができます。

もちろん、自動運転を含めたテクノロジーの進化だけではなく、ビジネスとしても進化していく必要がありますが、そうした展開ができたとき、孫社長の思惑通りに、ウーバーやディディは非常に素晴らしい会社になり、大きなキャッシュフローを生み出すことになるでしょう。

シナリオ１で見逃せないのは、ウィーワークの近未来シナリオです。孫社長は２０１９年11月のソフトバンクグループの決算説明会において、「ウィーワークのテクノロジー企業としての側面は（同社が利益体質に改善されてからの）応用段階になってから」と言明しました。それまでは成長を重視するのではなく、安定性や収益性を重視した事業展開をするという大きな軌道修正でした。

このようななかで、米国内外の景気が好調に推移するというシナリオにおいては、「不動産企業」としてのウィーワークはより早期のうちに利益体質に転換され、関連するテクノロジーの社会実装も順調に進むというシナリオともあいまって、同社の時価総額が増大していくことが期待できると予想されます。

自動運転などのテクノロジーの社会実装が遅延し、キャッシュレスなどの分野にとどまり、さらには国内外の経済成長が現在の水準で推移するような展開においては（シナリオ2）、第2章で述べたような「スーパーアプリ経済圏」構築の実現までが視野に入ってくるのではないかと予想されます。

私は、次に述べるシナリオ3のようなワーストケース的な展開に至らない限り、金融財務戦略を駆使して投資資金が潤沢に用意できるソフトバンクグループが2025年までに、ペイペイやLINEを基点として、アリババが中国で構築している「金融×EC・小売り×その他」のプラットフォーム企業のような存在になる可能性は高い、と考えています。

2回もの強力な「100億円キャンペーン」や「キャッシュレス・ポイント還元事業」関連施策などによって、ペイペイの登録ユーザー数は約1900万人（2019年10月末時点）、月次決済回数で約8500万回（2019年10月）に。スマホ決済サービスのユーザー利用意向や「現金以外で思い浮かぶ決済手段」（クレジットカードを除く）でもペイペイが1位。決済アプリからスーパーアプリへと進化する「ペイペイ」を顧客接点にして、従来からの広告事業に加えてフィンテックなどの金融関連事業、EC小売りやオンライン・オフラインの継ぎ目のない多様なサービスを提供していくということ。さらには、ソフトバンクグループ全体のなかに、ヤフーとLINEの経営統合によってLINEまでもが加わるという強力な布陣になるわけです。まさに「スーパーアプリ経済圏」とでも呼ぶべきプラットフォームやエコシステムが構築されていくというシナリオです。

最後に、ソフトバンクグループのワーストケースシナリオとしては、同社が注力しているテクノロジーの社会実装が軒並み遅延する一方、米国で懸念されているような景気後退が実際起こり、ITバブルやユニコーンバブルが崩壊するような局面が考えられると思います（シナリオ3）。ITバブルについては本章のリスク要因の項で解説します。

次ページの図表46では、ソフトバンクグループの株価下落シナリオについて、シナリオ分析の観点から重要因子を一覧で示しました。

図表46　ソフトバンクグループ株価下落のシナリオ

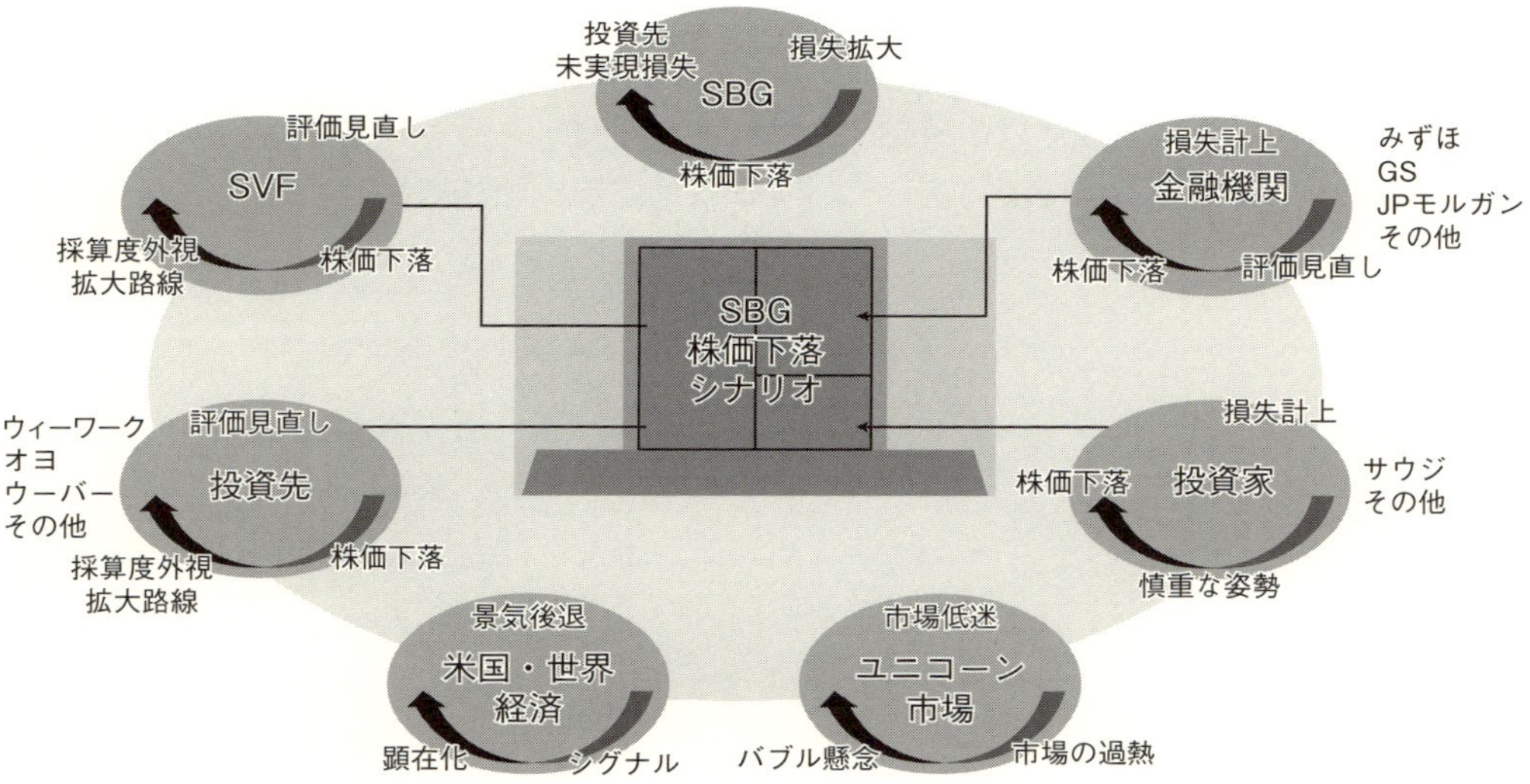

図表中央がソフトバンクグループのバランスシートを表しており、左側が資産、右側が負債と資本です。周囲の7つがソフトバンクグループのバランスシートに影響を与える負の要因、あるいは株価を下げる要因になっています。

①投資先。採算度外視の拡大路線の後で、投資先の評価見直しが行われ、投資先の株価や企業価値が下落する。
②ソフトバンク・ビジョン・ファンド（SVF）。採算度外視の拡大路線の後で、投資先の評価見直しが行われ、投資先の株価や企業価値が下落する。
③ソフトバンクグループ（SBG）。投資先の株価や企業価値が下落すると、未実現利益が減少、または損失が拡大。その結果、株価が下落。
④金融機関。ソフトバンクグループの損失計上に対して評価の見直しが行われる。
⑤投資家。ソフトバンクグループの損失計上に対して慎重な姿勢をとり、投資額を減少させる。
⑥ユニコーン市場。市場の過熱からバブルが懸念され、市場が低迷、さらにはバブル崩壊へ。

⑦米国・世界経済。景気後退のシグナルから顕在化、さらには景気後退へ。

起きる可能性は低いものの、起きた場合には多大なる影響を与える、いわゆる「ブラックスワン」は、企業の経営戦略においてはシナリオ分析の一環として想定しておくべきものの1つだと思います。ソフトバンクグループのシナリオ分析を参考にして、ワーストケースシナリオを検討しておくことを読者の方にもお勧めします。

◆シナリオ分析の主要前提条件

以上の3つのシナリオにおける主要前提条件を図表47で示しました。

GDP成長率（日本）、GDP成長率（米国）、地球環境問題の高まり、再生エネルギーコスト、経済構造改革、産業育成策、消費者の意識、AI、自動運転、ライドシェア、MaaS、通信5G、キャッシュレスの13項目となっています。

これらの主要前提条件が2025年時点にどのように推移しているかという仮説のなかでそれぞれのシナリオを想定し、ソフトバンクグループの近未来を記述したのが今回のシ

図表47　シナリオ分析の主要前提条件（2025年時点）

主要前提条件	シナリオ1	シナリオ2	シナリオ3
GDP成長率（日本）	1.2%	0.8%	▲5.0%
GDP成長率（米国）	2.5%	1.7%	▲2.0%
地球環境問題の高まり	高まる	高まる	高まる
再生エネルギーコスト	低下	低下	現状維持
経済構造改革	進捗	進捗	現状維持
産業育成策	進捗	進捗	現状維持
消費者の意識	高まる	高まる	現状維持
AI	進捗	進捗	進捗
自動運転	進捗	遅延	遅延
ライドシェア	進捗	遅延	遅延
MaaS	進捗	遅延	遅延
通信5G	進捗	進捗	進捗
キャッシュレス	進捗	進捗	進捗

ナリオ分析です。

実際には、さらにそれぞれのシナリオにおいて、分析対象企業の売上・利益・キャッシュフロー等の業績予測を行い、時価総額の予想も行っていきます。そのために、それぞれのシナリオにおける各種の市場数値、客数、客単価等の予測も行っていきます。このようなプロセスを実行していくことで、シナリオ分析は、定性分析と定量分析から構成された、より精緻なものになっていくのです。

本章の冒頭部分において、「ＮＯＫＩＡ 復活の軌跡」の最大の秘訣がシナリオプランニングであったとお伝えしました。その一方で「ＮＯＫＩＡの教訓」として、一時はグローバルトップ企業だった同社が倒産寸前にまで至った原因が、当時の経営陣が新たな競争の脅威を予測し損ない、なおかつ甘く見たからであるということを学ぶ必要があると指摘しています。新たな競争の脅威を予測し、それに備えて競争戦略を用意しておくこと。本書をきっかけにシナリオプランニングやシナリオ分析を活用されることをお勧めします。

◆ソフトバンクグループの近未来予測

以上が、シナリオ分析の手法を使ったソフトバンクグループの近未来シナリオでした。この項では、ソフトバンクグループを巡る外部環境が主要前提条件であったシナリオ分析に対して、同社の内部環境を主要前提条件とする近未来予測を行っていきたいと思います。本項では、ソフトバンクグループの近未来予測において最も重要なファクターはソフトバンク・ビジョン・ファンドの組成可否であると考え、同ファクターにフォーカスして近未来予測を行っていきます。

ソフトバンクグループの近未来予測を行っていくうえでは、シナリオ分析と同様に、同社に影響を与える関連テクノロジーの進捗状況が最も大きな要因であると考えられます。その一方で、シナリオ分析でのもう1つの基軸には外部環境要因として経済成長を使いま

図表48　ソフトバンクグループの近未来予測

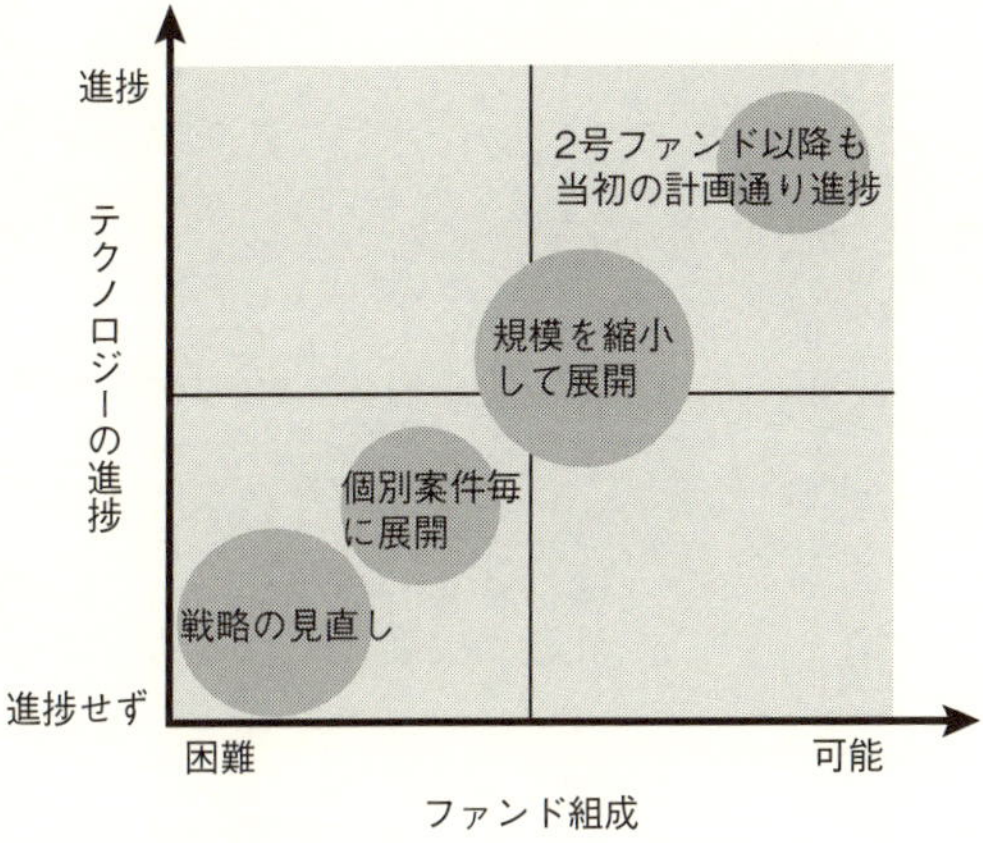

したが、同社の近未来予測でのもう1つの基軸には、ソフトバンク・ビジョン・ファンド組成可能性を指摘したいと思います。すなわち、ソフトバンクグループの近未来予測において重要となる根源的分岐点は、「テクノロジーの進捗状況×同ファンド組成可能性」であるということです。この2軸でポジショニングマップをつくってみたのが図表48となります。

ウィーワーク問題が顕在化した現時点においては、最も可能性が高いのは、ファンドの規模を縮小して展開するというシナリオではないかと考えられます。

実際にブルームバーグでは、2019年11月16日付けで、「ソフトバンクグループはビジョンファンド2号の初回クロージングを静かに完了した。応募額は目標としていた1080億ドル（約11兆7500億円）に遠く及ばなかった」と報じました。

仮に万が一、次項で述べるようなリスク要因が顕在化してくると、ソフトバンクグループではファンドの組成はあきらめ、個別案件毎に事業展開したり、ワーストケースでは戦略の見直しが必要になってくると考えられます。

現実的にも考えられるワーストケースシナリオとしては、ウィーワークの企業再生に手間取り、さらなる大規模な救済策が必要になることが明るみになる一方、その他の既存投資先のなかでも、特に孫社長が高く評価することで「神聖化」されていた企業で、問題が顕在化するような展開ともなれば、新規ファンド組成はもはや優先順位が低いものに陥るといったことではないかと思います。

投資ファンドの世界において、第1号ファンドのときのような巨額の資金を1社でどこかがコミットしてくるといったことが再度起きる可能性は低い一方、ウィーワークの再生を含めて、これからしっかりとIRR20％以上の実績を継続していくことができれば、2号ファンド以降も金額を徐々に積み上げていくことができるのではないかと思います。

もっとも、現時点においてソフトバンクグループは、次項で述べるようなリスク要因もあって、欧米メディアから厳しい論調で批判を受けており、ブランド価値が毀損していると言ってもいいような状況にあります。信頼やブランド価値を取り戻していくためにかなりの努力が必要になるでしょう。これが、私自身が予測するソフトバンクグループのベースケースシナリオです。

本書では、ソフトバンクグループと米中メガテック企業、バークシャー・ハサウェイ、セコイア・キャピタル等と比較分析していますが、優先出資への7%契約、多重的なレバレッジ構造などを考えると、ソフトバンク・ビジョン・ファンドは、ベンチャーキャピタルや投資ファンドというよりは、外資系投資銀行によるストラクチャードファイナンス取引という性格が強いのではないかと分析しています。すなわち、金融財務戦略の章でも述べた通り、孫社長にとっては、ファンド業務をやりたいわけではなく、ＡＩ群戦略をやりたいというのが目的関数であり、その実現のためには、必ずや孫社長はまた別のストラクチャードファイナンス手法を繰り出して実行したい投資を実現してくるであろうということです。分析や予測の項ではありますが、やはり個人的には孫社長に応援のメッセージを贈りたいところなのです。

なお、2号ファンドの当初資金の大半は、ソフトバンクグループ、孫社長、さらには同ファンドのシニアメンバー等が拠出したものではないかと考えられます。また孫社長は、2019年の株主総会において、同ファンドでは400名超もの投資プロフェッショナルを抱えていると語っており、人件費以外にも各種のコストがかかっています。ファンドのマネジメントフィーだけでファンド運営を賄っていくとすると、やはり相応の規模の投資資金を外部から集める必要があることは指摘しておきたいと思います。

ソフトバンクグループの近未来予測で最後に指摘しておきたいのは、すでに投資会社に転じた同社については、その営業利益のボラティリティーが大きいのと同様に、ベストケースシナリオとワーストケースシナリオ間のギャップも大きいことが特徴だということです。ソフトバンクグループにとっても、日本経済にとっても、同社の近未来は、大きな機会と大きな危機の両方の可能性があるということを意味しているのです。

◆ソフトバンクグループのリスク要因

序章や第1章で述べた通り、ソフトバンクグループでは、ウィーワーク問題を契機として様々な側面において大きな軌道修正を迫られ、改善を進めています。私はソフトバンク・ビジョン・ファンド組成の比較的早いタイミングで問題が顕在化したことで、同社は高速でPDCAを回し、起きてしまった問題を強さに変えていくのではないかと予想しています。

それでもソフトバンクグループのリスク要因として指摘されるものには、以下の項目があるのではないかと考えています。

■逆レバレッジ

金融財務戦略の章で述べた通り、レバレッジを多用してきているソフトバンクグループ最大のリスク要因は、レバレッジが反転して逆レバレッジとして作用することだと考えられます。このリスクを十二分に理解しているからこそ、すでに指摘した通り、孫社長は2019年11月の決算説明会において、「救済型投資は今後は一切しない」と語り、市場での最大の懸念を払拭しようと試みたのではないかと思います。

■財務上のリスク

第1章でも指摘した通り、ソフトバンクグループは、決算説明会などにおいて、「純負債」という概念を用いて、「保有株式の時価評価27兆円から純負債の4兆円を引いた23兆円がソフトバンクグループの企業価値であり、企業価値が23兆円もあるのだから、純負債が4兆円もあると見るのではなく、4兆円しかないと見てほしい」（2019年5月9日決算説明会）といった趣旨の主張をしてきています。

もっとも、この純負債という概念は同社独特の計算に基づいたものであり、どこまでが本当に実質的な債務と捉えるべきなのかについては注意が必要です。

また同社では、潤沢なキャッシュフローを生んでいる通信会社のソフトバンクを別途上場させて子会社としていることや、投資会社としての性格を強めていることからも、営業キャッシュフローの水準が相対的に低い企業となっています。

もちろん、保有している株式等を売却すればキャッシュは得られるものの、当該株式の金額の大きさや性格を考えると簡単かつ短期のうちに売却することは困難であることも、リスク要因として指摘しておくべきでしょう。

第6章でも述べたように、同じ持株会社でも、膨大な純利益や営業キャッシュフローを生み出しているバークシャー・ハサウェイとは対照的に、財務上のリスクを指摘しておく必要があるのがソフトバンクグループなのです。

■財務情報の説明方法や会計の質

これまで指摘してきた通り、孫社長やソフトバンクグループは、決算説明会資料などにおいて、自社の財務情報をシンプルかつ明快に説明してきました。自らの財務情報をどのように読み解くべきかを、自ら定義してきたのです。「株主価値」「純負債」「ＬＴＶ」といった概念はその一例です。

もっとも、当然のことではありますが、自社による「ゲームのルール」の提示は、自社にとって有利なものであることは言うまでもありません。ソフトバンクグループが事業投資会社となった現在においては、より総合的かつ複合的な定性・定量分析が不可欠であると考えられます。たとえば、事業投資が主たる事業になってきた大手総合商社への財務分析のように、最終損益やキャッシュフローにより注目することも必要でしょう。

そのような視点で同社を分析すると、自社によるストーリーとはまったく違った結果も見えてくるのではないかと思います。

さらに、大きなリスク要因として指摘しておきたいのは、「会計の質」という問題です。会計の質というのは、対象企業における公開されている会計情報がどれだけ実際の状況を示しているのかや、会計情報そのものの信頼性を意味しています。

私が最も残念に思ったこととしては、同社がウィーワークへの支援を決めた際に、実質的には救済先を連結対象とするべきであるにもかかわらず、現行の法務・税務・会計のルールを利用して、連結対象とはしなかったことです。支援先の債務を連結していたら、2019年11月6日に発表された連結決算の結果はまったく違うものになっていただけに、私は同社の会計の質全体の信頼性が揺らいだものであると考えています。

プロのアナリストでないと本質が見抜けないような財務情報の説明方法や、会計の質が問われるような財務情報が提供されているなかで、一般の株主にはこれらの事項をリスク要因として捉えておく必要があることを強調しておきたいと思います。

■「誤差」→「神聖化」→「過剰なリスクテイキング」

序章でも述べたように、孫社長は最近、「誤差」という言葉を非常によく使うようになってきています。ソフトバンクグループのトップとしての役割だけでなく、10兆円ファンドの司令塔役ともなると、細かいことは誤差だと言って切り捨てていくしかないのかもしれませんが、あまりに何もかも誤差だと言ってしまうと、本当に大切なことが見落とされてしまう可能性があり、それは非常に大きなリスク要因となります。

第3章でもふれたように、孫社長が「これはいい」と高く評価すると、その企業が神聖化されてしまう点も非常に危険です。今回のウィーワークとそのCEOにしても、インドのオヨとそのCEOにしても、孫社長が「この会社は素晴らしい」「この経営者は素晴らしい」といったん高い評価を下すと、その会社や経営者が神聖化されてしまうのです。

そもそも、孫社長自身が社内外で神聖化されていること自体もリスク要因と捉えるべきでしょう。

その結果として、実際ウィーワークで起きてしまったことが、「資金が大量に投資され、その投資資金で不動産投資が行われ、大規模な事業展開が行われていること」だったのではないかと思います。それが過剰なリスクテイキングとなっているのです。

テクノロジー企業とみなされれば、営業利益が出ていなくても、キャッシュフローが生み出されていなくてもいいといった採算度外視で拡大路線を突っ走ってきた、と言っても過言ではないのです。

「誤差→神聖化→過剰なリスクテイキング」という一連の流れが起きたのがウィーワーク問題であるとも言えるのです。

ソフトバンク・ビジョン・ファンドの投資先は多種多様で、とても孫社長1人でマネージメントしきれるはずがないことはよくわかります。だから細かいことは誤差だと言いたい気持ちもよくわかりますが、孫社長の求心力で成り立っているのがソフトバンク・ビジョン・ファンドである以上、誤差と言ってしまうことで曖昧になってしまうことが増大しているのではないかと危惧《きぐ》せざるを得ません。

ビッグ・ビジョンとともに誤差ではなくきめ細かいマネージメントを行っていくこと。シンプルで明快なストーリーとともに違う視点からの懸念にも真摯に対応していくこと——。

今や日本を代表する経営者となった孫社長には、「誤差と言わない経営」を期待したいと切望しています。

■コーポレートガバナンス

次はコーポレートガバナンスの問題、より具体的には、親子上場の問題、さらには多重的な利益相反の問題です。

コーポレートガバナンスは、「企業統治」と訳されますが、株式会社では特に株主と経営者の関係性が重要な問題意識となります。

様々な投資家から出資してもらい、株式を上場し、さらに企業が大きく成長していくと、株主と経営者は別人になり、コーポレートガバナンスの世界では、株主がプリンシパル（主体者）であり、経営者はエージェント（代理人）になるのです。

会社は誰のものか、社員のものなのか、経営陣のものなのか、株主のものなのかという議論がありますが、あくまでコーポレートガバナンスの世界においては、株主がプリンシパルであり、会社は株主のものであるということです。

そして、一般に株主は直接経営に関与できませんから、株主の代理人として経営者、経営陣を任命します。プリンシパルは株主であり、プリンシパルの委託を受けて経営を行うエージェントが経営者、経営陣という関係性が、コーポレートガバナンスなのです。

それでは、ソフトバンクグループのコーポレートガバナンスのどこに問題があるのでしょうか。

まずは親子上場です。ソフトバンクグループの場合、親会社ソフトバンクグループの下に、子会社ソフトバンクがあり、さらには孫会社ヤフー（Zホールディングス）がありま す。さらに、ひ孫会社にアスクルもあり、4社とも上場企業なので親子上場を超えて親子孫ひ孫上場のため、筆者は「多重的上場」と呼んでいます。

報道によれば、ソフトバンク・ビジョン・ファンドを上場させる可能性もあり、実現するかどうかはわかりませんが、実現すればさらに多重的になります。

では、多重的上場の何が問題なのかと言えば、各社の実質的な意思決定者であり、実質的に経営を行っているソフトバンクグループの孫社長と、子、孫、ひ孫会社の一般株主との利害関係が対立する可能性があることです。

孫社長はソフトバンクグループ全体のことを考え、全体最適の経営判断を行います。一方、ソフトバンクやヤフーの株主は、ソフトバンクにとって最適な経営判断、ヤフーにとって最適な経営判断をそれぞれの経営者に求めますが、実質的には孫社長の意向がグループ全体としては強く経営に反映されます。

ソフトバンクグループにとってのベストな選択と、ソフトバンクやヤフーにとってのベストな選択が同じであれば問題は起きませんが、往々にして同じにはならず、親会社のべストな選択が子会社や孫会社にとってはベターか、それ以下の選択になってしまうこともあります。つまり、ソフトバンクグループや孫社長と、ソフトバンクやヤフーの一般株主の利益相反が起こり、利害が完全に対立してしまうことがあるのです。

ソフトバンクグループには、このようなコーポレートガバナンス、多重的上場の問題があり、これらが大きなリスク要因の1つであることは間違いないでしょう。

欧米では、親子上場に対して厳しいルールがあり、なかなか認められてきませんでした。日本でも今後は、親子上場、多重的上場に対して厳しい目が向けられ、ルールが改正される可能性が十分にあります。

銀行では、出資比率が低くても実際に支配している同族企業を、「実質同一体」と呼ぶことがあります。実際に支配しているのなら実質的には同一体、同一企業グループとみなして、それら全体の審査を行うのです。

こうしたコーポレートガバナンスの問題がソフトバンクグループにあることは指摘されていましたが、それがアスクルの経営者解任問題などで顕在化したということです。

最後に、ソフトバンク・ビジョン・ファンドには、優先出資を行っている外部投資家が存在していますが、同ファンドでは当該投資家に優先的に資金を配分することが求められています。この事実自体も、潜在的にはグループ全体として利益相反の可能性があることを指摘しておきたいと思います。

■タックスプランニング

ソフトバンクグループのリスク要因には、タックスプランニングの合理性の問題もあります。タックスプランニングとは税務戦略のことで、わかりやすく言えば、税金対策をどのように行うか、ということです。

ソフトバンクグループは、2018年3月期の国内の法人税をゼロと申告しましたが、国税当局から4200億円の申告漏れを指摘され修正申告を行いました。税金をできるだけ少なくしたい企業側と、税金を適正に徴収したい国税当局で税法などの解釈が異なり、こうした申告漏れを指摘され、それに従って修正申告を行うことは、他の企業でもあることです。

法人税ゼロ申告にしても、ソフトバンクグループとしては、現在の日本の税法上認められている範囲でタックスプランニングを行っているだけで、形式的には違法性はありませんが、これが批判を受けているわけです。

日本では、国際会計基準を導入していますので、日本企業の会計も国際的な基準に基づいた会計で実施されていますが、一方、税務はと言うと、税制が現実の変化に対応できておらず、改正が遅れています。現実と税制、税法にギャップがあるため、企業がそのギャップをうまく使った税金対策を行う余地があるのです。

日本としても、欧米の税法の改正などを研究し、現実に即した税制や税法に早急に改正していくことが求められます。

そのうえで、ソフトバンクグループも、ここまで影響力が大きくなった以上は、日本の税制のギャップを利用するのではなく、タックスプランニングの運用についてより慎重に対処することが求められています。

■後継者問題

ソフトバンクグループのリスク要因としてよく指摘されるものには、孫社長の後継者問題があります。

孫社長自身も最大の問題だと何度も述べ、自らの後継者を育成するためにつくったのがソフトバンクアカデミアです。２０１５年６月には、後継者としてニケシュ・アローラ氏を副社長に任命しましたが、その１年後に退任。引き続き、問題として残っています。

確かに、後継者問題は非常に重要な問題なのですが、現実的に考えると、孫社長の代わりが務まる人など世界中どこを探してもいないのではないでしょうか。

ソフトバンクグループが３００年成長し続ける会社になるためには、第３章で指摘した通り、企業としての組織力と求心力を高めることが重要です。有能な後継者を育てる、どこかから連れてくることももちろん重要ですが、それ以上に重要なのが、組織力であり、組織力を高めるための求心力をつけることだと筆者は考えます。

もし仮に、いま孫社長がいなくなったら、ソフトバンクグループに何が起きるでしょうか。ヤフーやソフトバンクの事業がすぐに落ち込むことはないでしょうが、恐らく破壊的イノベーションは起こせず、大きな成長も難しいでしょう。

ＡＩ群戦略、ソフトバンク・ビジョン・ファンドにしても、投資でつながってはいますが、それ以上に孫社長という人間でつながっており、孫社長が投資し、孫社長がコミットし、孫社長が「こうしてあげる」「いろいろな人たちをつなげてあげる」と言うから、各社の創業者たちも出資を受け入れてソフトバンクグループの群戦略に参画しているわけです。

孫社長でつながっている以上、孫社長が最大の求心力であり、ソフトバンクグループにも、ソフトバンク・ビジョン・ファンドにも大きな求心力はありません。孫社長が不在になれば、すぐに崩壊することはないにしても、いずれは各企業が離れていく可能性が非常に高いのです。

孫社長に代わる後継者を血眼になって探しても、そんな人はいません。アップルでスティーブ・ジョブズ氏以上の天才がいなかったのと同じです。経営を引き継いだティム・クック氏も相当にカリスマ性の高い経営者ですが、ジョブズ氏ほどではありません。クック氏は、まさに組織力を強化してアップルを成長させてきたことから、アップルもソフトバンクグループがベンチマークすべき企業と言えるでしょう。

これも第3章で述べましたが、組織力、求心力を高めるために、財閥の優れた点をベンチマークするのも1つの方法でしょう。財閥はもはや人でつながっているわけではなく、三菱ならスリーダイヤに対する帰属意識や自尊心、プライドがあり、そこに組織力、求心力があるのです。

ソフトバンクグループも同様の組織力、求心力をもつことができるのか。

もちろん、日本においては、たとえばソフトバンクの宮内謙社長という極めて優れた経営者がおり、参謀役、ナンバーツーとも言われ、宮内社長が孫社長を陰に陽にしっかりと支えています。それ以外にも、財務についてはソフトバンクグループの後藤芳光CFOや、ソフトバンクの榛葉《しんば》淳副社長、今井康之副社長、宮川潤一CTOなどが屋台骨を支えています。

ですから、日本のソフトバンクにおいては十分な組織力があり、人材も育っています。ただ現在のAI起業家集団すべてを束《たば》ねているのは孫社長がいるからだとすれば、孫社長の求心力頼りであることに変わりはないのかもしれません。

後継者問題は大きなリスク要因ですが、それを克服するのは、実は後継者ではなく、ソフトバンクグループの組織力、求心力にかかっているというのが筆者の考えです。

■地政学リスク

地政学リスクとしては、米中新冷戦が最大で、アリババやディディなどへの投資を考えると、中国リスクも小さくありません。サウジアラビアのリスクが顕在化したのも記憶に新しいところだと思います。アメリカや中国だけでなく、中東でもアジアでも、政治的、軍事的、社会的な緊張が高まる場所や時期があり、地政学リスクはソフトバンクグループに限らず、グローバル企業にとっては避けることのできないリスクだと言えるでしょう。

ただ、ソフトバンク・ビジョン・ファンドをはじめとして、ソフトバンクグループは世界中の企業に投資を行っていますので、それだけ地政学リスクが高い企業であるということはここで改めて指摘しておきたいと思います。

より具体的に地政学リスクを見ていきましょう。ソフトバンク・ビジョン・ファンドの最大の出資者は、サウジアラビアのパブリック・インベストメント・ファンドで、450億ドル。ソフトバンク・ビジョン・ファンドの約半分、約5兆円がサウジアラビアの政府系ファンドからの出資でした。

そのサウジアラビアのジャーナリスト、ジャマル・カショギ氏がトルコのサウジアラビア総領事館内で殺害され、関与を疑われるサウジ政府との関係が深いソフトバンク・ビジョン・ファンドの評判にも多少なりとも傷がつきました。

このため、サウジアラビア依存から完全に脱却できないにしても、今後は薄めていこうという方向のようです。第2弾の「ソフトバンク・ビジョン・ファンド2」では、2019年11月現在、サウジアラビアの政府系ファンドからの出資は報告されていません。

今後、いくらかの出資はあるかもしれませんが、その金額、割合とも、第1弾ほどにはならないだろうと予想されています。

■ITバブル崩壊

そもそも現時点においてITマーケットがバブルなのかというのは議論の分かれるところでしょう。もっとも、バブルの兆候となるような現象はいくつも観察されています。

2000年前後の米国のITバブルのときには、テクノロジー企業であれば、営業利益やキャッシュフローを生み出していなくても評価されました。

当時は、「ニューエコノミー」という言葉がキーワードでしたが、現在は「プラットフォーマー」「プラットフォーム」「ウィナー・テイク・オール（Winner-take-all＝独り勝ち）」がキーワードとなっており、プラットフォーマーになって覇権を握れば、ウィナー・テイク・オールで独り勝ちできると言われて評価されています。

つまり、いったん市場からテクノロジー企業であるとみなされれば、営業利益やキャッシュフローを生み出すことが企業に必ずしも求められていないという点で、現在はＩＴバブル時と同様だと考えられ、行き過ぎた投資が行われている可能性があるということです。

ハーバード大学でも教鞭をとった経済学者のジョン・ケネス・ガルブレイスの著書『バブルの物語』（鈴木哲太郎訳／ダイヤモンド社）では、「投機に共通する要因」として次の３つが挙げられています。

①暴落の前に金融の天才がいる
②輪をかけた「てこ」の再発見
③何か新奇らしく見えるもの

「暴落の前に金融の天才がいる」というのは、まさに孫社長のことかもしれません。

「輪をかけたてこの再発見」というものが起きるという点においても、ソフトバンクグループの場合もまさに二重、三重にレバレッジ（てこ）をかけています。

「何か新奇らしく見えるもの」としては、ソフトバンク・ビジョン・ファンドも、ＡＩ群戦略も、何か新奇らしく見えるものかもしれません。

つまり、投機によってつくられるバブルが崩壊する前に起きること、投機の3要因すべてが、現在のソフトバンクグループにそのまま当てはまるのです。


先にも述べた通り、2000年前後の米国のITバブルのときには、ニューエコノミーという言葉が最大のキーワードでした。

ニューエコノミーを形成するインターネット企業だとみなされるだけで非常に高く評価され、IT関連企業の株が高騰しました。IT関連企業を多数含んだナスダック総合指数は1999年に2000ポイント前後から4000ポイント前後へと約2倍に上昇。2000年3月には当時の最高値である5132ポイントを記録しました。

しかし、これをピークに急落。同年12月には2288ポイントと半分以下になり、その後も下落は止まらず、2002年10月には1108ポイントまで下がります。ITバブルの崩壊により、ナスダック総合指数は実に5分の1近くまで下がったのです。

2019年11月中旬現在、アメリカの株価は絶好調で、ニューヨークダウ平均株価もナスダック総合指数も、史上最高値を更新しています。絶好調のタイミングであるからこそ、リスク分析においてはバブル可能性を検討しておくことが重要となるのです。

■米国ベンチャーキャピタルの王者、セコイア・キャピタルの教訓

ワーストケースシナリオの場合、ソフトバンクグループはそれにどのように対峙《たいじ》していけばよいのでしょうか。

ここで、その指針となるべきものとして、世界最大のベンチャーキャピタルである米国のセコイア・キャピタルが投資先の経営者に向けて出したスライド資料『R.I.P. GOOD TIMES』を紹介したいと思います（以降、『R.I.P. GOOD TIMES』の内容に関する記述については、同スライド資料の該当箇所の英文を筆者が和訳）。

『R.I.P. GOOD TIMES』は直訳すれば「安らかに眠れ、良い時間よ」となります。しかし、これが出されたのが２００８年のリーマンショック直後ですから、そのタイミングと経営者向けということを考えれば、「さらば、好景気よ」とでも訳すのが適切でしょう。『R.I.P. GOOD TIMES』は、好景気が終わって市場が冷え込んだ場合どのように対応すべきか、それにどのように備えるべきかを経営者に向けて説いたものなのです。米国ではスタートアップ企業のバイブルのような文書とも言われているようです。

セコイア・キャピタルは、2019年10月下旬に亡くなった「シリコンバレーをつくったリーダー世代の一人」ドン・バレンタインが1972年に設立したベンチャーキャピタルです。カリフォルニア州のメンロパークに本社を置き、バンガロール、ムンバイ、ニューデリー、北京、上海、香港、シンガポール、テルアビブにも拠点を構えています。

資産運用額は1兆5000億ドルと言われ、アーリーステージを含めてすべての成長ステージで投資を行っており、投資先企業の時価総額の合計は3・3兆ドルにも上ります。これまでの投資先にはアップル、グーグル、ヤフー、ペイパルなど名だたる企業が多数並びます。また、総合金融のアントフィナンシャル、フードデリバリーのドアダッシュ、オンライン決済のストライプなどへも投資を行っています。

セコイア・キャピタルは、『R.I.P. GOOD TIMES』のなかで、2008年のリーマンショックを「住宅市場の状況悪化が導いた景気後退」「オーバーレバレッジな金融市場」「資産価格の下落」「クレジット市場の凍結」「家計における弱いバランスシート」などと見ていました。そこから「景気の浮き沈みは常に起こる」「回復には時間がかかる」としながら、「多額の資金調達はもうできない」「シリーズBやCでの調達額は減少する」「顧客の取り込みにはより時間がかかる」「費用削減がマスト」「キャッシュフローをプラスにする必要がある」という「新しい現実」を知る必要があるとしています。

また、対象が投資先の経営者だけに、「M&A件数は減少する」「買収金額も減少する」「買収者は利益が出ている企業の買収を好む」「IPOは減少し、より時間がかかるようになる」として、M&AとIPOについての厳しい見通しも示しています。

そこで、セコイア・キャピタルは、好景気の終了に備えた生き残り策として次のポイントを挙げています。

①絶対にマストな製品をもつこと
②ビジネスモデルを確立すること
③市場を理解すること
④顧客の支払い能力を理解すること
⑤競合事業者の分析をすること
⑥現金を最重要視すること
⑦収益性が必要であること

同時に、具体的な実行項目として次を提言しています。

①状況分析の遂行
②迅速な適応
③ゼロ・ベースでの予算策定
④費用削減
⑤従業員給与の見直し
⑥コミッション型の営業人員の雇用
⑦バランスシートの強化
⑧キャッシュフローの早期プラス化
⑨1ドル1ドルを大切に使うこと

これらから読み取ることができるのは、①確固とした収益モデルを確立し、市場・顧客と競合を理解したうえで事業を強化すること、②費用削減と効率的な営業によって収益性を重視すること、そして③バランスシートの強化とキャッシュフローのプラス化です。セコイア・キャピタルは、これを市場シェア獲得（Grab Share）を梃子にして資本を保全する（Preserve Capital）と表現しています。

デッドファイナンスやエクイティファイナンスによって事業資金を調達するよりも、事業で収益性を確保、最終利益を出して資本を増やし、自己資本比率や流動比率を上げてバランスシートを強化するものと解釈することができます。これは不景気に備えての対策ですが、景気の善し悪しに関係のない経営のあり方を説いた内容とも言えるでしょう。

一方で、不景気に突入した場合、それにどのように対峙すればよいのか。セコイア・キャピタルはそのソリューションとして、「状況分析の遂行」「迅速な適応」「ゼロ・ベースでの予算策定」、つまり〝状況分析に応じて、戦略を大胆かつ迅速に変えろ〟と唱えています。

ソフトバンクグループとセコイア・キャピタルの投資先企業とを同じ基準で見ることは適切ではないかもしれませんが、筆者は、『R.I.P. GOOD TIMES』でのこの主張は、「ウィーワーク問題」などを抱えるソフトバンクグループがワーストケースシナリオをとらざるをえなくなった場合、ＡＩ群戦略の見直し、その事業の方向性の再考にあたって指針になるのではないかと考えています。

2019年10月下旬にデトロイトで開催された「2019 Forbes Under 30 Summit」に、セコイア・キャピタルのパートナーで、ペイパルのCEOも務めたロエロフ・ボサ氏がスピーカーとして登壇しました。同氏は、そのとき投げられた「(ウィーワークのIPO延期に関連して)ソフトバンク・ビジョン・ファンドについて、どのように考えるか」という質問に対して、ソフトバンクグループに直接言及することは拒みながらも、次のような意味深な回答をしています。「良い取締役、良い投資家はショックの緩衝者(absorbers)であって、増幅者(amplifiers)ではありません」(2019年10月31日付けフォーブス英文記事を筆者が和訳)。

ベンチャー・キャピタリストの視点からすると、果たして、ウィーワークへの追加支援策を発表したソフトバンクグループはショックの緩衝者なのか、それともショックの増幅者となってしまうのか。いずれにしても、ワーストケースシナリオの場合、こうした市場の見方をも十分に勘案しながら事業を再構築しなければならない立場にあるのがソフトバンクグループなのです。

最後に、先に述べた通り、セコイア・キャピタルの創業者であるドン・バレンタイン氏が2019年10月に亡くなりました。創業時に制定した「セコイヤ・チェックリスト」には、投資先のポイントとして、「人よりも市場をしっかり見ること」「近い場所にあること」「粗利益率が高いこと」などが指摘されていたことを述べておきたいと思います。

◆孫正義の最終目標は「時価総額世界一」

孫社長は、これまで見てきたように、ナンバーワンになることに強いこだわりがあり、AI群戦略という独特の戦略を掲げ、利益を兆単位で数えたいと言い、プラットフォームという言葉を明確に使い始めています。

それらを考え合わせると孫社長とソフトバンクグループは、歴史的にも非常に影響力が大きい三大事業である、通信、モビリティ、エネルギー、それぞれのプラットフォーマーとなり、それらを全部束ねて社会システムプラットフォーマーになることを目指している、というのが私の分析です。

スマホでつながり、ペイメントでつながり、情報でつながり、データでつながり、最終的には定額のサブスクリプションですべてが使えるようになるところまで、プラットフォームとエコシステムを直接的に構築しようとしているというのが、孫社長が描くソフトバンクグループの未来ではないかと予想しています。

そのなかで鍵となるのが、群戦略です。自然科学に着目して自己増殖、自己進化する企業を集めたのが群戦略であり、財閥との違いで言えば、財閥は各業界のなかで順位が低いグループ企業と連携せざるを得ませんが、群戦略はすべてナンバーワン企業で形成されていますから、連携すれば大きなシナジーを生み出すことができます。

従来の企業やGAFA、BATHは、グループ入りさせる際、持株比率100％もしくは50％以上にこだわりますが、群戦略はそこにこだわりはありません。


一番重要なのは、経営用語で言うと「アスピレーション（Aspiration）」、熱望、切望、心底からの欲求です。

孫社長はナンバーワンになることに強いこだわりがありますが、何において最もナンバーワンになりたいと思っているかと言えば、明言はしていませんが、時価総額で世界のナンバーワンになりたいというのが本音なのではないかと思います。

だから、インターネット・トラフィックとネット企業の時価総額が相関してきたグラフを見せ、これからはAIトラフィックとAI企業の時価総額がリンクするという予測グラフを見せて、ＡＩ群戦略でそのナンバーワンを獲得し、時価総額ランキングでも世界ナンバーワンになるというところまで、本当は言いたいのです。「時価総額で世界ナンバーワン」こそが、孫社長の最重要アスピレーションなのだと思います。

加えて、もう1つ見逃せないのが、タイムマシン経営です。グローバルな投資先企業と共同で日本において事業を行い、これまで多くの事業を成功させてきました。ゼロから事業を生み出すことよりも、投資先企業の仕組みを使って日本で事業化することに非常に長けています。今後も日本においてはタイムマシン経営で事業をさらに拡大していくことになるはずです。

役割分担が明確になり、ソフトバンクグループはあくまでも戦略的持株会社であり、その傘下、日本で言うとソフトバンクや、その下のＺホールディングスが新しい事業化を担って、プラットフォームやエコシステムを実際に構築していくことになるでしょう。

時価総額のグローバルトップランキングから日本企業が圏外となって、すでにかなりの年月が経過しています。このようななかで、ソフトバンクグループが孫社長最大のアスピレーションを実現するようであれば、同社と提携・協働しているトヨタ自動車をはじめとして、複数の日本企業が同ランキングの上位に躍り出ることも期待できるでしょう。

これまで何度か述べてきたように、ソフトバンクグループの時価総額を分析してみると、いわゆる「コングロマリット・ディスカウント」の状況で推移していることがわかります。これは、積極的なM&Aなどを通じて事業を多角化している企業において、単体でそれぞれの事業を営む場合と比較したとき、株式市場からの評価が低く、時価総額が毀損している状況を指しています。孫正義社長の標榜するAI群戦略が、真に社会的意義という面でも大きく正当に評価されているなら、このディスカウントは発生していないはずなのです。

ソフトバンクグループが世界的にもこれだけの影響力をもつようになった以上、もう一度、ソフトバンクグループの社会的な使命というものをもっと顕在化させてほしいと期待しています。その方向性のなかにこそ、ソフトバンクグループの時価総額が「コングロマリット・プレミアム」の状況となる、つまりは、「投資先企業の時価総額の総和を、ソフトバンクグループの時価総額が大きく上回る」という状況が生まれてくるのではないかと思うのです。

日本の活路は、「大ボラ」を自称し、ビッグ・ビジョンを有言実行してきている孫正義が担っている。だからこそ孫社長には、日本・アジア・世界に大義を示すことが求められているのです。

◆会社の芯から地球環境問題に対峙する

それでは、ソフトバンクグループには、時価総額をグローバルランキングのトップレベルに押し上げていくために、そして日本・アジア・世界に自らの大義を示していくために、具体的にどのような事業展開をしていくことが求められているのでしょうか。私は、その答えは、「会社の芯から地球環境問題に対峙する」ことであると考えています。

ここであらためて指摘するまでもなく、異常気象が世界中で最悪の記録を更新し、多くの人々の生活に影響を及ぼし、多大なる経済的打撃を与えています。２０１９年10月には、日本でも台風19号が関東・東北地方などを襲い、河川氾濫などによって甚大な人的・物的被害が発生しました。多くの人々が異常気象を生活のなかで実感するようになり、「人間」としてだけではなく、「動物」として本能的に地球環境が大きく変化しつつあることを認識しているのではないでしょうか。異常気象はニューノーマル化したと言っても過言ではないかもしれません。

アンドリュー・S・ウィンストンは、著書『ビッグ・ピボット―なぜ巨大グローバル企業が〈大転換〉するのか』（藤美保代訳／英治出版）のなかで、

「もしあなたがこれらのプレッシャーが現実の脅威であると信じるなら、これまでエコビジネスとかサステイナビリティと呼ばれていた分野を、脇役の部署や、商売上のニッチな会話にとどめつづけることはできない。そのかわりに、我々はピボットしなければならないのだ」

と述べています。「ビッグ・ピボット」とは根源的な「大転換」を意味するキーワード。地球環境問題は、企業においても、もはや社会貢献活動やCSRの一環といった言わば「脇役」から、ビジネスの中核から対峙すべき課題に据えられるべきということなのです。

米国では、アップルが、製品のデザイン・製造、サプライチェーンにおいて、社内外のコミュニティー全体で地球環境問題に本業から取り組んでいることでも高い評価を得ています。多様性を重視し、地球環境問題への取り組みにおいてもグローバルのトップ企業であるアップルでは、利益の一部を環境団体へ寄付するといった手法ではなく、製造・サプライチェーンなど自らの事業の中核で地球環境問題に対峙しているのです。

アマゾンも負けてはいられません。アマゾンは、ハーバードビジネスレビューの2016年CEOランキングで、財務的なランキングでは1位であった一方、ESG（環境・社会・ガバナンス）では828位と極めて低い評価を受けました。これまでサステナビリティ関連の評価は低い企業と見られてきたのです。しかし、そのアマゾンでも、2019年9月には「Climate Pledge」（パリ協定の目標を10年前倒しで達成する取り組みである気候変動対策に関する誓約）に調印し、さらにはEVトラック10万台導入の発表も行っています。

このようななかで、ソフトバンクグループは、第5章の産業戦略においても述べたように、早くからクリーンエネルギーの推進に取り組んでいます。

孫社長が2011年に設立した自然エネルギー財団は、2018年3月に主催した国際シンポジウム「REvision2018：自然エネルギー大量導入が世界を変える」に際して、「太陽光や風力発電は、すでに世界の多くの国や地域で火力や原子力発電より安価なエネルギー源になっています。大量の導入が進む中で、脱炭素をめざす新たなビジネスを生み出し、電力会社のありかたを変えています」（同財団HPより）と述べています。

私は、孫社長の真の狙いは「エネルギーを創る（太陽光発電）」「エネルギーを蓄える（蓄電池）」「エネルギーを使う（EV車）」という三位一体の事業構造により、クリーンエネルギーのエコシステムを構築することにあるのではないかと思っています。

第5章で述べたソフトバンクグループによる産業戦略をさらに先鋭化させていけば、私は同社が「世界で最も地球環境に真剣に取り組んでいる企業」として高い評価を得ることも可能なのではないかと考えているのです。

地球環境問題に対峙するということを基軸にグループ企業や投資先の事業を展開していけば、事業間のシナジー効果も生まれ、「コングロマリット」であることはシナジー効果を生み出すものであると、株式市場でも高い評価を受けることになるのではないでしょうか。時価総額とは、結局は企業の社会的評価でもあるのです。現時点においても、先に述べたコングロマリット・ディスカウントがなければ、倍以上の時価総額を誇っているはずであるのがソフトバンクグループなのです。

日本は社会問題先進国です。地球環境問題も含めて、これから他の先進国も対峙していかなければならない大きな社会問題に先行して立ち向かっていくのが日本なのです。そして、その先導役となり得る企業こそが、ソフトバンクグループであると期待しています。

「弱みの克服」ではなく、「強みを活かし伸ばす社会」への転換を進めるためにも、「失敗が許されない社会」から、「失敗から学ぶことを評価する社会」への転換を進めるためにも、そして日本から働き方・暮らし方・生き方の新たな価値観を発信していくためにも、ソフトバンクグループには日本の活路があると確信しているのです。

おわりに――「ＡＩの民主化」がソフトバンクグループ最大の機会と脅威になる

ＡＩ群戦略を最重要戦略として掲げているソフトバンクグループにおいて、ＡＩの進化とその利活用が、「ソフトバンクグループが描く２０２５年の世界」に最も大きな影響を与える要因であることは言うまでもありません。

このようななかで、私は「ＡＩの民主化」がソフトバンクグループにとって最大の機会にも最大の脅威にもなり得るものであると予想しています。

「ＡＩの民主化」とは、誰もがＡＩを使えるようにすることであり、すでにグーグルやアマゾン、バイドゥなどの米中メガテック企業が重要な競争戦略として取り組んでいます。

ソフトバンクグループがＡＩ群戦略でＡＩの利活用を進める最先端ユニコーン企業に大規模な投資を進めている一方、米中メガテック企業はより多くの人や組織がより身近にＡＩの利活用ができるようにＡＩのオープンプラットフォームを構築しようとしているのです。

ＡＩが本格的な実用段階に突入してきたなかで、ＡＩの利活用を統計的な手法で見ても、分類、回帰、クラスタリング、推論、探索等にまで拡大しています。用途についても、画像認識から音声認識、数値予測、ロボットや機械制御、文章解析、会話生成などでの実用化も進んでいます。スマートシティという概念も、ＡＩを利活用して都市全体の機能を最適化することを意味し、すでに中国では交通渋滞の緩和や廃棄物処理などの都市機能の最適化が進んでいます。

日本企業でも、たとえば、農業機械メーカーだと思われていたクボタが、「マンホールの蓋《ふた》にＩｏＴとしてのセンサーをとりつける」など、主力の水道事業等における提供設備で「ＩｏＴ×ビッグデータ集積×ＡＩでの解析」での事業展開を進めています。

ソニーでも大きな収益源となっているＣＭＯＳイメージセンサーにエッジＡＩ（現場のデバイスにＡＩを組み込むことや、そのＡＩのこと）を組み込み、新たな価値創出に取り組んでいく方針を明らかにしています。

日本の巨大企業に目を転じなくても、スタートアップ企業や上場企業、さらには中堅企業でも、「ＡＩの民主化」を製造業、サービス業、農業などで進化させている企業も少なくありません。

最先端テクノロジーを誇示するイノベーター企業や米中メガテック企業だけがＡＩの恩恵を受けてきたなかで、より多くの人や組織がＡＩを利活用できるようになる「ＡＩの民主化」は、このような状況だからこそ、ソフトバンクグループにとって、スタンスの違いにより、最大の機会にも、最大の脅威にもなり得る要因なのです。

「開いていく国家や企業vs.閉じていく国家や企業」
「オープンプラットフォームvs.クローズドシステム」
「多様性や個性を活かす価値観vs.単一の価値しか認めない価値観」

米中新冷戦によって形式的には分断されつつも、実際にはそれぞれのつながりをさらに強めていることが確実である２０２５年の世界。
ソフトバンクグループには、上記３つの対比のそれぞれの前者の価値観を象徴するようなグローバル企業として、「ＡＩの民主化」と「情報革命で人々を幸せに」することを、「ソフトバンク帝国」としてではなく、より多くの人や企業とそれらの目標を「共に叶える存在」として実現していくことを期待しています。

２０１９年12月

田中道昭

PHP
Business Shinsho

田中 道昭（たなか・みちあき）
「大学教授×上場企業取締役×経営コンサルタント」
立教大学ビジネススクール（大学院ビジネスデザイン研究科）教授。シカゴ大学経営大学院ＭＢＡ。専門は企業戦略＆マーケティング戦略及びミッション・マネジメント＆リーダーシップ。三菱東京ＵＦＪ銀行投資銀行部門調査役、シティバンク資産証券部トランザクター（バイスプレジデント）、バンクオブアメリカ証券会社ストラクチャードファイナンス部長（プリンシパル）、ＡＢＮアムロ証券会社オリジネーション本部長（マネージングディレクター）等を歴任し、現在は株式会社マージングポイント代表取締役社長。メディア・広告、小売り、流通、製造業、サービス業、医療・介護、金融、証券、保険、テクノロジーなど多業種に対するコンサルティング経験をもとに、TV・新聞・雑誌等各種メディアでも活動。ニッセイ基礎研究所客員研究員、公正取引委員会独占禁止懇話会メンバー等も兼務。
主な著書に『アマゾンが描く 2022 年の世界』『2022 年の次世代自動車産業』（ともに PHP ビジネス新書）、『GAFA × BATH 米中メガテックの競争戦略』（日本経済新聞出版社）、『アマゾン銀行が誕生する日 2025 年の次世代金融シナリオ』（日経 BP 社）がある。

連絡先：michiaki.tanaka@icloud.com

編集協力：坂田博史
取材協力：村上利弘
図版作成：朝日メディアインターナショナル株式会社

PHPビジネス新書 412

ソフトバンクで占う2025年の世界
全産業に大再編を巻き起こす「孫正義の大戦略」

2019年12月27日 第1版第1刷発行

著 者 田中道昭
発行者 後藤淳一
発行所 株式会社PHP研究所
東京本部 〒135-8137 江東区豊洲5-6-52
第二制作部ビジネス課 ☎03-3520-9619(編集)
普及部 ☎03-3520-9630(販売)
京都本部 〒601-8411 京都市南区西九条北ノ内町11
PHP INTERFACE https://www.php.co.jp/
装 幀 齋藤 稔(株式会社ジーラム)
組 版 有限会社エヴリ・シンク
印刷所 株式会社光邦
製本所 東京美術紙工協業組合

 ISBN978-4-569-84394-0

「ＰＨＰビジネス新書」発刊にあたって

わからないことがあったら「インターネット」で何でも一発で調べられる時代。本という形でビジネスの知識を提供することに何の意味があるのか……その一つの答えとして「**血の通った実務書**」というコンセプトを提案させていただくのが本シリーズです。

経営知識やスキルといった、誰が語っても同じに思えるものでも、ビジネス界の第一線で活躍する人の語る言葉には、独特の迫力があります。そんな、「**現場を知る人が本音で語る**」知識を、ビジネスのあらゆる分野においてご提供していきたいと思っております。

本シリーズのシンボルマークは、理屈よりも実用性を重んじた古代ローマ人のイメージです。彼らが残した知識のように、本書の内容が永きにわたって皆様のビジネスのお役に立ち続けることを願っております。

二〇〇六年四月

ＰＨＰ研究所